伍倫經眼古經圖録

方廣錩　李際寧　主　編
丁德朝　焦　傲　副主編

國家圖書館出版社

圖書在版編目（CIP）數據

伍倫經眼古經圖録 / 方廣錩，李際寧編著 . — 北京：國家圖書館出版社，2023.3

ISBN 978-7-5013-6783-2

Ⅰ . ①伍 … Ⅱ . ①方 … ②李 … Ⅲ . ①敦煌學— 佛經— 圖録 Ⅳ . ① K870.62 ② B94-64

中國版本圖書館 CIP 數據核字 (2019) 第 099660 號

書　　名　伍倫經眼古經圖録

主　　編　方廣錩　李際寧

副 主 編　丁德朝　焦　傲

責任編輯　潘雲俠

出版發行　國家圖書館出版社（北京市西城區文津街 7 號 100034）

（原書目文獻出版社 北京圖書館出版社）

010-66114536　63802249　nlcpress@nlc.cn（郵購）

網　　址　http://www.nlcpress.com

印　　裝　北京雅昌藝術印刷有限公司

版次印次　2023 年 3 月第 1 版　2023 年 3 月第 1 次印刷

開　　本　228 × 298　1/8

印　　張　55.5

印　　數　1500 冊

書　　號　ISBN 978-7-5013-6783-2

定　　價　980.00 圓

序　言

方廣錩

近年來，隨着經濟的發展，人們對收藏的興趣日益高漲，由此促成了我國拍賣市場的發展，一批拍賣公司應運而生，北京伍倫國際拍賣有限公司亦爲其中之一。

伍倫拍賣公司的丁德朝先生此前在卓德拍賣公司工作時，2015年曾主持《杭州西湖昭慶寺結蓮社集》的鑒定與拍賣，使一部埋没多年北宋刻版、刷印的圖書重新回到人們的視野，該書後以1610萬元成交，創單册中國古籍拍賣的世界紀録。筆者寡聞，似乎這一紀録至今尚未被打破。其後，伍倫拍賣公司又致力於將曾流散到日本的濱田德海藏部分敦煌遺書回收國内，將回收成果結集爲《濱田德海蒐藏敦煌遺書》（國家圖書館出版社，2016年9月）。我曾應邀爲該書寫序。此次伍倫拍賣公司又將《濱田德海蒐藏敦煌遺書》未收，且伍倫曾經手的古代刻經、寫經彙集爲《伍倫經眼古經圖録》出版。

我以爲，作爲一家拍賣公司，不僅僅滿足於做一個圖書文物流通的中介，而是將這些曾經手的珍貴圖書文物經過考訂後作爲正式出版物出版。這種方法，使這些珍貴圖書文物化身百千，嘉惠學林。因爲文物拍賣以後，秘藏在收藏者手中，如果研究者想要考察研究，就需要憑藉種種因緣。但如因緣不足，衹能徒唤奈何。而有了《伍倫經眼古經圖録》這樣的圖録，研究者就有了最基礎的依憑，不至於指虚畫空。此外，我們都知道，文物需要著録，經過著録的文物可以進一步提升它的研究價值。古代的文物著録主要依靠文字，即使描摹，也很難説完全不走樣。現代印刷技術可以使文物原樣呈現在讀者面前，其價值是不言而喻的。

《伍倫經眼古經圖録》收入寫本25件，刻本（含陀羅尼）4件，總計29件。

古代寫經中既有敦煌遺書，也有中原寫經；既有漢文寫經，又有藏文寫經，可謂精彩紛呈。抄寫年代從公元5世紀到公元10世紀，幾近六百年。内容除包括傳統的經律等佛典外，還有《諸經要集》這樣的佛教類書。該遺書所抄文字與大藏經中收録的版本多有出入，有多處朱筆、墨筆增删，故可能是從《諸經要集》到《法苑珠林》成書的過渡階段的一個傳本。不管怎樣，爲我們研究佛教類書提供了新的資料。又如當年周紹良先生曾經收藏的《瑜伽師地論開釋分門記》中，竟然附有專門論述印度梵文變格的《八轉聲頌》，當時初見，不禁以手加額，歎爲稀有。

由於這些古寫經曾在民間流傳，故頗有啓功等名家題跋印章。應該説，這種情況在民間散藏敦煌遺書中較爲常見。但本書收入的周紹良先生舊藏邵章剪裱《妙法蓮華經》扇面，則本人在所見數萬件敦煌遺書中，唯此一見。我現在正在從事的一個課題是敦煌遺書的發現與中國學術發展的關係，此件扇面也可以成爲我們研究這一課題的重要資料。

古代刻本中有陀羅尼兩件，其年代已經碳十四驗證，它們是早期雕版印刷術在我國流行的具體證明。我們説，雕版印刷術爲中國的四大發明之一，究其起源，與社會對佛經及佛教陀羅尼的大量需求密切相關，這也是佛教文化對中國文化的一大貢獻。當然，這還是一個需要進一步研究的問題。刻本中的《大慈大悲救苦觀世音菩薩像》爲公元947年，即公元10世紀中葉，由歸義軍時期敦煌著名刻工雷延美所刻，有具體的刊刻年代。可惜的是此類美術品大抵流散國外，國内甚爲少見，故較珍貴。雷延美還曾刊刻《金剛經》，其殘卷亦存。刻本中的另一件爲《妙法蓮華經》卷二，年代應爲五代遼，由於此件曾經由我收藏，這裏稍微多説幾句。如我在《九種早期刻本佛經小記》所述，山西高平收藏一件卷六，我曾將這兩卷同桌比對，確認爲同一副版片所刷印。雖然我認爲這件《妙法蓮華經》卷二的年代應爲五代遼，但當時在爲高平所藏卷六斷代時，由於我正擔任第二屆珍貴古籍名録評選之敦煌遺書・佛教典籍組組長，爲防止別人指責我因爲自己有一件同樣的刻經，便將年代往前提，故特意把該經的刊刻年代向下延到北宋，稱之爲『五代北宋刻本』。當然，嚴格説，這也是一種私心，我這樣做，對這兩卷刻經不公平。所以在這裏説明原委。

《伍倫經眼古經圖録》收入的這些古經，我大抵目鑒。當然，因緣不足，也有未能寓目者。此次丁德朝先生將全部圖版寄給我，我又一一欣賞。坦率説，雖然圖版質量不錯，還是可以有感覺，但圖版得來終覺淺。文末條記目録，由丁德朝先生安排工作人員編撰，我依據手頭保存的資料，做了一些力所能及的修訂。

丁德朝先生囑我爲本書寫一篇序，手頭事雜，因循拖延至今。現圖録即將付印，故匆匆寫了上面一些文字，聊以塞責云耳。

2019年12月25日於南渡江畔

伍倫拍賣幾件雕版刻經觀後記（代序）

李際寧

伍倫拍賣成立以來，致力於早期寫經與刻經的收集、研究與流通。他們的拍品，筆者有幸經眼數批，觀察到伍倫對早期寫本和刻本情有獨鍾，經理人又頗具專業眼光，在古籍拍賣行業中，將這種理念打造成公司獨特的風格。現在，該公司擬將2017—2019年拍賣的早期寫經和刻經出版，公之於衆，供學術界、收藏界欣賞和研究。今蒙不弃，筆者謹就其中幾件木版雕刻品的文物價值和意義，簡述一二。

一、大慈大悲救苦觀世音菩薩像（伍倫37號）

後晋開運四年（947）雕版印刷版畫。白麻紙，單葉，1張，高46厘米，寬32厘米，上圖下文。

此木版雕刻觀音像出敦煌藏經洞，上圖爲觀音站立於蓮華臺上，右手提浄瓶，左手作説法印。左榜題『大慈大悲救苦觀世音菩薩』，右榜題『歸義軍節度使檢校太傅曹元忠造』。像四周有邊框，單邊，框綫較爲粗疏。

觀音圖像下有13行發願題記，共兩則，分别爲：『弟子歸義軍節度瓜/沙等州觀察處置管/内營田押蕃落等使/特進檢校太傅譙/郡開國侯曹元忠/雕此印板。奉爲城隍安/泰，闔郡康寧；東西之道/路開通，南北之凶渠順/化。勵疾消散，刁斗藏/音。隨喜見聞，俱霑福/祐。于時大晋開運四/年丁未歲七月十五/日紀。』又刊：『匠人雷延美。』據榜題和題記，學術界命名該葉印刷品爲『大慈大悲救苦觀世音菩薩像』。

本件觀音像的年代，見於曹元忠發願文字『大晋開運四年』。『大晋開運四年』爲五代後晋出帝石崇貴年號。考此幅『大慈大悲救苦觀世音菩薩像』的風格、樣式、紙張態形、簾紋特點，與該時期其他印版菩薩像的紙張特徵、印刷風格相符，其文物年代與題記相符合。

根據伍倫目録的統計，《大慈大悲救苦觀世音菩薩像》海内外所存數量，已知有13件，圖文俱全者6件，其中大英博物館收藏3件，大英圖書館收藏1件，法國國家圖書館收藏8件，巴黎吉美博物館收藏1件，共13件（加拿大安大略皇家博物館收藏有一件殘片）。此件圖像完整，題記字口和墨色較爲清晰。

曹元忠身世比較複雜，學術界傾向認爲，後晋天福九年（944）三月，歸義軍節度使曹元深卒，曹元忠繼其兄位，執掌歸義軍政權，成爲曹氏歸義軍第四任節度使。七月一日，後晋改元開運。《舊五代史·晋書少帝紀四》記載『（開運三年春三月）庚申，以瓜州刺史曹元忠爲沙州留後』，《舊五代史·周書世宗紀二》又記，顯德二年（955）五月『以沙州留後曹元忠爲沙州節度使檢校太尉同平章事』。北宋開寶七年（974）曹元忠卒。太平興國五年（980），北宋政府『詔贈元忠燉煌郡王』。曹元忠統治沙州三十餘年，在歸義軍歷史上是掌權時間最長的一位。

曹元忠時期木版雕刻的菩薩像，還有一種《毗沙門天王像》，左榜題『大聖毗沙門天王』，題記：『北方大聖毗沙門天王主領天下一切雜類鬼神。若能發意求願，悉得稱心；虔敬之徒，盡獲福佑。弟子歸義軍節度使特進檢校太傅譙郡曹元忠請匠人雕此印板，唯願國安人泰，社稷恒昌；道路和平，普天安樂。』『於時大晋開運四年丁未歲七月十五日記。』

雷延美的身世，没有傳世史料可徵。僅存的相關資料，就是藏經洞所出的兩種雕版印刷品，除上述《大慈大悲救苦觀世音菩薩像》以外，雷延美還有一種粘葉裝册子本《三十二分金剛經》，大英圖書館和法國國家圖書館各藏一册。該書卷末有題記：『弟子歸義軍節度使特進檢校／太傅兼御史大夫譙郡開國侯／曹元忠普施受持。／天福十五年己酉歲五月十五日記。』最後有刊記：『雕版押衙雷延美。』開運四年以後，後晋被後漢替代，敦煌歸義軍政權仍沿用後晋天福年號，稱乾祐三年爲天福十五年（949）。白化文先生在他的《敦煌漢文遺書中雕版印刷資料綜述》中寫道：『雷延美題名十分寶貴，他是現知最早存姓名於印刷品實物中的刻印工匠。還從兩處題名知道了，947至949兩年内，他已由匠人升爲節度使衙中專設雕印機構之首領。』白化文先生這篇文章寫於1987年，那個時候，早期雕版印刷實物發現的很少，時至今日，早期雕版印刷品已經有越來越多的發現，其中已知最早的刻工，應該是2015年國家圖書館收藏的後唐天成二年（927）雕版印刷品《觀彌勒菩薩上生兜率天經》，該經卷尾有『雕經人王仁珂』署名。儘管如此，刻工雷延美的名字和他的雕版印刷作品，依然是現知最早的一批，同樣是研究早期雕版印刷史的重要實物證據。

與上述《大慈大悲救苦觀世音菩薩像》《毗沙門天王像》兩種版畫風格相似的，敦煌遺書中還有《阿彌陀像》《文殊像》《地藏像》等。白化文先生認爲，『以上諸像風格一致，有的題記明確。可判斷爲：都是曹元忠等發願出資，由雷延美雕造。估計是彙成一批雕印而成』，『曹元忠在短時期内大量印造經像，并在衙署内開辦木刻印刷工場。這個工場是現存有大量實物（文物）的世界上第一家印刷工場。它的出現，肯定在當時會促進敦煌地區印刷業的發展進步』。筆者深以爲然，這張《大慈大悲救苦觀世音菩薩像》正反映了早期雕版印刷技術和工藝的實際情況。

二、妙法蓮華經卷第二（伍倫38號）

本卷爲9至10世紀間北方地區刻本，這個時期的跨度，大約包括晚唐五代至北宋初期，也包括北方遼政權統治時期。經文内容爲後秦鳩摩羅什譯《妙法蓮華經》卷二。具體刻經地點不詳，筆者亦認爲刻於山西地區的可能性較大。

鳩摩羅什（343—413），龜兹人。祖上爲印度婆羅門族，父鳩摩羅炎爲龜茲國師。前秦建元二十年（384）被吕光虜至凉州。後秦弘始四年（402）羅什到長安，開始翻譯佛經。弘始八年（406）在長安翻譯出《妙法蓮華經》。

鳩摩羅什譯《妙法蓮華經》，被歷代内典録著録，收録於歷代大藏經。歷史上，該經以七卷本、八卷本、十卷本系統流傳，敦煌遺書中還有一種小字密行本，比較特殊，以上下二卷形式流傳。但流傳最廣者，爲七卷本系統。

本件屬於早期雕版印刷實物，具有如下一些特點。

（一）卷品系統

本件卷品的系統，與中古時代古寫經相同。當代學者在研究了包括敦煌遺書在内的古寫經之後指出，在中古時代，寫本《妙法蓮華經》卷次有七卷本、八卷本和十卷本等系統。以敦煌遺書爲例，從該經譯出直到刻本流傳，乃至今日的通行本，皆以七卷本流傳最廣。八卷本主要在7至8世紀流傳，十卷本比較多地流通於南北朝時代。以這種系統標準衡量有助於以判斷本件的卷次系統。本件卷首殘佚，存『譬喻品』和『信解品』。卷中有内題『妙法蓮華經信解品第四』，卷尾完整，有尾題『妙法蓮華經卷第二』。據此可推測，本件或爲七卷本，或爲八卷本，因爲七卷本和八卷本系統的卷二，都收録『譬喻品』和『信解品』。如果再綜合考慮山西省高平市博物館（原高平市文博館）收藏的同版本《妙法蓮華經》卷六的因素，則可以確認，此件屬於流傳最廣泛的『七卷本』系統。

（二）版式行款

本件版式行款，與8、9世紀的古寫經基本相同。據本册伍倫目録數據所知，該件爲卷軸裝，長657厘米，高27厘米，存13版，每版27行，總51行，行17字（以長行計）。墨劃上下邊欄，無界行，尾端存版框邊綫。中古時代寫本以每紙27行，行17字爲標準寫本，古代僧人以標準一紙爲單位，計量佛典的真僞，考教背誦佛典的數量。所以，這種寫經的標準版式行款，到雕版印刷時代，繼續沿用，成爲後代刻經的標準版式行款。

雕版印刷技術使用以後，爲雕版的管理方便，古人將寫本葉碼（或紙序）的標識方法，應用到雕版上，發明了後代所稱用的『版片號』。以早期雕版印刷佛典爲例，敦煌藏經洞所出唐咸通九年（868）刻本《金剛般若波羅蜜經》，已經開始標有版片號，雖然還祇是簡單地刊在每版經文空白處，但這種使用版片號的辦法，逐漸成爲刻本佛典的通行做法。北宋開寶四年（971）的『開寶藏』本《妙法蓮華經》已經有成熟的版片號記録方式，在版端刊經名簡稱、卷次、版序號。這種方法，深刻而長遠地影響了漢文佛教典籍版片號的標注方式。

本件《妙法蓮華經》卷二，首殘，存第10版至22版，版端刊版片號，標注方式爲上標卷次，下刊版片序號，如『二、十』，其中，『二』是本件的卷次，『十』是版片序號，各版的板片號標識位置和方式一致，數字『二十』刊爲『廿』形。需要注意的是，第 11、16、17、18 等四版未見版片號，未見的原因，或許是漏刊，或許是版片號被接紙粘覆，也有可能是舊時經卷脫散，卷端的版片號被損壞。原因尚待更多材料證實。

（三）紙張、字體與裝潢

本件紙張、字體風格和裝潢特點，與山西省高平市博物館收藏的刻本《妙法蓮華經》卷六幾乎完全相同。兩件比較，更可以看出其文物特點。

高平市博物館，位於晋東南的晋城市，經卷係約二十世紀六、七十年代從民間徵集而來。2010 年原高平市文博館擇址另建，該館遂升格爲高平市博物館，這件《妙法蓮華經》卷六也隨之入藏高平市博物館。

高平這件《妙法蓮華經》卷六，被學術界認定爲五代至北宋間刻本，其根據就是字體與晚唐五代寫本頗有相似處，并有許多該時代流行的异寫字、别體字，顯示出明顯的時代風格，因此被收入第一批國家珍貴古籍名録。

與高平卷六比較，我們可以驚奇地發現，本件卷二與高平這件版本相同，都是紙張較厚，韌性不太好，紙經染潢，紙質較細膩，但已焦脆。也都保存了卷尾木軸，上下軸頭塗朱漆，卷尾末端的紙，都剪成倒梯形裝。

從字體風格看，兩件字體在行楷之間，書寫風格相同；刻工

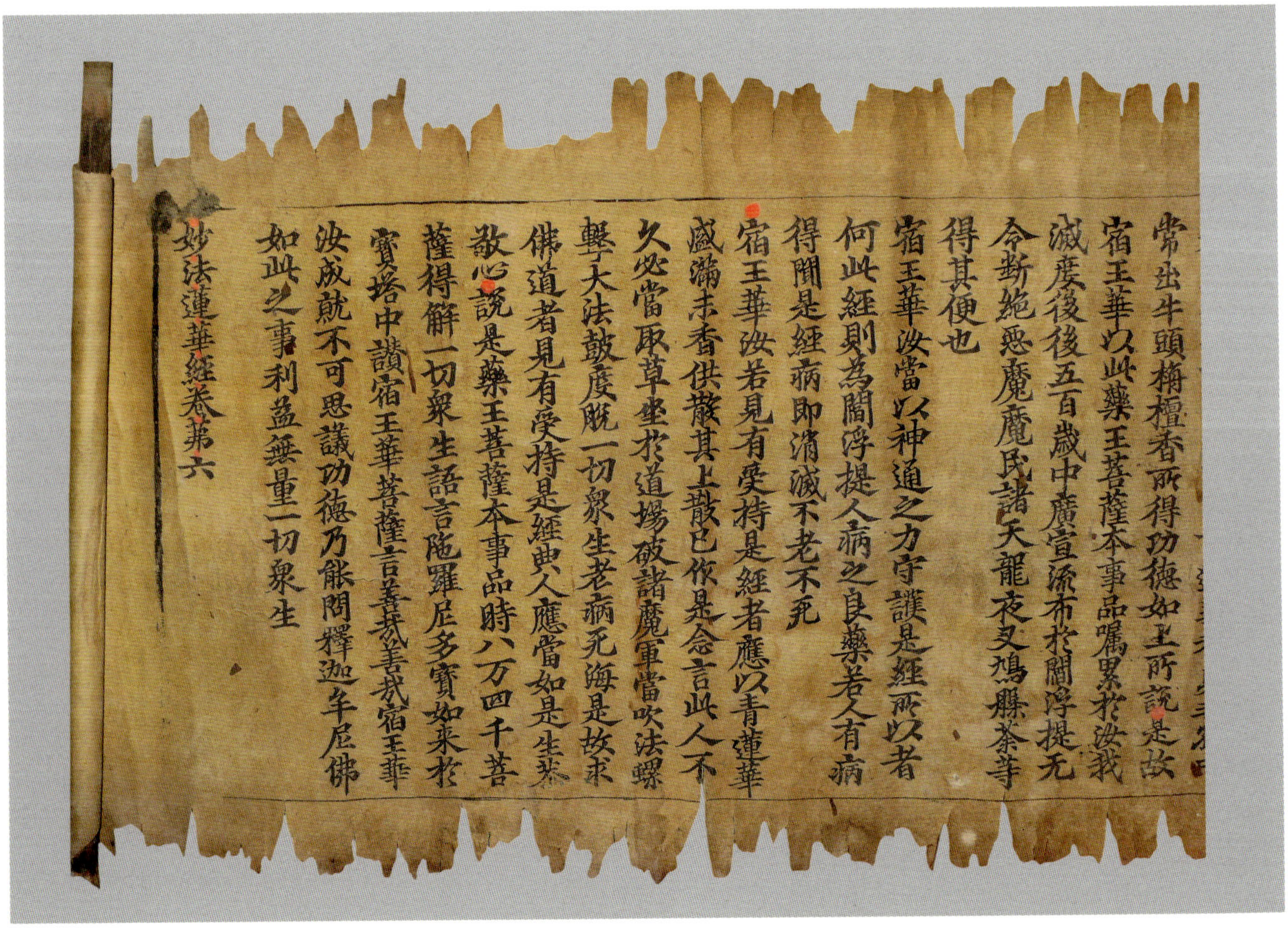
常出牛頭栴檀香所得功德如上所說是故
宿王華以此藥王菩薩本事品囑累於汝我
滅度後後五百歲中廣宣流布於閻浮提无
令斷絕惡魔魔民諸天龍夜叉鳩槃荼等
得其便也
宿王華汝當以神通之力守護是經所以者
何此經則爲閻浮提人病之良藥若人有病
得聞是經病即消滅不老不死
宿王華汝若見有受持是經者應以青蓮華
盛滿末香供散其上散已作是念言此人不
久必當取草坐於道場破諸魔軍當吹法螺
擊大法鼓度脫一切衆生老病死海是故求
佛道者見有受持是經典人應當如是生恭
敬心說是藥王菩薩本事品時八万四千菩
薩得解一切衆生語言陀羅尼多寶如来於
寶塔中讚宿王華菩薩言善哉善哉宿王華
汝成就不可思議功德乃能問釋迦牟尼佛
如此之事利益無量一切衆生
妙法蓮華經卷第六

山西省高平市博物館藏刻本《妙法蓮華經》卷六（局部）

刀法硬朗，這種風格的刻書，無疑出於北方地區。比如，兩件尾題『妙法蓮華經卷第×』的『第』字的寫刻風格，可以視爲兩件同版的確證。

中國雕版印刷技術大約在唐代中期已經比較成熟，相關史料和實物，已經有不少論述。如果將早期雕版印刷佛教典籍排列一個順序，本件《妙法蓮華經》卷二當然歸屬於早期的一批。上述介紹，使我們可以確認，此件確爲晚唐五代至北宋初（或遼前期）北方地區的雕本。

三、王十三娘造梵文大隨求陀羅尼經咒（伍倫55號）

本件爲8、9世紀間中唐時期的單葉雕版印刷品。關於本件的歷史年代，見伍倫拍賣的碳十四檢測報告，結論是距今1200±30。

根據伍倫目録數據，本件爲白皮紙印刷，圓形，中心爲頭戴寶冠的菩薩，結跏趺坐於蓮臺，右手執金剛杵，左手執蓮花。經咒爲梵文悉曇體，以菩薩爲中心順時針展開，共22層。經咒外圍一圈印出菩薩、金剛和各種法器。陀羅尼中的圖案，皆手工填色。咒文中，『王十三娘』的名字爲墨書，而不是隨經咒雕刻上版的。顯然，這種做法的用意，就是方便祈福者任意填寫姓名。這應該是早期雕版印刷佛教經咒得以迅速推廣普及的原因。

四、五十二娘造梵文大隨求陀羅尼經咒（伍倫56號）

本件爲8世紀盛唐時期雕版單葉印刷品。關於本件的歷史年代，見伍倫拍賣碳十四檢測報告，結論是公元618—770年。

根據伍倫目録數據，本件直徑25厘米，白皮紙，圓形，梵文14圈，本件刻本陀羅尼經咒爲圓形，經咒爲梵文悉曇體，共14層，由圓心閉合環繞向外展開。經咒中心爲手繪菩薩像，有背光，結跏趺坐於蓮臺，左手執金剛杵，右手撫一跪姿女子頭頂，手工填色。菩薩像左側墨筆書：『女弟子五十二娘願所求如意。』

上述兩件經咒性質相似，有些問題具有共性，此處一并討論。

（一）此類經咒該如何定名？

按照目前已經發現的類似經咒分析，大多數爲歷史上某一時期出於墓葬，也有少數出於古塔。這些經咒保存的題記，爲我們的定名提供了依據。比如：

1975年在西安冶金機械廠唐墓出土經咒，中心標題『佛説隨求即得大自在陀羅尼神咒經』。雖然『説隨求即』四字缺損，但據經文可以補足。

1978年在蘇州瑞光寺塔發現的『景德□年八月』陀羅尼，發願題記有『佛説普遍光明焰鬘清净熾盛思惟如意寶印心無能勝惣持大明王大隨求陀羅尼』名稱。

（同塔所出）另一件『咸平四年』趙宗霸所刻經咒，起首題名即是『大隨求陀羅尼』。

敦煌藏經洞所出太平興國五年（980）版畫，發願文起首題名『大隨求陀羅尼』。

（二）這類經咒的功能和作用是什麼？

1985 年河南洛陽市東郊史家灣磚廠出土的後唐陀羅尼，有榜題：『經云：佛告大梵天王：此隨求陀羅尼，過去九十九億諸佛同共宣説，若人依法書寫佩戴，所有惡業重罪并得消除。當知是人一切如來加持，一切菩薩護念，一切天龍守護，離一切灾横，除一切憂惱，滅一切惡趣，不被水火雷電毒惡之所傷害，如經廣説。』

唐寶思惟譯《佛説隨求即得大自在陀羅尼神咒經》云：『此隨求即得大自在陀羅尼神咒，能與一切衆生最勝安樂，不爲一切夜叉羅刹，及癲癎病餓鬼塞揵陀鬼，諸鬼神等作諸惱害，亦不爲寒熱等病之所侵損。所在之處恒常得勝，不爲鬭戰怨讎之所侵害，能摧他敵。厭蠱咒詛不能爲害。先業之罪悉得消滅。毒不能害，火不能燒，刀不能傷，水不能溺。不爲雷電霹靂及非時惡風暴雨之所損害。』

經又云：

『若有受持此神咒者，所在得勝。

若能書寫帶在頸者若在臂者，是人能成一切善事，最勝清净……

晝夜而常隨逐擁護持此咒者，又爲摩帝揵拏天衆及餘自在諸天神衆亦如是擁護……

若此神咒在身手者，鬼子父母摩尼跋陀神……恒常隨逐而擁護之。

若有女人受持此神咒者，有大勢力常當生男……

童男童女持此咒者，當得安樂，無諸疾病，色相熾盛……

帶此咒者……一切樂欲所求皆得。』

臺灣學者劉淑芬在《滅罪與度亡》一書中，專闢一節講『墓幢的變形』，她認爲，經幢都能多元化，一是取代墓記，二是取代部分塔的功能，『無論是手寫絹本或者是雕版印刷紙本經咒的陀羅尼，它的成本都遠比石製的經幢低廉。因此，在墓幢流行的風潮下，付不起石製墓幢費用的平民，就以手寫絹本或雕版紙本經咒作爲墓幢的代替品』。她的研究爲我們解釋了爲什麼唐代中後期開始，經咒多用於墓葬的原因。

伍倫拍賣將以上四種雕版印刷品影印出版，給關注早期雕版印刷實物的研究者提供了一份重要資料。這四種屬於佛教早期的印刷實物，既有正規的佛教典籍，又有版畫，繼有佛教經咒，品類可謂齊全，對研究早期佛教印刷品的歷史作用和宗教意義，具有重要價值。

編輯説明

敦煌遺書、唐宋寫刻經是中華民族的偉大歷史遺産。北京伍倫國際拍賣有限公司以『存真求精、服務藏家』爲宗旨，致力於中國古代藝術品拍賣的高標準，披沙揀金，不覺六載。種種機緣眷顧，自2016年至今，伍倫拍賣有幸經手了七十餘件高水準的北宋之前的中國寫經、刻經。其中的敦煌遺書大概占目前市場上流通數量的十分之一。

2016年9月，我們將伍倫拍賣首次拍賣標的36件結集爲《濱田德海蒐藏敦煌遺書》出版，社會反響良好。時隔六個寒暑，我們又把2017年秋拍、2018年秋拍和2019年春拍中經過佛經專家方廣錩、李際寧先生審定的29件南北朝至隋唐寫刻佛經標的彙編，編號順承《濱田德海蒐藏敦煌遺書》，原大（部分）高清付印，并編纂了條記目録。一是爲信任我們的收藏家提供權威認證；二是爲敦煌寫經、唐五代刻經的鑒定提供參考；三是爲國内外學者研究之便；四是爲廣大古典藝術愛好者和書法愛好者欣賞與臨摹，把這些法書佳槧的社會價值發揮到最大。

『工欲善其事，必先利其器』，《伍倫經眼古經圖録》力求躋身中國古寫經、刻經鑒定的『標準器』工具書之列。伍倫拍賣重視拍品真僞鑒定，爲收藏家和愛好者把牢第一道關。我們廣泛閲讀、經手并注意收集材料，確保上拍的每一件經卷都禁得起推敲。對於需要確定具體年代的，我們進行紙張取樣後，送往美國亞利桑那大學加速器質譜實驗室做碳十四檢測，并公布檢測報告。同時，我們也注重寫、刻本紙張研究，對部分古寫、刻經紙張進行顯微分析。

《伍倫經眼古經圖録》共收録敦煌寫經23件，其中敦煌學家周紹良先生舊藏的兩件最富深厚内涵。伍倫62號初唐寫《金剛般若波羅蜜經》，引首有周紹良先生的摯友啓功先生題字『唐人寫金剛經』，經卷行間有外文注音，在3600多號敦煌遺書《金剛經》中唯此一見。伍倫63號《瑜伽師地論開釋分門記》爲歸義軍時期著名僧人法成講義，聽講弟子隨堂記録，朱筆標記，正面第八紙抄寫《八轉聲頌》一篇。此前，我們僅知法國國家圖書館及北京大學藏有《八轉聲頌》的敦煌遺書抄本，現知天地間尚存第三個抄本，令人興奮不已。

而從書法角度來説，《伍倫經眼古經圖録》既收録了寫於鍾王時代的片紙可貴的《妙法蓮華經》卷七（伍倫65號），又有足以媲美《董美人墓誌》的《維摩詰所説經》卷下（伍倫 40 號）；既有意趣不讓《靈飛經》的溥侗藏《妙法蓮華經》卷七（伍倫 41 號），又有含蓄温雅的南北朝寫本《佛名經》卷二（伍倫 39 號），還有古拙厚重的北魏寫本《大般涅槃經》卷八（伍倫 47 號）。

《伍倫經眼古經圖録》還收入了 4 件早期印刷品。一件是後晋開運四年（947）歸義軍節度使曹元忠主持雕印的《大慈大悲救苦觀世音菩薩像》，它有明確的紀年和刻工姓名（雷延美），品相完美。由於歷史原因，同類版畫大都流失海外，國内博物館、圖書館尚未見收藏。它的回歸着實令人欣慰。

一件是晚唐五代至北宋初期的《妙法蓮華經》，這一件被收入第三批『國家珍貴古籍名録』（編號 07173）。它給我們的第一印象是：雖刻猶寫，運刀如筆；楮韌若韋，墨潤透紙。它在印刷史上的價值與其藝術價值交相輝映，它身上還有其他一些未解之謎等待專家學者進一步挖掘。

另外兩件都是梵文陀羅尼。以宿白先生在《唐五代時期雕版印刷手工業的發展》一文中歸納的早期陀羅尼經咒印本的演進序列爲基礎，我們對伍倫 56 號的紙張進行取樣，送至美國亞利桑那大學加速器質譜實驗室做碳十四分析，得出的結論是公元 618—770 年間。也就是説，伍倫 56 號梵文《大隨求陀羅尼經咒》印本的年代下限最遲不超過唐代宗大曆五年（770），是目前已知的世界上最早的雕版印刷品之一。

寫本的魅力令人難以抗拒，而敦煌遺書的學術價值、藝術價值、市場價值更是家喻户曉。但我們還是經常不禁感歎：它是確定、可靠的唐代甚至魏晋時代書寫在紙上的墨迹；它是收藏家值得擁有的『大開門兒』的晋唐時代書法；它還是一座中國造紙史的樣本寶庫，一座世界民族文化融會貫通的博物館！

收藏家是我們的服務對象。收藏家的品位決定了我們的定位，伍倫拍賣業務人員的專業素質、領域内專家學者的鼎力協助也爲收藏家遨游藝術世界保駕護航。很幸運，伍倫拍賣得到了多位審美卓然的超級收藏家的青睞，自首拍迄今，得以經眼法書佳槧數十卷，不敢自專，借國家圖書館出版社東風，得以化身千百。在此，伍倫拍賣對給予我們悉心指導和大力支持的著名學者方廣錩先生、李際寧先生，國家圖書館出版社的廖生訓先生、南江濤先生、潘雲俠女士致以真誠的感謝。此書如能實現編纂目的之萬一，不勝欣喜。今忝列書林，請方家鞭策。

北京伍倫國際拍賣有限公司

目録

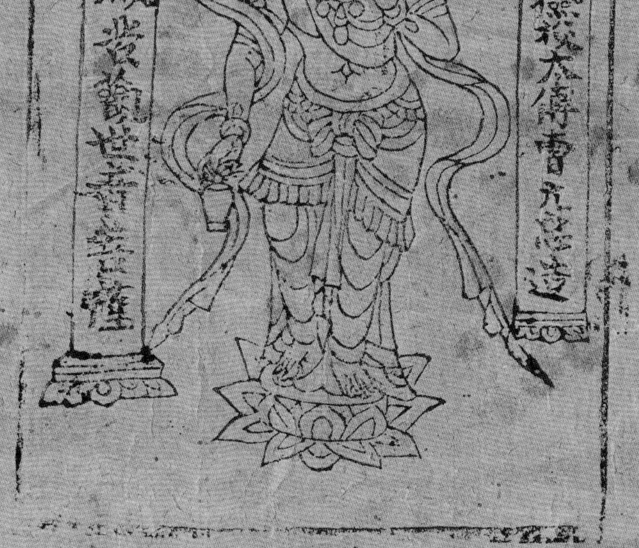

弟子歸義軍節度瓜沙等州觀察處置管內營田押蕃落等使特進檢校太傅譙郡開國侯曹元忠雕此印板奉為城隍安泰闔郡康寧東西之道路開通南北之兇渠順化勵疾消散刁斗藏音隨喜見聞俱霑福祐于時大晉開運四年丁未歲七月十五日紀　匠人雷延美

伍倫 37 號　大慈大悲救苦觀世音菩薩像

或時離地一尺二尺 往反遊行 縱逸嬉戲
捉狗兩足 撲令失聲 以脚加頸 怖狗自樂
復有諸鬼 其身長大 裸形黑瘦 常住其中
發大惡聲 叫呼求食 復有諸鬼 其咽如針
復有諸鬼 首如牛頭 或食人肉 或復噉狗
頭髮蓬亂 殘害凶險 飢渴所逼 叫喚馳走
夜叉餓鬼 諸惡鳥獸 飢急四向 窺看窓牖
如是諸難 恐畏无量 是朽故宅 屬于一人
其人近出 未久之間 於後舍宅 欻然火起
四面一時 其焰俱熾 棟梁椽柱 爆聲震裂
摧折墮落 墻壁崩倒 諸鬼神等 揚聲大叫

摧折墮落　墻壁崩倒　諸鬼神等　揚聲大叫
鵰鷲諸鳥　鳩槃荼等　周慞惶怖　不能自出
惡獸毒虫　藏竄孔穴　毗舍闍鬼　亦住其中
薄福德故　為火所逼　共相殘害　飲血噉肉
野干之屬　並已前死　諸大惡獸　競来食噉
臭烟蓬㶿　四面充塞　蜈蚣蚰蜒　毒蛇之類
為火所燒　爭走出穴　鳩槃荼鬼　隨取而食
又諸餓鬼　頭上火然　飢渴熱惱　周慞悶走
其宅如是　甚可怖畏　毒害火災　衆難非一
是時宅主　在門外立　聞有人言　汝諸子等
先因遊戲　来入此宅　稚小无知　歡娛樂著
長者聞已　驚入火宅　方宜救濟　令无燒害

伍倫 38 號　妙法蓮華經卷二　38–2

長者聞已 驚入火宅 方宜救濟 令无燒害
告喻諸子 說衆患難 惡鬼毒虫 災火蔓莚
衆苦次第 相續不絕 毒虵蚖蝮 及諸夜叉
鳩槃荼鬼 野干狐狗 鵰鷲鵄梟 百足之屬
飢渴惱急 甚可怖畏 此苦難處 況復大火
諸子无知 雖聞父誨 猶故樂著 嬉戲不已
是時長者 而作是念 諸子如此 益我愁惱
今此舍宅 无一可樂 而諸子等 耽湎嬉戲
不受我教 將爲火害 即便思惟 設諸方便
告諸子等 我有種種 珎玩之具 妙寶好車
羊車鹿車 大牛之車 今在門外 汝等出來

羊車鹿車　大牛之車　今在門外　汝等出來
吾為汝等　造作此車　隨意所樂　可以遊戲
諸子聞說　如此諸車　即時奔競　馳走而出
到扵空地　離諸苦難　長者見子　得出火宅
住扵四衢　坐師子座　而自慶言　我今快樂
此諸子等　生育甚難　愚小无知　而入險宅
多諸毒蟲　魑魅可畏　大火猛焰　四面俱起
而此諸子　貪樂嬉戲　我已救之　令得脫難
是故諸人　我今快樂　尒時諸子　知父安坐
皆詣父所　而白父言　願賜我等　三種寶車
如前所許　諸子出來　當以三車　隨汝所欲

如前所許諸子出来當以三車隨汝所欲
今正是時唯垂給與長者大富庫藏衆多
金銀瑠璃硨磲碼碯以衆寶物造諸大車
莊校嚴飾周帀欄楯四面懸鈴金繩交絡
真珠羅網張施其上金華諸瓔處處垂下
衆采雜飾周帀圍繞柔軟繒纊以為茵蓐
上妙細氎價直千億鮮白淨潔以覆其上
有大白牛肥壯多力形體姝好以駕寶車
多諸儐從而侍衛之以是妙車等賜諸子
諸子是時歡喜踊躍乘是寶車遊於四方
嬉戲快樂自在无礙告舍利弗我亦如是

嬉戲快樂　自在无礙　告舍利弗　我亦如是
衆聖中尊　世間之父　一切衆生　皆是吾子
深著世樂　无有慧心　三界无安　猶如火宅
衆苦充滿　甚可怖畏　常有生老　病死憂患
如是等火　熾然不息　如來已離　三界火宅
寂然閑居　安處林野　今此三界　皆是我有
其中衆生　悉是吾子　而今此處　多諸患難
唯我一人　能為救護　雖復教詔　而不信受
於諸欲染　貪著深故　是以方便　為說三乘
令諸衆生　知三界苦　開示演說　出世間道
是諸子等　若心決定　具足三明　及六神通

令諸衆生 知三界苦 開示演說 出世間道
是諸子等 若心決定 具足三明 及六神通
有得緣覺 不退菩薩 汝舍利弗 我為衆生
以此譬喻 說一佛乘 汝等若能 信受是語
一切皆當 得成佛道 是乘微妙 清淨第一
於諸世間 為无有上 佛所悅可 一切衆生
所應稱讚 供養礼拜 无量億千 諸力解脫
禪定智慧 及佛餘法 得如是乘 令諸子等
日夜劫數 常得遊戲 與諸菩薩 及聲聞衆
乘此寶乘 直至道場 以是因緣 十方諦求
更无餘乘 除佛方便 告舍利弗 汝諸人等
皆是吾子 我則是父 汝等累劫 衆苦所燒

伍倫 38 號 妙法蓮華經卷二 38–7

皆是吾子　我則是父　汝等累劫　衆苦所燒
我皆濟拔　令出三界　我雖先說　汝等滅度
但盡生死　而實不滅　今所應作　唯佛智慧
若有菩薩　於是衆中　能一心聽　諸佛實法
諸佛世尊　雖以方便　所化衆生　皆是菩薩
若人小智　深著愛欲　為此等故　說於苦諦
衆生心喜　得未曾有　佛說苦諦　真實无異
若有衆生　不知苦本　深著苦因　不能暫捨
為是等故　方便說道　諸苦所因　貪欲為本
若滅貪欲　无所依止　滅盡諸苦　名第三諦
二十三
為滅諦故　修行於道　離諸苦縛　名得解脫

伍倫 38 號　妙法蓮華經卷二　38–8

為滅諸故 修行於道 離諸苦縛 名得解脫
是人於何 而得解脫 但離虛妄 名為解脫
其實未得 一切解脫 佛說是人 未實滅度
斯人未得 无上道故 我意不欲 令至滅度
我為法王 於法自在 安隱衆生 故現於世
汝舍利弗 我此法印 為欲利益 世間故說
在所遊方 勿妄宣傳 若有聞者 隨喜頂受
當知是人 阿鞞跋致 若有信受 此經法者
是人已曾 見過去佛 恭敬供養 亦聞是法
若人有能 信汝所說 則為見我 亦見於汝
及比丘僧 并諸菩薩 斯法華經 為深智說

及比丘僧　并諸菩薩　斯法華經　為深智說
淺識聞之　迷惑不解　一切聲聞　及辟支佛
於此經中　力所不及　汝舍利弗　尚於此經
以信得入　況餘聲聞　其餘聲聞　信佛語故
隨順此經　非己智分　又舍利弗　憍慢懈怠
計我見者　莫說此經　凡夫淺識　深著五欲
聞不能解　亦勿為說　若人不信　毀謗此經
則斷一切　世間佛種　或復顰蹙　而懷疑惑
汝當聽說　此人罪報　若佛在世　若滅度後
其有誹謗　如斯經典　見有讀誦　書持經者
輕賤憎嫉　而懷結恨　此人罪報　汝今復聽

伍倫 38 號　妙法蓮華經卷二　38–10

輕賤憎嫉　而懷結恨　此人罪報　汝今復聽
其人命終　入阿鼻獄　具足一劫　劫盡更生
如是展轉　至无數劫　從地獄出　當墮畜生
若狗野干　其形頓瘦　黧黮疥癩　人所觸嬈
又復為人　之所惡賤　常困飢渴　骨肉枯竭
生受楚毒　死被瓦石　斷佛種故　受斯罪報
若作駞駝　或生驢中　身常負重　加諸杖捶
但念水草　餘无所知　謗斯經故　獲罪如是
有作野干　來入聚落　身體疥癩　又无一目
為諸童子　之所打擲　受諸苦痛　或時致死
於此死已　更受蟒身　其形長大　五百由旬

伍倫 38 號　妙法蓮華經卷二　38–11

為諸童子 之所打擲 受諸苦痛 或時致死
於此死已 更受蟒身 其形長大 五百由旬
聾騃无足 宛轉腹行 為諸小虫 之所唼食
晝夜受苦 无有休息 謗斯經故 獲罪如是
若得為人 諸根闇鈍 矬陋攣躄 盲聾背傴
有所言說 人不信受 口氣常臭 鬼魅所著
貧窮下賤 為人所使 多病痟瘦 无所依怙
雖親附人 人不在意 若有所得 尋復忘失
若修醫道 順方治病 更增他疾 或復致死
若自有病 无人救療 設服良藥 而復增劇
若他反逆 抄劫竊盜 如是等罪 橫羅其殃
如斯罪人 永不見佛 衆聖之王 說法教化
如斯罪人 常生難處 狂聾心亂 永不聞法

若他反逆　抄劫竊盜　如是等罪　横羅其殃
如斯罪人　永不見佛　衆聖之王　說法教化
如斯罪人　常生難處　狂聾心亂　永不聞法
於无數劫　如恒河沙　生輒聾瘂　諸根不具
常處地獄　如遊園觀　在餘惡道　如己舍宅
駝驢猪狗　是其行處　謗斯經故　獲罪如是
若得為人　聾盲瘖瘂　貧窮諸衰　以自莊嚴
水腫乾痟　疥癩癰疽　如是等病　以為衣服
身常臭處　垢穢不淨　深著我見　增益瞋恚
婬欲熾盛　不擇禽獸　謗斯經故　獲罪如是
告舍利弗　謗斯經者　若說其罪　窮劫不盡
以是因緣　我故語汝　无智人中　莫說此經
若有利根　智慧明了　多聞強識　求佛道者

以是因緣　我故語汝　无智人中　莫說此經
若有利根　智慧明了　多聞强識　求佛道者
如是之人　乃可為說　若人曾見　億百千佛
殖諸善本　深心堅固　如是之人　乃可為說
若人精進　常修慈心　不惜身命　乃可為說　二十五
若人恭敬　无有異心　離諸凡愚　獨處山澤
如是之人　乃可為說　又舍利弗　若見有人
捨惡知識　親近善友　如是之人　乃可為說
若見佛子　持戒清潔　如淨明珠　求大乘經
如是之人　乃可為說　若人无瞋　質直柔軟
常愍一切　恭敬諸佛　如是之人　乃可為說

常愍一切 恭敬諸佛 如是之人 乃可為說
復有佛子 於大衆中 以清淨心 種種因緣
譬喻言辭 說法无礙 如是之人 乃可為說
若有比丘 為一切智 四方求法 合掌頂受
但樂受持 大乘經典 乃至不受 餘經一偈
如是之人 乃可為說 如人至心 求佛舍利
如是求經 得已頂受 其人不復 志求餘經
亦未曾念 外道典籍 如是之人 乃可為說
告舍利弗 我說是相 求佛道者 窮劫不盡
如是等人 則能信解 汝當為說 妙法華經

妙法蓮華經信解品第四

妙法蓮華經信解品第四

尒時慧命須菩提摩訶迦栴延摩訶迦葉摩
訶目揵連從佛所聞未曾有法世尊授舍利
弗阿耨多羅三藐三菩提記發希有心歡喜
踊躍即從座起整衣服偏袒右肩右膝著地
一心合掌曲躬恭敬瞻仰尊顏而白佛言我
等居僧之首年並朽邁自謂已得涅槃无所
堪任不復進求阿耨多羅三藐三菩提世尊
往昔說法既久我時在座身體疲懈但念空
无相无作於菩薩法遊戲神通淨佛國土成
就衆生心不喜樂所以者何世尊令我等出

就衆生心不喜樂所以者何世尊令我等出
於三界得涅槃證又今我等年已朽邁於佛
教化菩薩阿耨多羅三藐三菩提不生一念
好樂之心我等今於佛前聞授聲聞阿耨多
羅三藐三菩提記心甚歡喜得未曾有不謂
於今忽然得聞希有之法深自慶幸獲大善
利无量珍寶不求自得世尊我等今者樂說
譬喻以明斯義譬若有人年既幼稚捨父逃
逝久住他國或十二十至五十歲年既長大
加復窮困馳騁四方以求衣食漸漸遊行遇
向本國其父先來求子不得中止一城其家

大復窮困馳騁四方以求衣食漸漸遊行遇
向本國其父先來求子不得中止一城其家
大富財寶无量金銀琉璃珊瑚虎珀頗梨珠
等其諸倉庫悉皆盈溢多有僮僕臣佐吏民
象馬車乘牛羊无數出入息利乃遍他國商
估賈客亦甚衆多時貧窮子遊諸聚落經歷
國邑遂到其父所止之城父每念子與子離
別五十餘年而未曾向人說如此事但自思
惟心懷悔恨自念老朽多有財物金銀珎寶
倉庫盈溢无有子息一旦終沒財物散失无
所委付是以慇懃每憶其子復作是念我若
得子委付財物坦然快樂无復憂慮世尊尒
時窮子傭賃展轉遇到父舍住立門側遙見

得子委付財物坦然快樂无復憂慮世尊尒
時窮子傭賃展轉遇到父舍住立門側遥見
其父踞師子床寶几承足諸婆羅門剎利居
士皆恭敬圍繞以真珠瓔珞價直千万莊嚴
其身吏民僮僕手執白拂侍立左右覆以寶
帳垂諸華幡香水灑地散衆名華羅列寶物
出内取與有如是等種種嚴飾威德特尊窮
子見父有大力勢即懷恐怖悔來至此竊作
是念此或是王或是王等非我傭力得物之
處不如往至貧里肆力有地衣食易得若久
住此或見逼迫強使我作作是念已疾走而

住此或見逼迫強使我作作是念已疾走而
去時富長者於師子座見子便識心大歡喜
即作是念我財物庫藏今有所付我常思念
此子无由見之而忽自來甚適我願我雖年
朽猶故貪惜即遣傍人急追將還尒時使者
疾走往捉窮子驚愕稱怨大喚我不相犯何
為見捉使者執之逾急強牽將還于時窮子
自念无罪而被囚執此必定死轉更惶怖悶
絕躃地父遙見之而語使言不須此人勿強
將來以冷水灑面令得醒悟莫復與語所以
者何父知其子志意下劣自知豪貴為子所
難審知是子而以方便不語他人云是我子

者何父知其子志意下劣自知豪貴爲子所
難審知是子而以方便不語他人云是我子
使者語之我今放汝隨意所趣窮子歡喜得
未曾有從地而起往至貧里以求衣食尒時
長者將欲誘引其子而設方便密遣二人形
色憔悴无威德者汝可詣彼徐語窮子此有
作處倍與汝直窮子若許將來使作若言欲
何所作便可語之雇汝除糞我等二人亦共
汝作時二使人即求窮子既已得之具陳上
事尒時窮子先取其價尋與除糞其父見子
愍而怪之又以他日於窓牖中遙見子身羸
瘦憔悴糞土塵坌汙穢不淨即脫瓔珞細軟
上服嚴飾之具更著麤弊垢膩之衣塵土坌

愍而怪之又以他日於窓牖中遙見子身羸
瘦憔悴糞土塵坌汙穢不淨即脫瓔珞細軟
上服嚴飾之具更著麁弊垢膩之衣塵土坌
身右手執持除糞之器狀有所畏語諸作人
汝等勤作勿得懈息以方便故得近其子後
復告言咄男子汝常此作勿復餘去當加汝
價諸有所須瓫器米麵塩醋之屬莫自疑難
亦有老弊使人須者相給好自安意我如汝
父勿復憂慮所以者何我年老大而汝少壯
汝常作時无有欺怠瞋恨怨言都不見汝有
此諸惡如餘作人自今已後如所生子即時
長者更與作字名之為兒尒時窮子雖欣此
遇猶故自謂客作賤人由是之故於二十年

長者更與作字名之為兒尒時窮子雖欣此
遇猶故自謂客作賤人由是之故於二十年
中常令除糞過是已後心相體信入出无難
然其所止猶在本處世尊尒時長者有疾自
知將死不久語窮子言我今多有金銀珎寶
倉庫盈溢其中多少所應取與汝悉知之我
心如是當體此意所以者何今我與汝便為
不異宜加用心无令漏失尒時窮子即受教
勅領知衆物金銀珎寶及諸庫藏而无悕取
一飡之意然其所止故在本處下劣之心亦
未能捨復經少時父知子意漸已通泰成
就大志自鄙先心臨欲終時而命其子并會親

就大志自鄙先心臨欲終時而命其子并會親
族國王大臣刹利居士皆悉已集即自宣言
諸君當知此是我子我之所生於其城中捨
吾逃走竛竮辛苦五十餘年其本字某我名
某甲昔在本城懷憂推覓忽於此間遇會得
之此實我子我實其父今我所有一切財物
皆是子有先所出内是子所知世尊是時窮
子聞父此言即大歡喜得未曾有而作是念
我本无心有所悕求今此寶藏自然而至世
尊大富長者則是如來我等皆似佛子如來
常說我等為子世尊我等以三苦故於生死

常說我等為子世尊我等以三苦故於生死
中受諸熱惱迷惑无知樂著小法今日世尊
令我等思惟蠲除諸法戲論之糞我等於中
勤加精進得至涅槃一日之價既得此已心
大歡喜自以為足而便自謂於佛法中勤精進
故所得弘多然世尊先知我等心著弊欲樂
於小法便見縱捨不為分別汝等當有如來
知見寶藏之分世尊以方便力說如來智慧
我等從佛得涅槃一日之價以為大得於此
大乘无有志求我等又因如來智慧為諸菩
薩開示演說而自於此无有志願所以者何
佛知我等心樂小法以方便力隨我等說而

薩開示演說而自於此无有志願所以者何
佛知我等心樂小法以方便力隨我等說而
我等不知真是佛子今我等方知世尊於佛
智慧无所悋惜所以者何我等昔來真是佛
子而但樂小法若我等有樂大之心佛則為
我說大乘法於此經中唯說一乘而昔於菩薩
前毀呰聲聞樂小法者然佛實以大乘教化
是故我等說本无心有所悕求今法王大寶
自然而至如佛子所應得者皆已得之尒時
摩訶迦葉欲重宣此義而說偈言
我等今日　聞佛音教　歡喜踊躍　得未曾有
佛說聲聞　當得作佛　无上寶聚　不求自得
譬如童子　幼稚无識　捨父逃逝　遠到他土

伍倫 38 號　妙法蓮華經卷二　38-26

佛說聲聞　當得作佛　无上寶聚　不求自得
譬如童子　幼稚无識　捨父逃逝　遠到他土
周流諸國　五十餘年　其父憂念　四方推求
求之既疲　頓止一城　造立舍宅　五欲自娛
其家巨富　多諸金銀　硨磲碼碯　真珠瑠璃
象馬牛羊　輦輿車乘　田業僮僕　人民衆多
二七 出入息利　乃遍他國　商估賈人　无處不有
千万億衆　圍繞恭敬　常為王者　之所愛念
羣臣豪族　皆共宗重　以諸緣故　往來者衆
豪富如是　有大力勢　而年朽邁　益憂念子
夙夜惟念　死時將至　癡子捨我　五十餘年

夙夜惟念　死時將至　癡子捨我　五十餘年
庫藏諸物　當如之何　尒時窮子　求索衣食
從邑至邑　從國至國　或有所得　或无所得
飢餓羸瘦　體生瘡癬　漸次經歷　到父住城
傭賃展轉　遂至父舍　尒時長者　於其門內
施大寶帳　處師子座　眷屬圍繞　諸人侍衛
或有計筭　金銀寶物　出內財產　注記券疏
窮子見父　豪貴尊嚴　謂是國王　若是王等
驚怖自怪　何故至此　覆自念言　我若久住
或見逼迫　強驅使作　思惟是已　馳走而去
借問貧里　欲往傭作　長者是時　在師子座
遙見其子　嘿而識之　即勅使者　追捉將来

伍倫 38 號　妙法蓮華經卷二　38–28

借問貧里 欲往傭作 長者是時 在師子座
遥見其子 嘿而識之 即勑使者 追捉將来
窮子驚喚 迷悶躄地 是人執我 必當見煞
何用衣食 使我至此 長者知子 愚癡狹劣
不信我言 不信是父 即以方便 更遣餘人
眇目矬陋 无威德者 汝可語之 云當相雇
除諸糞穢 倍與汝價 窮子聞之 歡喜隨来
為除糞穢 淨諸房舍 長者於牖 常見其子
念子愚劣 樂為鄙事 於是長者 著弊垢衣
執除糞器 往到子所 方便附近 語令勤作
既益汝價 并塗足油 飲食充足 薦席厚煖
如是苦言 汝當勤作 又以軟語 若如我子
長者有智 漸令入出 經二十年 執作家事

如是告言　汝當勤作　又以軟語　若如我子
長者有智　漸令入出　經二十年　執作家事
示其金銀　真珠頗梨　諸物出入　皆使令知
猶處門外　止宿草庵　自念貧事　我无此物
父知子心　漸已廣大　欲與財物　即聚親族
國王大臣　剎利居士　於此大衆　說是我子
捨我他行　經五十歲　自見子來　已二十年
昔於某城　而失是子　周行求索　遂來至此
凡我所有　舍宅人民　悉以付之　恣其所用
子念昔貧　志意下劣　今於父所　大獲珎寶
并及舍宅　一切財物　甚大歡喜　得未曾有
佛亦如是　知我樂小　未曾說言　汝等作佛

伍倫 38 號　妙法蓮華經卷二　38–30

佛亦如是 知我樂小 未曾說言 汝等作佛
而說我等 得諸无漏 成就小乘 聲聞弟子
佛勅我等 說最上道 脩習此者 當得成佛
我承佛教 為大菩薩 以諸因緣 種種譬喻
若干言辭 說无上道 諸佛子等 從我聞法
日夜思惟 精勤修習 是時諸佛 即授其記
汝於來世 當得作佛 一切諸佛 祕藏之法
但為菩薩 演其實事 而不為我 說斯真要
如彼窮子 得近其父 雖知諸物 心不悕取
我等雖說 佛法寶藏 自无志願 亦復如是
我等內滅 自謂為足 唯了此事 更无餘事
我等若聞 淨佛國土 教化眾生 都无欣樂

我等若聞 淨佛國土 教化衆生 都无欣樂
所以者何 一切諸法 皆悉空寂 无生无滅
无大无小 无漏无為 如是思惟 不生喜樂
我等長夜 於佛智慧 无貪无著 无復志願
而自於法 謂是究竟 我等長夜 修習空法
得脫三界 苦惱之患 住冣後身 有餘涅槃
佛所教化 得道不虛 則為已得 報佛之恩
我等雖為 諸佛子等 說菩薩法 以求佛道
而於是法 永无願樂 導師見捨 觀我心故
初不勸進 說有實利 如富長者 知子志劣
以方便力 柔伏其心 然後乃付 一切財物
佛亦如是 現希有事 知樂小者 以方便力

伍倫 38 號　妙法蓮華經卷二　38–32

佛亦如是　現希有事　知樂小者　以方便力
調伏其心　乃教大智　我等今日　得未曾有
非先所望　而今自得　如彼窮子　得无量寶
世尊我今　得道得果　於无漏法　得清淨眼
我等長夜　持佛淨戒　始於今日　得其果報
法王法中　久修梵行　今得无漏　无上大果
我等今者　真是聲聞　以佛道聲　令一切聞
我等今者　真阿羅漢　於諸世間　天人魔梵
普於其中　應受供養　世尊大恩　以希有事
憐愍教化　利益我等　无量億劫　誰能報者
手足供給　頭頂礼敬　一切供養　皆不能報
若以頂戴　兩肩荷負　於恒沙劫　盡心恭敬

若以頂戴　兩肩荷負　於恒沙劫　盡心恭敬
又以美饍　无量寶衣　及諸卧具　種種湯藥
牛頭栴檀　及諸珎寶　以起塔廟　寶衣布地
如斯等事　以用供養　於恒沙劫　亦不能報
諸佛希有　无量无邊　不可思議　大神通力
无漏无為　諸法之王　能為下劣　忍于斯事
取相凡夫　隨宜為說　諸佛於法　得最自在
知諸衆生　種種欲樂　及其志力　隨所堪任
以无量喻　而為說法　隨諸衆生　宿世善根
又知成熟　未成熟者　種種籌量　分別知已
於一乘道　隨宜說三

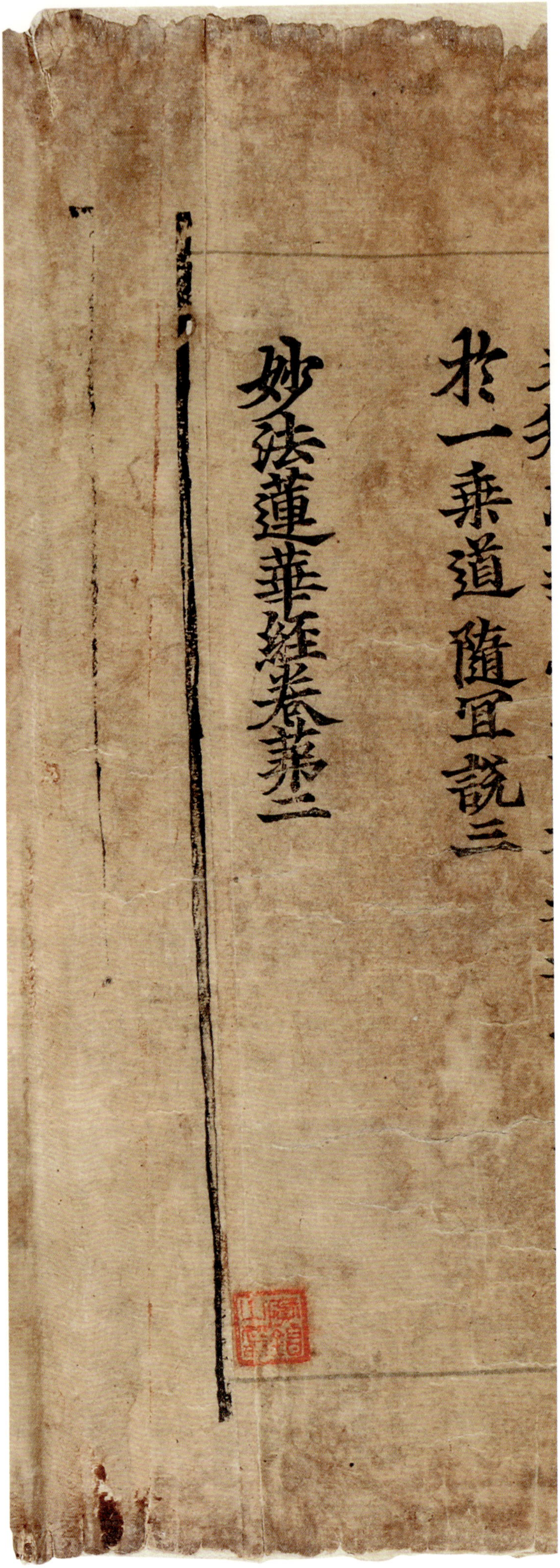
於一乘道隨宜說三

妙法蓮華經卷苐二

伍倫 38 號　妙法蓮華經卷二　38–35

南无相威德王世界名无量聲如来彼如来
授名即發心轉法輪菩薩阿耨多羅三藐三
菩提記
南无名稱世界名須弥留最集如来彼如来
授名光明輪勝威德菩薩阿耨多羅三藐三
菩提記

菩提記
南无善住世界名虛空穷如来彼如来授名
月菩薩阿耨多羅三藐三菩提記
南无地輪世界名稱力王如来彼如来授名
智稱菩薩阿耨多羅三藐三菩提記
南无月起光世界名放光明如来彼如来授
名光明輪菩薩阿耨多羅三藐三菩提記
南无袈裟幢世界名離袈裟如来彼如来授
名无量寶發起菩薩阿耨多羅三藐三菩提記
南无波頭摩華世界名種種華勝成就如来
彼如来授名无量精進菩薩阿耨多羅三藐
三菩提記

三菩提記
南无一蓋世界名遠離諸怖毛竪如来彼如
来授名羅網光明菩薩阿耨多羅三藐三菩
提記
南无種種幢世界名須弥留聚如来彼如来
授名勝菩薩阿耨多羅三藐三菩提記
南无普光世界名无鄣㝵眼如来彼如来授
智名勝菩薩阿耨多羅三藐三菩提記
南无賢世界名稱檀屋如来彼如来授名智
功德幢菩薩阿耨多羅三藐三菩提記
南无賢慧世界名合聚如来彼如来授名妙
智菩薩阿耨多羅三藐三菩提記

智菩薩阿耨多羅三藐三菩提記
南无寶首世界名羅網光明如来彼如来授
名智功德菩薩阿耨多羅三藐三菩提記
南无安樂首世界名寶蓮華勝如来彼如来
授名波頭摩勝功德菩薩阿耨多羅三藐三
菩提記
南无稱世界名智華寶光明勝如来彼如来
授第一莊嚴菩薩阿耨多羅三藐三菩提記
南无賢辟世界名起賢光明如来彼如来授
名寶光明菩薩阿耨多羅三藐三菩提記
南无无畏世界名滅散一怖畏如来彼如来
授名无畏菩薩阿耨多羅三藐三菩提記

授名无畏菩薩阿耨多羅三藐三菩提記
南无弥留幢世界名弥留序如来彼如来授
名合聚菩薩阿耨多羅三藐三菩提記 二十四百
南无遠離一切憂惱鄣㝵世界名无畏王如
来彼如来授名多聲菩薩阿耨多羅三藐三
菩提記
南无法世界名作法如来彼如来授名智作
菩薩阿耨多羅三藐三菩提記
南无善住世界名百一十光明如来彼如来
授名勝光明菩薩阿耨多羅三藐三菩提記
南无共光明世界名千上光明如来彼如来
授名普光明菩薩阿耨多羅三藐三菩提記

授名普光明菩薩阿耨多羅三藐三菩提記
南无多伽羅世界名智光明如来彼如来授
善名眼菩薩阿耨多羅三藐三菩提記
南无香世界名寶勝光明如来彼如来授名
无量光明菩薩阿耨多羅三藐三菩提記
南无光明首世界名无量光明如来彼如来
授名藥王菩薩阿耨多羅三藐三菩提記
南无寶輪世界名善眼如来彼如来授名樂
行菩薩阿耨多羅三藐三菩提記
南无法世界名波頭摩勝如来彼如来授名
大法菩薩阿耨多羅三藐三菩提記
南无名須弥頂上王如来彼如来授名智力

南无名須弥頂上王如来彼如来授名智力
菩薩阿耨多羅三藐三菩提記
南无名波頭摩勝如来彼如来授名勝德菩
薩阿耨多羅三藐三菩提記
南无陁羅尼輪世界名香光明如来彼如来
授名陁羅尼自在王菩薩阿耨多羅三藐三
菩提記
南无金光明世界名十方稱發如来彼如来
授名智稱發行菩薩阿耨多羅三藐三菩提
記
南无智起世界名普清淨增上雲聲王如来
彼如来授名星宿王菩薩阿耨多羅三藐三

彼如来授名星宿王菩薩阿耨多羅三藐三

菩提記

南无常光明世界名无量光明如来彼如来

授名大光明菩薩阿耨多羅三藐三菩提記

南无燃燈世界名无量智成如来彼如来授

名功德王光明菩薩阿耨多羅三藐三菩提

記

南无燃燈作世界名无量種奮迅如来彼如

来授名无鄣导發菩薩阿耨多羅三藐三菩

提記

南无種種幢世界名上首如来彼如来授名

那羅延菩薩阿耨多羅三藐三菩提記

那羅延菩薩阿耨多羅三藐三菩提記
南无十方稱世界名佛華成就勝如来彼如
来授名无礙奮迅菩薩阿耨多羅三藐三菩
提記
南无金剛住世界名佛華增上王如来彼如
来授名寶火菩薩阿耨多羅三藐三菩提記
南无旃檀窟世界寶形如来彼如来授名觀
世音菩薩阿耨多羅三藐三菩提記
南无藥王世界名不空說如来彼如来授名
不空發行菩薩阿耨多羅三藐三菩提記
南无藥王勝上世界名无邊功德精進發如
来彼如来授名不受戒攝受菩薩阿耨多羅

来彼如来授名不受戒攝受菩薩阿耨多羅
三藐三菩提記
南无普莊嚴世界名發心生莊嚴一切衆生
心如来彼如来授名佛華手菩薩阿耨多羅
三藐三菩提記
南无普蓋世界名蓋驕如来彼如来授名寶
行菩薩阿耨多羅三藐三菩提記
南无華上光明世界名曰輪威德王如来彼
如来授名善住菩薩阿耨多羅三藐三菩提
記
南无善莊嚴世界名衆生光明如来彼如来
授寶面菩薩阿耨多羅三藐三菩提記

授寶面菩薩阿耨多羅三藐三菩提記
南无賢世界名无畏如来彼如来授名不驚
怖菩薩阿耨多羅三藐三菩提記
南无波頭摩世界名波頭摩勝光明如来彼
如来授名智鳥菩薩阿耨多羅三藐三菩提
記
南无憂鉢羅世界名智憂鉢勝如来彼如来
授名无憒界行菩薩阿耨多羅三藐三菩提記
南无寶上世界名寶作如来彼如来授名作
菩薩阿耨多羅三藐三菩提記
南无月世界名无量願如来彼如来授名散
華菩薩阿耨多羅三藐三菩提記

華菩薩阿耨多羅三藐三菩提記
南无善住世界名寶最如来彼如来授名藥
王菩薩阿耨多羅三藐三菩提記
南无香光明世界名莎羅自在王如来彼如
来授名勝慧菩薩阿耨多羅三藐三菩提記
南无華首世界名寶光明如来彼如来授名
日德菩薩阿耨多羅三藐三菩提記
南无普山世界名寶山如来彼如来授名火
德菩薩阿耨多羅三藐三菩提記
南无憂蓋入世界名上首如来彼如来授名
上莊嚴菩薩阿耨多羅三藐三菩提記
南无无憂世界名數无邊功德如来彼如来

南无无憂世界名發无邊功德如来彼如来
授名不發觀菩薩阿耨多羅三藐三菩提記
南无一切功德住世界名善上首如来彼如
来授名普至菩薩阿耨多羅三藐三菩提記
南无寳光明世界名須弥光明如来彼如来
授名善住菩薩阿耨多羅三藐三菩提記
南无一切功德住世界名无量境界如来彼
如来授名藥菩薩阿耨多羅三藐三菩提記
南无莊嚴菩提世界名高妙去如来彼如来
授名思益勝慧菩薩阿耨多羅三藐三菩提
記
南无无垢世界名寳華成就功德如来彼如

南无无垢世界名寶華成就功德如来彼如
来授名得勝慧菩薩阿耨多羅三藐三菩提記
南无雲世界名奮迅如来彼如来授名自在
觀菩薩阿耨多羅三藐三菩提記
南无華網雲世界名一切發衆生信發心如
来彼如来授名勝慧菩薩阿耨多羅三藐三
菩提記
南无星宿行世界名樂星宿起如来彼如来
授名憂菩薩阿耨多羅三藐三菩提記
南无寶華世界名勝衆如来彼如来授名妙
勝菩薩阿耨多羅三藐三菩提記
南无无量至世界名无量華如来彼如来授

南无无量至世界名无量華如来彼如来授名香鳥菩薩阿耨多羅三藐三菩提記
南无華世界名寶勝如来彼如来授名遠離諸有菩薩阿耨多羅三藐三菩提記
南无種種幢世界名月勝功德如来彼如来授名斷一切諸難菩薩阿耨多羅三藐三菩提記
南无可樂世界名即發心轉法輪如来彼如来授名不退轉輪菩薩阿耨多羅三藐三菩提記
南无无畏世界名十方稱名如来彼如来授名智稱菩薩阿耨多羅三藐三菩提記

名智稱菩薩阿耨多羅三藐三菩提記
南无自在世界名伽陵伽如来
南无安樂世界日輪燈明如来
南无无畏世界寶勝如来
南无成就世界智起如来
南无純樂世界功德王住如来
南无蓋行華世界无鄣㝵眼如来
南无金剛輪世界无畏如来
南无起世界智積如来
南无善清淨世界无觀相發行如来
南无普光明世界光明輪威德王勝如来
南无高幢世界日慧如来

南无高幢世界回慧如来
南无德世一界那羅延如来
南无无垢世界无垢幢如来
南无遠離一切憂鄣世界安隱如来
南无賢世界遠離諸煩惱如来
南无一切安樂清淨慧如来
南无无量功德具足世界善思惟發如来
南无平等平等世界降伏諸怨如来
南无无畏世界憂波羅勝如来
南无十方光明世界勝力王如来
南无如等无量无邊如来
南无常光明世界无量光明雲香彌留如来

南无常光明世界无量光明雲香弥留如来

南无常莊嚴世界降伏界女如来

南无沉水香世界上勝香如来

南无常莊嚴世界種種華如来

南无香蓋世界无邊智如来

南无栴檀香世界寶上王如来

南无香世界弥留如来

南无普善世界知見一切衆生信如来 一千五百

南无不可量世界无邊聲如来

南无佛華莊嚴世界智功德勝如来

南无善住世界不動步如来

歸命如是等无量无邊如来應知

歸命如是等无量无邊如来應知
南无華世界无鄣导吼聲如来
南无月世界普實藏如来
南无堅住世界迦葉如来
南无普波頭摩世界觀一切境界鏡如来
南无禰㯽世界上首如来
南无寶世界成就義如来
南无有月世界成就勝如来
南无无鄣导世界名稱如来
南无安樂世界斷一切疑如来
歸命如是等无量无邊佛應知
南无无王王世界智勝如来

南无无王王世界智勝如来
南无種種成就世界功德微如来
南无種種華世界星宿王如来
南无廣世界无量幢如来
南无普畏世界月如来
南无羅網世界羅網光明如来
南无无驚怖世界淨聲如来
南无可樂世界現寶勝如来
南无離觀世界一切法无所發如来
南无常稱世界不斷一切衆生發行如来
歸命如是等无量无邉如来應知言知應者
欲使知更有略不出盡故言應知

欲使知更有略不出盡故言應知
南无常歡喜世界无量奮迅如來
南无普鏡世界遠一切法如來
南无普照世界普見一切法如來
南无无垢世界智起光如來
南无一切功德成就世界成就无邊勝功德如來
南无怖憂鉢羅世界波頭摩勝如來
南无波頭摩怖世界十方勝如來
南无華怖世界華成就如來
南无天世界堅固衆生如來
南无光明世界智光明如來
歸命如是等无量无邊如來應知

歸命如是等无量无邊如来應知
南无安樂調世界脩智如来
南无安樂世界遠離胎如来
南无无染世界明王如来
南无雲世界斷一切煩惱如来
南无普色世界无邊智稱如来
南无堅固世界旃檀屋勝如来
南无无比功德世界成就无比勝佛華如来
南无寶世界善住力王如来
南无十方上首世界起月光如来
南无龍王世界上首如来
南无歸命如是等无量无邊如来應知

南歸命如是等无量无邊如來應知
南无善住世界善高聚如来
南无无怖畏世界作稱如来
南无愛香世界斷諸難如来
南无成就一切功德善住世界稱觀如来
南无成就一切勢力善住世界稱堅固如来
南无憂慧世界遠離諸憂如来
南无稱世界起波頭摩功德如来
南无華俱蘇摩住世界善散華幢如来
南无十方名稱世界放光明普至如来
南无十方上首世界名稱眼如来
歸命如是等无量无邊如来應知

歸命如是等无量无邊如来應知

南无炎慧世界放炎如来

南无吼世界十方稱名如来

南无光明世界自在弥留如来

南无寶光明世界寶光明如来

南无常歡喜世界炎熾如来

南无有世界三界自在奮迅如来

南无无畏世界放光明輪如来

南无常懸世界衆家勝如来

南无波頭摩王世界无盡勝如来

南无普吼世界妙鼓聲如来

歸命如是等无量无邊如来應知

歸命如是等无量无邊如来應知
南无无畏世界普勝如来
南无十方名稱世界智稱如来
南无地世界山王如来
南无地功德世界波頭摩輪境界勝王如来
南无燃燈輪世界善住如来
南无普莊嚴世界莊嚴佛境界如来
南无倚世界作一切功德如来
南无歡喜世界畢竟成就佛寶功德如来
南无星宿行世界智上勝如来
南无盡行莊嚴世界智起光明威德王王勝如来
歸命如是等无量无邊諸佛應知

歸命如是等无量无邊諸佛應知

南无波頭摩世界波頭摩生　王如來

南无法鏡界自在佛胡本云自下皆有世界

略不明應知

南无月中光明佛　　南无香鳥佛

南无阿弥陁光明佛　　南无波頭山佛

南无波頭摩生勝佛　　南无栴檀勝佛

南无寶積佛　　南无智慧佛

歸命如是等无量无邊諸佛應知

南无畏作王佛　　南无功德成就勝佛

南无光明幢佛　　南无无量功德作佛

南无功德成就勝佛　　南无一切功德成就勝佛

南无功德成就勝佛　南无一切功德成就勝佛

南无波頭摩成就勝佛　南无炬住持佛

南无寶上勝佛　南无金色華佛

歸命如是等无量无邊諸佛應知

佛說佛名經卷第二

伍倫 40 號　維摩詰所説經卷下　40–1

伍倫 40 號　維摩詰所説經卷下　40–2

伍倫 40 號　維摩詰所説經卷下　40–3

尒時維摩詰問衆香菩薩香積如来以何說
法彼菩薩曰我土如来无文字說但以衆香
令諸天人得入律行菩薩各各坐香樹下聞
斯妙香即獲一切德藏三昧得是三昧者菩
薩所有功德皆悉具足彼諸菩薩問維摩詰
今世尊釋迦牟尼以何說法維摩詰曰此土

今世尊釋迦牟尼以何說法維摩詰曰此土
衆生剛彊難化故佛爲說剛彊之語以調伏
之言是地獄是畜生是餓鬼是諸難處是愚
人生處是身邪行是身邪行報是口邪行是
口邪行報是意邪行是意邪行報是殺生是
殺生報是不與取是不與取報是邪淫是邪
淫報是妄語是妄語報是兩舌是兩舌報是
惡口是惡口報是无義語是无義語報是貪
嫉是貪嫉報是瞋惱是瞋惱報是邪見是邪
見報是慳悋是慳悋報是毀戒是毀戒報是
瞋恚是瞋恚報是懈怠是懈怠報是亂意是
亂意報是愚癡是愚癡報是結戒是持戒是

伍倫 40 號　維摩詰所説經卷下　40–5

亂意報是愚癡是愚癡報是結戒是持戒是
犯戒是應作是不應作是鄣㝵是不鄣㝵是
得罪是離罪是淨是垢是有漏是无漏是耶
道是正道是有為是无為是世間是涅槃以
難化之人心如猨猴故以若干種法制御其
心乃可調伏譬如象馬𢤱戾不調加諸楚毒
乃至徹骨然後調伏如是剛彊難化衆生故
以一切苦切之言乃可入律彼諸菩薩聞說
是已皆曰未曾有也如世尊釋迦牟尼佛隱
其无量自在之力乃以貧所樂法度脱衆生
斯諸菩薩亦能勞謙以无量大悲生是佛土
維摩詰言此土菩薩於諸衆生大悲堅固誠
如所言然其一世饒益衆生多於彼國百千

如所言然其一世饒益衆生多於彼國百千
劫行所以者何此娑婆世界有十事善法諸
餘淨土之所无有何等爲十以布施攝貧窮
以淨戒攝毀禁以忍辱攝瞋恚以精進攝懈
怠以禪定攝亂意以智慧攝愚癡以除難法
度八難者以大乘法度樂小乘以諸善根濟
无德者常以四攝成就衆生是爲十彼菩薩
曰菩薩成就幾法於此世界行无創疣生乎
淨土維摩詰言菩薩成就八法於此世界行
无創疣生乎淨土何等爲八饒益衆生而不
望報代一切衆生受諸苦惱所作功德盡以
施之等心衆生謙下无㝵於諸菩薩視之如
佛所未聞經聞之不疑不與聲聞而相違背

伍倫 40 號　維摩詰所説經卷下　40–7

施之等心衆生謙下无㝵於諸菩薩視之如
佛所未聞經聞之不疑不與聲聞而相違背
不嫉彼供不高己利而於其中調伏其心常
省己過不訟彼短恒以一心求諸功德是爲
八維摩詰文殊師利於大衆中說是法時百
千人皆發阿耨多羅三藐三菩提心十千菩
薩得无生法忍

維摩詰經菩薩行品第十一

是時佛說法於菴羅樹園其地忽然廣愽嚴
事一切衆會皆作金色阿難白佛言世尊以
何因緣有此瑞應是處忽然廣愽嚴事一切衆
會皆作金色佛告阿難是維摩詰文殊師利
與諸大衆恭敬圍繞發意欲來故先爲此瑞

與諸大眾恭敬圍繞發意欲来故先為此瑞
應於是維摩詰語文殊師利可共見佛與諸
菩薩礼事供養文殊師利言善哉行矣今正
是時維摩詰即以神力持諸大眾并師子坐
置其右掌往詣佛所到已著地稽首佛足右
繞七匝一心合掌在一面立其諸菩薩即皆
避坐稽首佛足亦繞七匝於一面立諸大弟
子釋梵四天王等亦皆避坐稽首佛足在一
面立於是世尊如法慰問諸菩薩已各令復
坐即皆受教眾坐已定佛語舍利弗汝見菩
薩大士自在神力之所為乎唯然已見汝
意云何世尊我覩其為不可思議非意所圖
非度所測尒時阿難白佛言世尊今所聞香

非度所測尒時阿難白佛言世尊今所聞香
自昔未有是為何香佛告阿難是彼菩薩毛
孔之香於是舍利弗語阿難言我等毛孔亦
出是香阿難言此所從來曰是長者維摩詰
從衆香國取佛餘飯於是舍食者一切毛孔
皆香若此阿難問維摩詰是香氣住當久如
維摩詰言至此飯消曰此飯久如當消曰此
飯勢力至于七日然後乃消又阿難若聲聞
人未入正位食此飯者得入正位然後乃消
已入正位食此飯者得心解脫然後乃消若
未發大乘意食此飯者至發意乃消已發意
食此飯者得无生忍然後乃消已得无生忍
食此飯者至一生補處然後乃消譬如有藥

伍倫 40 號　維摩詰所説經卷下　40–10

食此飯者至一生補處然後乃消譬如有藥
名曰上味其有服者身諸毒滅然後乃消此
飯如是滅除一切諸煩惱毒然後乃消阿難
白佛言未曾有也世尊如是香飯能作佛事
佛言如是如是阿難或有佛土以佛光明而
作佛事有以諸菩薩而作佛事有以佛所化
人而作佛事有以菩提樹而作佛事有以佛
衣服卧具而作佛事有以飯食而作佛事有
以園林臺觀而作佛事有以三十二相八十隨
形好而作佛事有以佛身而作佛事有以虛
空而作佛事衆生應以此緣得入律行有以
夢幻影響鏡中像水中月熱時炎如是等喻
而作佛事有以音聲語言文字而作佛事或

伍倫 40 號　維摩詰所說經卷下　40–11

而作佛事有以音聲語言文字而作佛事或
有清淨佛土寂漠无言无說无示无識无作
无爲而作佛事如是阿難諸佛威儀止諸所
施爲无非佛事阿難有此四魔八万四千諸
煩惱門而諸衆生爲之疲勞諸佛即以此法
而作佛事是名入一切諸佛法門菩薩入此
門者若見一切淨好佛土不以爲喜不貪不
高若見一切不淨佛土不以爲憂不导不沒
但於諸佛生清淨心歡喜恭敬未曾有也諸
佛如來功德平等爲教化衆生故而現佛土
不同阿難汝見諸佛國土地有若干而虛空
无若干也如是見諸佛色身有若干耳其无

无若干也如是見諸佛色身有若干耳其无
㝵慧无若干也阿難諸佛色身威相種姓戒
定智慧解脫解脫知見力无所畏不共之法大
慈大悲威儀所行及其壽命說法教化成就
衆生淨佛國土具諸佛法悉皆同等是故名
為三藐三佛陁名為多陁阿伽度名為佛馱
阿難若我廣說此三句義汝以劫壽不能
盡受正使三千大千世界滿中衆生皆如阿
難多聞第一得念揔持此諸人等以劫之壽
亦不能受如是阿難諸佛阿耨多羅三藐三
菩提无有限量智慧辯才不可思議阿難白
佛言我從今已往不敢自謂以為多聞佛告
阿難勿起退意所以者何我說汝於聲聞中

伍倫 40 號　維摩詰所說經卷下　40–13

阿難勿起退意所以者何我說汝於聲聞中
冣為多聞非謂菩薩且止阿難其有智者不
應限度諸菩薩也一切海淵尚可測量菩薩
禪定智慧辯才揔持一切功德不可量也阿
難汝等捨置菩薩所行是維摩詰一時所現
神通之力一切聲聞辟支佛於百千劫盡力
變化所不能作尒時衆香世界菩薩来者合
掌白佛言世尊我等初見此土生下劣想今
自悔責捨離是心所以者何諸佛方便不可
思議為度衆生故隨其所應現佛國異唯然
世尊願賜少法還於彼土當念如来佛告諸
菩薩有盡无盡解脫法門汝等當學何謂為
盡謂有為法何謂无盡謂无為法如菩薩者

盡謂有為法何謂无盡謂无為法如菩薩者
不盡有為不住无為何謂不盡有為謂不
大慈不捨大悲深發一切智心而不忽忘教
化衆生終不厭倦於四攝法常念順行護持
正法不惜身命種諸善根无有疲厭志常安
住方便迴向求法不懈說法无悋供養諸佛
故入生死而无所畏於諸榮辱心无憂喜不
輕未學敬學如佛墮煩惱者令發正念於遠
離樂不以為貴不著己樂慶於彼樂在諸禪定
如地獄想於生死中如園觀想見来求者為善
師想於諸所有具一切智想見毀戒人起救護
想諸波羅蜜為父母想道品之法為眷屬想發
行善根无有齊限以諸淨國嚴餝之事成己佛

伍倫 40 號　維摩詰所說經卷下　40–15

行善根无有齊限以諸淨國嚴餝之事成已佛
土開門大施具足相好除一切惡身口意淨故生
死无數劫意而有勇聞佛无量德志而不惓
以智慧劒破煩惱賊出陰界入荷負衆生永使
解脫以大精進摧伏魔軍常求无念實相智慧
於世間法少欲知足於出世間法求之无猒不
壊威儀而能隨俗起神通慧引導衆生得念
揔持所聞不忘善別諸根斷衆生疑以樂說
辯演法无㝵淨十善道受天人福脩四无量
開梵天道勸請說法隨喜讃善得佛音聲身
口意業得佛威儀深脩善法所行轉勝以大
乘教成菩薩僧心无放逸不失衆善行如此
法是名菩薩不盡有為何謂菩薩不住无為

伍倫 40 號　維摩詰所説經卷下　40–16

法是名菩薩不盡有為何謂菩薩不住无為
謂脩學空不以空為證脩學无相无作不以
无相无作為證脩學无起不以无起為證觀
於无常而不猒善本觀世間苦而不惡生死
觀於无我而悔人不惓觀於寂滅而不永寂
滅觀於遠離而身心脩善觀无所歸而歸趣
善法觀於无生而以生法荷負一切觀於无
漏而不斷諸漏觀无所行而以行法教化衆
生觀於空无而不捨大悲觀正法位而不隨
小乘觀諸法虛妄无牢无人无主无相本願
未滿而不虛福德禪定智慧脩如此法是名
菩薩不住无為又具福德故不住无為具智
慧故不盡有為大慈悲故不住无為滿本願

慧故不盡有爲大慈悲故不住无爲滿本願
故不盡有爲集法藥故不住无爲隨授藥故
不盡有爲知衆生病故不住无爲滅衆生病
故不盡有爲諸正士菩薩已脩此法不盡有
爲不住无爲是名盡无盡解脫法門汝等當
學尒時彼諸菩薩聞說是法皆大歡喜以衆
妙華若干種色若干種香遍散三千大千世
界供養於佛及此經法并諸菩薩已稽首佛
足嘆未曾有釋迦牟尼佛乃能於此善行方
便言已忽然不現還到彼國

維摩詰經見阿閦佛品第十二

尒時世尊問維摩詰言汝欲見如來爲以何
等觀如來乎維摩詰言如自觀身實相觀佛

伍倫 40 號　維摩詰所說經卷下　40–18

等觀如来乎維摩詰言如自觀身實相觀佛
亦然我觀如来前際不来後際不去今則不
住不觀色不觀色如不觀色性不觀受想行
識不觀識不觀識如不觀識性非四大起同於虚空
六入无積眼耳鼻舌身心以過不在三界三
垢已離順三脫門三明无明等不一相不異
相不自相不他相非无相非取相不此岸不
彼岸不中流而教化衆生觀於寂滅而不永
滅不此不彼不以此不以彼不可以智知不
可以識識无晦无明无名无相无強无弱非
淨非穢不在方不離方非有為非无為无示
无説不施不慳不戒不犯不忍不恚不進不
怠不定不亂不智不愚不誠不欺不来不去

伍倫 40 號　維摩詰所説經卷下　40–19

怠不定不亂不智不愚不誠不欺不来不去
不出不入一切言語道斷非福田非不福田
非應供養非不應供養非取非捨非相非无
相同真際等法性不可稱不可量過諸稱量
非大非小非見非聞非覺非知離衆結縛等
諸智同衆生於諸法无分別一切无失无濁
无惱无作无起无生无滅无畏无憂无喜无
猒无已有无當有无今有不可以一切言說
分別顯示世尊如来身為若此作如是觀以
斯觀者名為正觀若他觀者名為耶觀尒時
舍利弗問維摩詰汝於何没而来生此維摩
詰言汝所得法有没生乎舍利弗言无没生
也若諸法无没生相云何問言汝於何没而

也若諸法无没生相云何問言汝於何没而
来生此於意云何譬如幻師幻作男女寧没
生耶舍利弗言无没生也汝豈不聞佛説諸
法如幻相乎荅曰如是若一切法如幻相者
云何問言汝於何没而来生此舍利弗没者
為虚誑法壞敗之相生者為虚誑法相續之
相菩薩雖没不盡善本雖生不長諸悪
是時佛告舍利弗有國名妙喜佛号无動是
維摩詰於彼國没而来生此舍利弗言未曾
有也世尊是人乃能捨清淨土而来樂此多
怒害處維摩詰語舍利弗於意云何日光出
時與冥合乎荅曰不也日光出時則无衆冥
維摩詰言夫日何故行閻浮提荅曰欲以明

伍倫 40 號　維摩詰所説經卷下　40–21

維摩詰言夫日何故行閻浮提荅曰欲以明
照爲之除冥維摩詰言菩薩如是雖生不淨
佛土爲化衆生不與愚闇而共合也但滅衆
生煩惱闇耳

是時大衆渴仰欲見妙喜世界不動如来及
其菩薩聲聞之衆佛知一切衆會所念告維
摩詰言善男子爲此衆會現妙喜國不動如
来及諸菩薩聲聞之衆衆皆欲見於是維摩
詰心念五當不起于坐接妙喜國鐵圍山川
溪谷江河大海泉源須弥諸山及日月星宿
天龍鬼神梵天等宮并諸菩薩聲聞之衆城
邑聚落男子大小乃至无動如来及菩提樹
諸妙蓮華能於十方作佛事者三道寶階從

諸妙蓮華能於十方作佛事者三道寶階從
閻浮提至忉利天以此寶階諸天來下悉為
礼敬无動如来聽受經法閻浮提人亦登其
階上昇忉利見彼諸天妙喜世界成就如是
无量功德上至阿迦貳吒天下至水際以右
手斷取如陶家輪入此世界猶持華鬘示一
切衆作是念已入於三昧現神通力以其右
手斷取妙喜世界置於此土彼得神通菩薩
及聲聞衆并餘天人俱發聲言唯然世尊誰
取我去願見救護无動佛言非我所為是維
摩詰神力所作其餘未得神通者不覺不知
己之所往妙喜世界雖入此土而不增減於
是世界亦不迫隘如本无異

伍倫 40 號　維摩詰所說經卷下　40–23

是世界亦不迫隘如本无異
尒時釋迦牟尼佛告諸大衆汝等且觀妙喜
世界无動如来其國嚴餝菩薩行淨弟子清
白皆曰唯然已見佛言若菩薩欲得如是清
淨佛土當學无動如来所行之道現此妙喜
國時娑婆世界十四那由他人發阿耨多羅
三藐三菩提心皆願生於妙喜佛土釋迦牟
尼佛即記之曰當生彼國時妙喜世界於此
國土所應饒益其事訖已還復本處舉衆皆
見佛告舍利弗汝見此妙喜世界及无動佛
不唯然已見世尊願使一切衆生得清淨土
如无動佛獲神通力如維摩詰世尊我等快
得善利得見是人親近供養其諸衆生若今

伍倫 40 號　維摩詰所說經卷下　40–24

得善利得見是人親近供養其諸衆生若今
現在若佛滅後聞此經者亦得善利況復聞
已信解受持讀誦解說如法脩行若有手得
是經典者便爲已得法寶之藏若有讀誦解
釋其義如說脩行則爲諸佛之所護念其有
供養如是人者當知則爲供養於佛其有書
持此經卷者當知其室則有如來若聞是經
能隨喜者斯人則爲取一切智若能信解此
經乃至一四句偈爲他說者當知此人即是
受阿耨多羅三藐三菩提記

維摩詰經法供養品第十三

尒時釋提桓因於大衆中白佛言世尊我雖
從佛及文殊師利聞百千經未曾聞此不可

伍倫 40 號　維摩詰所說經卷下　40–25

從佛及文殊師利聞百千經未曾聞此不可
思議自在神通決定實相經典如我解佛所
說義趣若有衆生聞是經法信解受持讀誦
之者必得是法不疑何況如說脩行斯人則
爲閉衆惡趣開諸善門常爲諸佛之所護念
降伏外學摧滅魔怨脩治佛道安處道場履
踐如来所行之跡世尊若有受持讀誦如說
脩行者我當與諸眷屬供養給事所在聚落
城邑山林曠野有是經處我亦與諸眷屬聽
受法故共到其所其未信者當令生信其已
信者當爲作護佛言善哉善哉天帝如汝所
說吾助尒喜此經廣說過去未来現在諸佛
不可思議阿耨多羅三藐三菩提是故天帝

伍倫 40 號　維摩詰所説經卷下　40–26

不可思議阿耨多羅三藐三菩提是故天帝
若善男子善女人受持讀誦供養是經者則
為供養去来今佛天帝正使三千大千世界
如来滿中譬如甘蔗竹葦稲麻叢林若有善
男子善女人或一劫或減一劫恭敬尊重讃
歎供養奉諸所安至諸佛滅後以一一全身
舍利起七寶塔縱廣一四天下高至梵天表
刹莊嚴以一切華香瓔珞幢幡伎樂微妙第
一若一劫若減一劫而供養之於天帝意云
何其人殖福寧為多不釋提桓因言多矣世
尊彼之福德若以百千億劫說不能盡佛告
天帝當知是善男子善女人聞是不可思議
解脫經典信解受持讀誦脩行福多於彼所

伍倫 40 號　維摩詰所說經卷下　40–27

解脫經典信解受持讀誦脩行福多於彼所
以者何諸佛菩提皆從是生菩提之相不可
限量以是因緣福不可量
佛告天帝過去无量阿僧祇劫時世有佛号
曰藥王如来應供正遍知明行足善逝世間
解无上士調御丈夫天人師佛世尊世界名
大莊嚴劫曰莊嚴佛壽二十小劫其聲聞僧
三十六億那由他菩薩僧有十二億天帝是時
有轉輪聖王名曰寶蓋七寶具足主四天下王
有千子端正勇健能伏怨敵尒時寶蓋與其
眷屬供養藥王如来施諸所安至滿五劫過
五劫已告其千子汝等亦當如我以深心供
養於佛於是千子受父王命供養藥王如来

伍倫 40 號　維摩詰所説經卷下　40–28

養於佛於是千子受父王命供養藥王如来
復滿五劫一切施安其王一子名曰月盖獨
坐思惟寧有供養殊過此者以佛神力空中
有天曰善男子法之供養勝諸供養即問何
謂法之供養天曰汝可往問藥王如来當廣
爲汝說法之供養即時月盖王子行詣藥王
如来稽首佛足却住一面白佛言世尊諸供
養中法供養勝云何爲法供養佛言善男子
法供養者諸佛所說深經一切世間難信難
受微妙難見清淨无染非但分別思惟之所
能得菩薩法藏所攝陁羅尼印印之至不退
轉成就六度善分別義順菩提法衆經之上
入大慈悲離衆魔事及諸邪見順因緣法无

伍倫 40 號　維摩詰所説經卷下　40–29

入大慈悲離衆魔事及諸耶見順因緣法无
我无衆生无壽命空无相无作无起能令衆
生坐於道場而轉法輪諸天龍神乾闥婆等
所共嘆譽能令衆生入佛法藏攝諸賢聖一
切智慧說衆菩薩所行之道依於諸法實相
之義明宣无常苦空无我寂滅能救一切毀
禁衆生諸魔外道及貪著者能使怖畏諸佛
賢聖所共稱嘆背生死苦示涅槃樂十方三
世諸佛所說若聞如是等經信解受持讀誦
以方便力為諸衆生分別解說顯示分明守
護法故是名法之供養
又於諸法如說脩行隨順十二因緣離諸耶
見得无生忍決定无我无有衆生而於因緣

伍倫 40 號　維摩詰所説經卷下　40–30

見得无生忍決定无我无有衆生而於因緣
果報无違无諍離諸我所依於義不依語依
於智不依識依了義經不依不了義經依於
法不依人隨順法相无所入无所歸无明畢
竟滅故諸行亦畢竟滅乃至生畢竟滅故老
死亦畢竟滅作如是觀十二因緣无有盡相
不復起見是名最上法之供養
天帝王子月蓋從藥王佛聞如是法得柔順
忍即解寶衣嚴身之具以供養佛白佛言世
尊如來滅後我當行法供養護持正法願以
威神加哀建立令我得降魔怨脩菩薩行佛
知其深心所念而記之曰汝於末後守護法
城天帝時王子月蓋見法清淨聞佛受記以

伍倫 40 號　維摩詰所説經卷下　40–31

城天帝時王子月盖見法清淨聞佛受記以
信出家脩集善法精進不久得五神通通菩
薩道得陁羅尼无斷辯才於佛滅後以其所
得神通揔持辯才之力滿十小劫藥王如來
所轉法輪隨而分布月盖比丘以護持法懃
行精進即於此身化百万億人於阿耨多羅
三藐三菩提立不退轉十四那由他人深發
聲聞辟支佛心无量衆生得生天上天帝時
王寶盖豈異人乎今現得佛号寶爓如來其
王千子即賢劫中千佛是也從迦羅鳩孫大
為始得佛最後如來号曰樓至月盖比丘則
我身是也如是天帝當知此要以法供養於
諸供養為上為最第一无比是故天帝當以

伍倫 40 號　維摩詰所說經卷下　40–32

諸供養為上為最第一无比是故天帝當以
法之供養供養於佛

維摩詰經囑累品第十四

於是佛告弥勒菩薩言弥勒我今以是无量
億阿僧祇劫所集阿耨多羅三藐三菩提付
囑於汝如是輩經於佛滅後末世之中汝等
當以神力廣宣流布於閻浮提无令斷絶所
以者何未來世中當有善男子善女人及天
龍鬼神乾闥婆羅刹等發阿耨多羅三藐三
菩提心樂于大法若使不聞如是等經則失
善利如此輩人聞是等經必多信樂發希有
心當以頂受隨諸衆生所應得利而為廣説
弥勒當知菩薩有二相何謂為二一者好於

伍倫 40 號　維摩詰所説經卷下　40–33

弥勒當知菩薩有二相何謂爲二一者好於
雜句文餝之事二者不畏深義如實能入若
好雜句文餝事者當知是爲新學菩薩若於
如是无染无著甚深經典无有恐畏能入其
中聞已心淨受持讀誦如說循行當知是爲
久循道行弥勒復有二法名新學者不能決
定於甚深法何等爲二一者所未聞深經聞
之驚怖生疑不能隨順毀謗不信而作是言
我初不聞從何所来二者若有護持解說如
是深經者不肯親近供養恭敬或時於中說
其過惡有此二法當知是新學菩薩爲自毀
傷不能於深法中調伏其心弥勒復有二法
菩薩雖信解深法猶自毀傷而不能得无生

菩薩雖信解深法猶自毀傷而不能得无生
法忍何等爲二一者輕慢新學菩薩而不教
誨二者雖解深法而取相分別是爲二法
弥勒菩薩聞說是已白佛言世尊未曾有也
如佛所說我當遠離如斯之惡奉持如来无
數阿僧祇劫所集阿耨多羅三藐三菩提法
若未来世善男子善女人求大乘者當令手
得如是等經與其念力使受持讀誦爲他廣
說世尊若後末世有能受持讀誦爲他說者
當知是弥勒神力之所建立佛言善哉善哉
弥勒如汝所說佛助尒喜於是一切菩薩合
掌白佛我等亦於如来滅後十方國土廣宣
流布阿耨多羅三藐三菩提當開導諸說法

伍倫 40 號　維摩詰所說經卷下　40–35

流布阿耨多羅三藐三菩提當開導諸說法
者令得是經
尒時四天王白佛言世尊在在處處城邑聚
落山林曠野有是經卷讀誦解說者我當率
諸官屬為聽法故往詣其所擁護其人面百
由旬令无伺求得其便者是時佛告阿難受
持是經廣宣流布阿難言唯我以受持要者
世尊當何名斯經佛言阿難是經名為維摩
詰所說二名不可思議解脫法門如是受持
佛說是經已長者維摩詰文殊師利舍利弗
阿難等及諸天人阿脩羅一切大衆聞佛所
說皆大歡喜

伍倫 40 號　維摩詰所說經卷下　40–36

説皆大歡喜

維摩詰經卷下

伍倫 40 號　維摩詰所説經卷下　40–37

伍倫 40 號 維摩詰所説經卷下 40–38

伍倫 40 號　維摩詰所説經卷下　40–39

伍倫 41 號　妙法蓮華經卷七　41-1

伍倫 41 號 妙法蓮華經卷七　41–2

伍倫 41 號 妙法蓮華經卷七　41–3

伍倫 41 號　妙法蓮華經卷七　41–4

伍倫 41 號　妙法蓮華經卷七　41–5

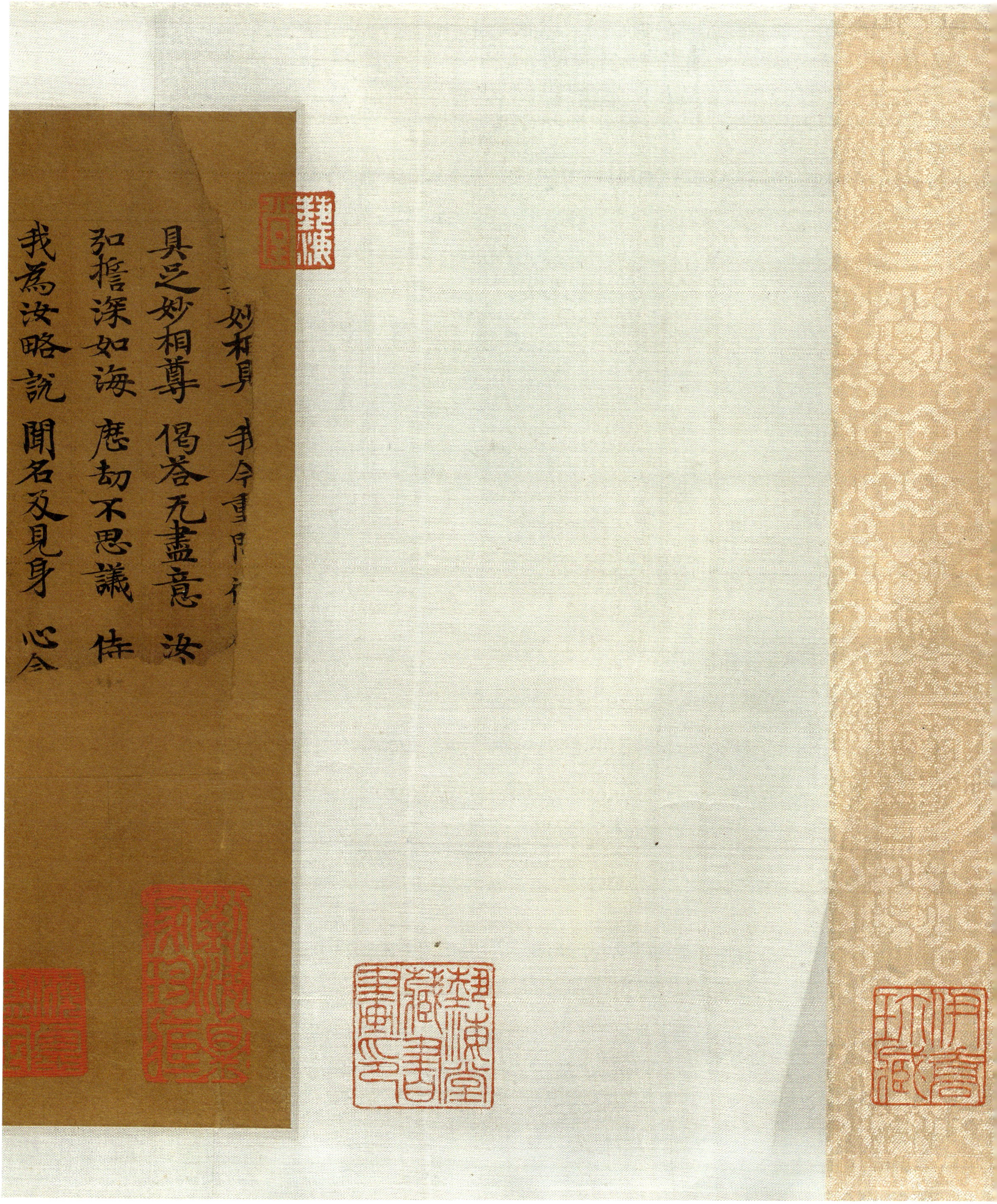

妙相具 我今重問彼

具足妙相尊 偈答无盡意 汝

弘誓深如海 歷劫不思議 侍

我爲汝略說 聞名及見身 心念

伍倫 41 號　妙法蓮華經卷七　41–6

我為汝略說　聞名及見身　心念
假使興害意　推落大火坑　念彼觀音
或漂流巨海　龍魚諸鬼難　念彼觀
或在須弥峯　為人所推墮　念彼觀
或被惡人逐　墮落金剛山　念
或值怨賊繞　各執刀加害　念彼觀音力　咸即起慈心
或遭王難苦　臨刑欲壽終　念彼觀音力　刀尋段段壞
或囚禁枷鎖　手足被杻械　念彼觀音力　釋然得解脫
呪咀諸毒藥　所欲害身者　念彼觀音力　還著於本人
或遇惡羅刹　毒龍諸鬼難　念彼觀音力　時悉不敢害
或惡獸圍遶　利牙爪可怖　念彼觀音力　疾走无邊方
蚖蛇及蝮蠍　氣毒煙火燃　念彼觀音力　尋聲自迴去
雲雷鼓掣電　降雹澍大雨　念彼觀音力　應時得消散
衆生被困厄　无量苦逼身　觀音妙智力　能救世間苦
具足神通力　廣脩智方便　十方諸國土　无刹不現身

伍倫 41 號　妙法蓮華經卷七　41–7

具足神通力　廣脩智方便　十方諸國土　无刹不現身
種種諸惡趣　地獄鬼畜生　生老病死苦　以漸悉令滅
真觀清淨觀　廣大智慧觀　悲觀及慈觀　常願常瞻仰
无垢清淨光　慧日破諸闇　能伏災風火　普明照世間
悲體戒雷震　慈意妙大雲　澍甘露法雨　滅除煩惱焰
諍訟經官處　怖畏軍陣中　念彼觀音力　衆怨悉退散
妙音觀世音　梵音海潮音　勝彼世間音　是故須常念
念念勿生疑　觀世音淨聖　於苦惱死厄　能為作依怙
具一切功德　慈眼視衆生　福聚海无量　是故應頂禮
尒時持地菩薩即從座起前白佛言世尊若
有衆生聞是觀世音菩薩品自在之業普門
示現神通力者當知是人功德不少佛說是
普門品時衆中八万四千衆生皆發无等等
阿耨多羅三藐三菩提心

伍倫 41 號　妙法蓮華經卷七　41-8

阿耨多羅三藐三菩提心

妙法蓮華經陁羅尼品第廿六

尒時藥王菩薩即從座起偏袒右肩合掌向
佛而白佛言世尊善男子善女人有能受持
法華經者若讀誦通利若有經卷得幾所福
佛告藥王若有善男子善女人供養八百万
億那由他恒河沙等諸佛於汝意云何其所
得福寧為多不甚多世尊佛言若善男子善
女人能於是經乃至受持一四句偈讀誦解
義如說脩行功德甚多尒時藥王菩薩白佛
言世尊我今當與說法者陁羅尼呪以守護
之即說呪曰

安尒一 曼尒二 摩祢三 摩摩祢四 旨隸五 遮
梨第六 賒咩(羊鳴音)七 賒履(罔雉反)多偉八 羶(輸千反)帝九

剎苐六 賒咩（羊鳴音）七 賒履（罔雉反）多瑋八 羶（輸千反）帝九
目帝十 目多履十一 娑履十二 阿瑋娑履十三 桑履十四
娑履十五 叉裔十六 阿叉裔十七 阿耆膩十八 羶帝十九
賒履廿 陁羅尼廿一 阿盧伽婆娑（蘇柰反）簸蔗毘叉
膩廿二 禰毘剃廿三 阿便哆（都餓反）邏禰履剃廿四
阿亶哆波隷輸地廿五 漚究隷廿六 牟究隷廿七
阿羅隷廿八 波羅隷廿九 首迦差（初机反）卅 阿三磨三履
卅一 佛馱毘吉利袠帝卅二 達磨波利差（精離反）帝卅三
僧伽涅瞿沙禰卅四 婆舍婆舍輸地卅五 曼哆邏
卅六 曼哆邏叉夜多卅七 郵樓哆卅八 郵樓哆憍舍
略（盧蔗反）卅九 惡叉邏卌 惡叉冶多冶卌一 阿婆盧
卌二 阿摩若（荏蔗反）卌三 那多夜卌四
世尊是陁羅尼神呪六十二恒河沙等諸佛
所說若有侵毀此法師者則為侵毀是諸佛

伍倫 41 號　妙法蓮華經卷七　41–10

所説若有侵毀此法師者則爲侵毀是諸佛
已時釋迦牟尼佛讚藥王菩薩言善哉善哉
藥王汝愍念擁護此法師故説是陁羅尼於
諸衆生多所饒益
尒時勇施菩薩白佛言世尊我亦爲擁護讀
誦受持法華經者説陁羅尼若此法師得是
陁羅尼若夜叉若羅剎若富單那若吉蔗若
鳩槃荼若餓鬼等伺求其短无能得便即於
佛前而説呪曰
痤誓蠡反隸一　摩訶痤隸二　郁枳三　目枳四　阿
隸五　阿羅婆第六　涅隸第七　涅隸多婆第八
伊緻猪履反柅九　韋緻柅十　旨緻柅十一　涅隸
墀柅十二　涅犂墀婆底十三
世尊是陁羅尼神呪恒河沙等諸佛所説亦

世尊是陁羅尼神呪恒河沙等諸佛所說亦
皆隨喜若有侵毁此法師者則為侵毁是諸
佛已
尒時毗沙門天王護世者白佛言世尊我亦
為愍念衆生擁護此法師故說是陁羅尼即
說呪曰
阿犁一 那犁二 㝹那犁三 阿那盧四 那履
五 拘那履六
世尊以是神呪擁護法師我亦自當擁護持
是經者令百由旬内无諸衰患
尒時持國天王在此會中與千万億那由他
乾闥婆衆恭敬圍繞前詣佛所合掌白佛言
世尊我亦以陁羅尼神呪擁護持法華經者
即說呪曰

伍倫 41 號　妙法蓮華經卷七　41–12

即說呪曰
阿伽祢一伽祢二瞿利三乹陁利四旃陁利
五摩蹬耆六常求利七浮樓莎柅八頞底九
世尊是陁羅尼神呪卌二億諸佛所說若有
侵毀此法師者則為侵毀是諸佛已
尒時有羅刹女等一名藍婆二名毗藍婆三
名曲齒四名華齒五名黑齒六名多髮七名
无猒足八名持瓔珞九名睾帝十名奪一切
衆生精氣是十羅刹女與鬼子母并其子及
眷屬俱詣佛所同聲白佛言世尊我亦欲擁
護讀誦受持法華者除其衰患若有伺求
法師短者令不得便即於佛前而說呪曰
伊提履一伊提泯二伊提履三阿提履四
伊提履五泥履六泥履七泥履八泥履九泥

伍倫 41 號　妙法蓮華經卷七　41–13

伊提履五 泥履六 泥履七 泥履八 泥履九 泥
履十 樓醯十一 樓醯十二 樓醯十三 樓醯十四 多醯十五
多醯十六 多醯十七 兜醯十八 㝹醯十九
寧上我頭上莫惱於法師若夜叉若羅剎若
餓鬼若富單那若吉蔗若毗陀羅若揵馱若
烏摩勒伽若阿跋摩羅若夜叉吉蔗若人吉
蔗若熱病若一日若二日若三日若四日乃
至七日若常熱病若男形若女形若童男形
若童女形乃至夢中亦復莫惱即於佛前而
說偈言

若不順我呪　惱亂說法者　頭破作七分　如阿梨樹枝
如煞父母罪　亦如押油殃　斗秤欺誑人　調達破僧罪
犯此法師者　當獲如是殃

諸羅剎女說此偈已白佛言世尊我等亦當

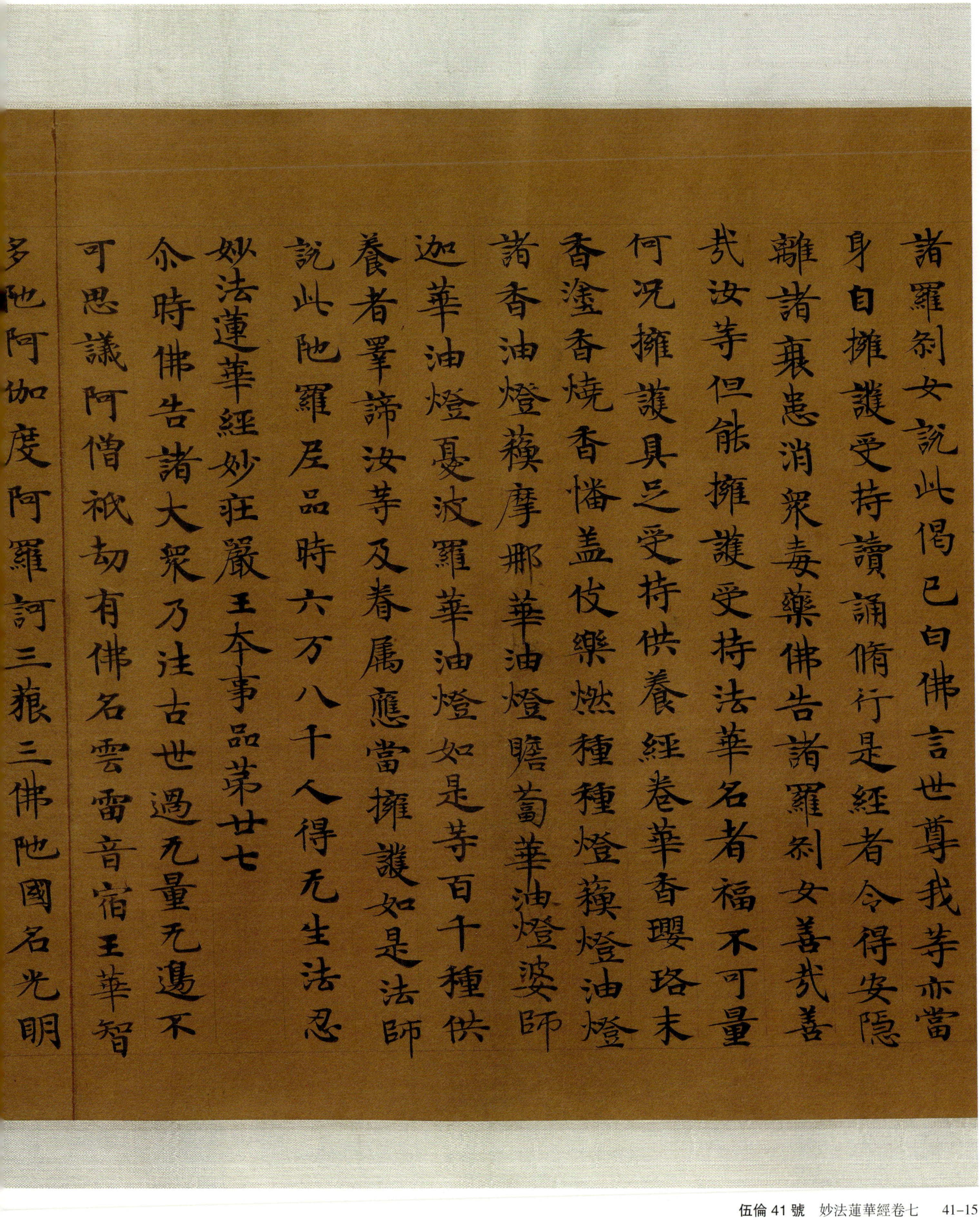

諸羅剎女說此偈已白佛言世尊我等亦當
身自擁護受持讀誦脩行是經者令得安隱
離諸衰患消衆毒藥佛告諸羅剎女善哉善
哉汝等但能擁護受持法華名者福不可量
何況擁護具足受持供養經卷華香瓔珞末
香塗香燒香幡蓋伎樂燃種種燈蘇燈油燈
諸香油燈蘇摩那華油燈瞻蔔華油燈婆師
迦華油燈優波羅華油燈如是等百千種供
養者皐諦汝等及眷屬應當擁護如是法師
說此陁羅尼品時六万八千人得无生法忍
妙法蓮華經妙莊嚴王本事品第廿七
尒時佛告諸大衆乃往古世過无量无邊不
可思議阿僧祇劫有佛名雲雷音宿王華智
多陁阿伽度阿羅訶三藐三佛陁國名光明

伍倫 41 號 妙法蓮華經卷七 41–15

多陁阿伽度阿羅訶三藐三佛陁國名光明
莊嚴劫名憙見彼佛法中有王名妙莊嚴其
王夫人名曰淨德有二子一名淨藏二名淨
眼是二子者有大神力福德智慧久脩菩薩
所行之道所謂檀波羅蜜尸羅波羅蜜羼提
波羅蜜毗梨耶波羅蜜禪波羅蜜般若波羅
蜜方便波羅蜜慈悲憙捨乃至卅七助道法
皆悉明了通達又得菩薩淨三昧日星宿三
昧淨光三昧淨色三昧淨照明三昧長莊嚴
三昧大威德藏三昧於此三昧亦悉通達尒
時彼佛欲引導妙莊嚴王及愍念衆生故說
是法華經時淨藏淨眼二子到其母所合十
指抓掌白言願母往詣雲雷音宿王華智佛
所我等亦當侍從親覲供養禮拜所以者何

伍倫 41 號 妙法蓮華經卷七 41–16

所我等亦當侍從親覲供養礼拜所以者何
此佛扵一切天人衆中説法華經宜應聽受
母告子言汝父信受外道深著婆羅門法汝
等應往白父與共俱去淨藏淨眼合十指抓
掌白母我等是法王子而生此耶見家母告子
言汝等當憂念汝父為現神變若得見者心
必清淨或聽我等往至佛所扵是二子念其
父故踊在虛空高七多羅樹現種種神變扵
虛空中行住坐卧身上出水身下出火身下
出水身上出火或現大身滿虛空中而復現
小小復現大扵空中滅忽然在地入地如水
履水如地現如是等種種神變令其父王心
淨信解時父見子神力如是心大歡喜得未
曾有合掌向子言汝等師為是誰誰之弟子

曽有合掌向子言汝等師為是誰誰之弟子
二子白言大王彼雲雷音宿王華智佛今在
七寶菩提樹下法座上坐於一切世間天人
衆中廣説法華經是我等師我是弟子父語
子言我今亦欲見汝等師可共俱往於是二
子從空中下到其母所合掌白母父王今已
信解堪任發阿耨多羅三藐三菩提心我等
為父已作佛事願母見聽於彼佛所出家脩
道尒時二子欲重宣其意以偈白母

願母放我等　出家作沙門　諸佛甚難值　我等隨佛學
如優曇波羅　值佛復難是　脱諸難亦難　願聽我出家

母即告言聽汝出家所以者何佛難值故於
是二子白父母言善哉父母願時往詣雲雷
音宿王華智佛所親覲供養所以者何佛難

伍倫 41 號　妙法蓮華經卷七　41–18

音宿王華智佛所親覲供養所以者何佛難
得値如優曇波羅華又如一眼之龜値浮木
孔而我等宿福深厚生値佛法是故父母當
聽我等令得出家所以者何諸佛難値時亦
難遇彼時妙莊嚴王後宮八万四千人皆悉
堪任受持是法華經淨眼菩薩於法華三昧
久已通達淨藏菩薩已於无量百千万億劫
通達離諸惡趣三昧欲令一切衆生離諸惡
趣故其王夫人得諸佛集三昧能知諸佛秘
密之藏二子如是以方便力善化其父令心
信解好樂佛法於是妙莊嚴王與羣臣眷屬
俱淨德夫人與後宮婇女眷屬俱其王二子
與四万二千人俱一時共詣佛所到已頭面
礼足遶佛三迊却住一面尒時彼佛為王說

伍倫 41 號　妙法蓮華經卷七　41–19

礼足遶佛三匝却住一面尒時彼佛為王説
法示教利喜王大歡悅尒時妙莊嚴王及其
夫人解頸真珠瓔珞價直百千以散佛上於
虛空中化成四柱寶臺中有大寶牀敷百
千万天衣其上有佛結跏趺坐放大光明尒
時妙莊嚴王作是念佛身希有端嚴殊特成
就第一微妙之色時雲雷音宿王華智佛告
四衆言汝等見是妙莊嚴王於我前合掌立
不此王於我法中作比丘精懃脩習助佛道
法當得作佛号娑羅樹王國名大光劫名大
高王其娑羅樹王佛有无量菩薩衆及无量
聲聞其國平正功德如是其王即時以國付
弟與夫人二子并諸眷屬於佛法中出家脩
道王出家已於八万四千歲常精進脩行妙

伍倫 41 號　妙法蓮華經卷七　41-20

道王出家已於八万四千歲常精進脩行妙
法華經過是已後得一切淨功德莊嚴三昧
即昇虛空高七多羅樹而白佛言世尊此我
二子已作佛事以神通變化轉我邪心令得
安住於佛法中得見世尊此二子者是我善
知識為欲發起宿世善根饒益我故來生我
家尒時雲雷音宿王華智佛告妙莊嚴王言
如是如是如汝所言若善男子善女人種善
根故世世得善知識其善知識能作佛事示
教利喜令入阿耨多羅三藐三菩提大王當
知善知識者是大因緣所謂化導令得見佛
發阿耨多羅三藐三菩提心大王汝見此二
子不此二子已曾供養六十五百千万億那
由他恒河沙諸佛親覲恭敬於諸佛所受持

伍倫 41 號　妙法蓮華經卷七　41–21

由他恒河沙諸佛親覲恭敬於諸佛所受持
法華經愍念邪見衆生令住正見妙莊嚴王
即從虛空中下而白佛言世尊如來甚希有以
功德智慧故頂上肉髻光明顯照其眼長廣
而紺青色眉間毫相白如珂月齒白齊密常
有光明脣色赤好如頻婆菓尒時妙莊嚴王
讃歎佛如是等无量百千万億功德已於如
來前一心合掌復白佛言世尊未曾有也如
來之法具足成就不可思議微妙功德教戒
所行安隱快善我從今日不復自隨心行不
生邪見憍慢瞋恚諸惡之心說是語已礼佛
而出佛告大衆於意云何妙莊嚴王豈異人
乎今華德菩薩是其淨德夫人今佛前光照
莊嚴相菩薩是哀愍妙莊嚴王及諸眷屬故

伍倫 41 號　妙法蓮華經卷七　41–22

莊嚴相菩薩是哀愍妙莊嚴王及諸眷屬故
於彼中生其二子者今藥王菩薩藥上菩薩
是是藥王藥上菩薩成就如此諸大功德已
於无量百千万億諸佛所殖衆德本成就不
可思議諸善功德若有人識是二菩薩名字
者一切世間諸天人民亦應礼拜佛說是妙
莊嚴王本事品時八万四千人遠塵離垢於
諸法中得法眼淨

妙法蓮華經普賢菩薩勸發品第廿八

尒時普賢菩薩以自在神通威德名聞與大
菩薩无量无邊不可稱數從東方来所逕諸
國普皆震動雨寶蓮華作无量百千万億種
種伎樂又與无數諸天龍夜叉乹闥婆阿脩
羅迦樓羅緊那羅摩睺羅伽人非人等大衆

羅迦樓羅緊那羅摩睺羅伽人非人等大衆
圍遶各現威德神通之力到娑婆世界耆闍
崛山中頭面礼釋迦牟尼佛右遶七匝白佛
言世尊我於寶威德上王佛國遥聞此娑婆
世界說法華經與无量无邊百千万億諸菩
薩衆共来聽受唯願世尊當為說之若善男
子善女人於如来滅後云何能得是法華經
佛告普賢菩薩若有善男子善女人能成就
四法於如来滅後當得是法華經一者為諸
佛護念二者殖諸德本三者入正定聚四者
發救一切衆生之心善男子善女人如是成
就四法於如来滅後必得是經介時普賢菩
薩白佛言世尊於後五百歳濁悪世中其有
受持是經典者我當守護除其衰患令得安

伍倫 41 號　妙法蓮華經卷七　41–24

受持是經典者我當守護除其衰患令得安
隱使无伺求得其便者若魔若魔子若魔女
若魔民若為魔所著者若夜叉若羅刹若鳩
槃茶若毗舍闍若吉蔗若富單那若韋陁羅
等諸惱人者皆不得便是人若行若立讀誦
此經我尒時乘六牙白象王與大菩薩衆俱
詣其所而自現身供養守護安慰其心亦為
供養法華經故是人若坐思惟此經尒時我
復乘白象王現其人前其人若扵法華經有
所忘失一句一偈我當教之與共讀誦還令
通利尒時受持讀誦法華經者得見我身甚
大歡喜轉復精進以見我故即得三昧及陁羅
尼名為旋陁羅尼百千万億旋陁羅尼法音
方便陁羅尼得如是等陁羅尼世尊若後世

伍倫 41 號　妙法蓮華經卷七　41–25

方便陁羅尼得如是等陁羅尼世尊若後世
後五百歲濁惡世中比丘比丘尼優婆塞優
婆夷求索者受持者讀誦者書寫者欲脩習
是法華經於三七日中應一心精進滿三七
日已我當乘六牙白象與无量菩薩而自圍
遶以一切衆生所憙見身現其人前而為說
法示教利憙亦復與其陁羅尼呪得是陁羅
尼故无有非人能破壞者亦不為女人之所
惑亂我身亦自常護是人唯願世尊聽我說
此陁羅尼即於佛前而說呪曰
阿檀地 途賣反 一 檀陁婆地 二 檀陁婆帝 三
檀陁鳩舍隸 四 檀陁脩陁隸 五 脩陁隸 六
脩陁羅波底 七 佛馱波檀祢 八 薩婆陁羅
尼阿婆多尼 九 薩婆婆沙阿婆多尼 十

伍倫 41 號　妙法蓮華經卷七　41–26

尼阿婆多尼九薩婆婆沙阿婆多尼十脩阿婆多尼十一僧伽婆履叉尼十二僧伽涅伽陁尼十三阿僧祇十四僧伽波伽陁十五帝隸阿惰僧伽兜略又盧遮婆羅帝十六薩婆僧伽三摩地伽蘭地十七薩婆達磨脩波利剎帝十八薩婆薩埵樓馱憍舍略阿㝹伽地十九辛阿毗吉利地帝廿世尊若有菩薩得聞是陁羅尼者當知普賢神通之力若法華經行閻浮提有受持者應作此念皆是普賢威神之力若有受持讀誦正憶念解其義趣如說脩行當知是人行普賢行於无量无邊諸佛所深種善根為諸如来手摩其頭若但書寫是人命終當生忉利天上是時八万四千天女作衆伎樂而来迎

天上是時八万四千天女作衆伎樂而来迎
之其人即著七寶冠於婇女中娛樂快樂何
況受持讀誦正憶念解其義趣如說脩行若
有人受持讀誦解其義趣是人命終為千佛
授手令不恐怖不墮惡趣即往兜率天上弥
勒菩薩所弥勒菩薩有卅二相大菩薩衆所
共圍遶有百千万億天女眷屬而於中生有
如是等功德利益是故知者應當一心自書
若使人書受持讀誦正憶念如說脩行世尊
我今以神通力守護是經於如来滅後閻浮
提內廣令流布使不斷絕尒時釋迦牟尼佛
讚言善哉善哉普賢汝能護助是經令多所
衆生安樂利益汝已成就不可思議功德深
大慈悲從久遠来發阿耨多羅三藐三菩提

伍倫 41 號　妙法蓮華經卷七　41–28

大慈悲從久遠来發阿耨多羅三藐三菩提
意而能作神通之願守護是經我當以神通
力守護能受持普賢菩薩名者普賢若有受
持讀誦正憶念脩習書寫是法華經者當知
是人則見釋迦牟尼佛如從佛口聞此經典
當知是人供養釋迦牟尼佛當知是人佛讃
善哉當知是人為釋迦牟尼佛手摩其頭當
知是人為釋迦牟尼佛衣之所覆如是之人
不復貪著世樂不好外道經書手筆亦復不
喜親近其人及諸惡者若屠兒若畜猪羊雞
狗若獵師若衒賣女色是人心意質直有正
憶念有福德力是人不為三毒所惱亦復不
為嫉妬我慢邪慢增上慢所惱是人少欲知
足能脩普賢之行普賢若如来滅後五百歲

伍倫 41 號　妙法蓮華經卷七　41–29

是能脩普賢之行普賢若如來滅後五百歲
若有人見受持讀誦法華經者應作是念此
人不久當詣道場破諸魔衆得阿耨多羅三
藐三菩提轉法輪擊法鼓吹法螺雨法雨當
坐天人大衆中師子法座上普賢若於後世
受持讀誦是經典者是人不復貪著衣服卧
具飲食資生之物所願不虛亦於現世得其
福報若有人輕毀之言汝狂人耳空作是行
終无所獲如是罪報當世世无眼若有供養
讚歎之者當於今世得現果報若復見受持
是經典者出其過惡若實若不實此人現世得
白癩病若有輕笑之者當世世牙齒踈缺醜
脣平鼻手脚繚戾眼目角睞身體臭穢惡創
膿血水腹短氣諸惡重病是故普賢若見受

伍倫 41 號　妙法蓮華經卷七　41–30

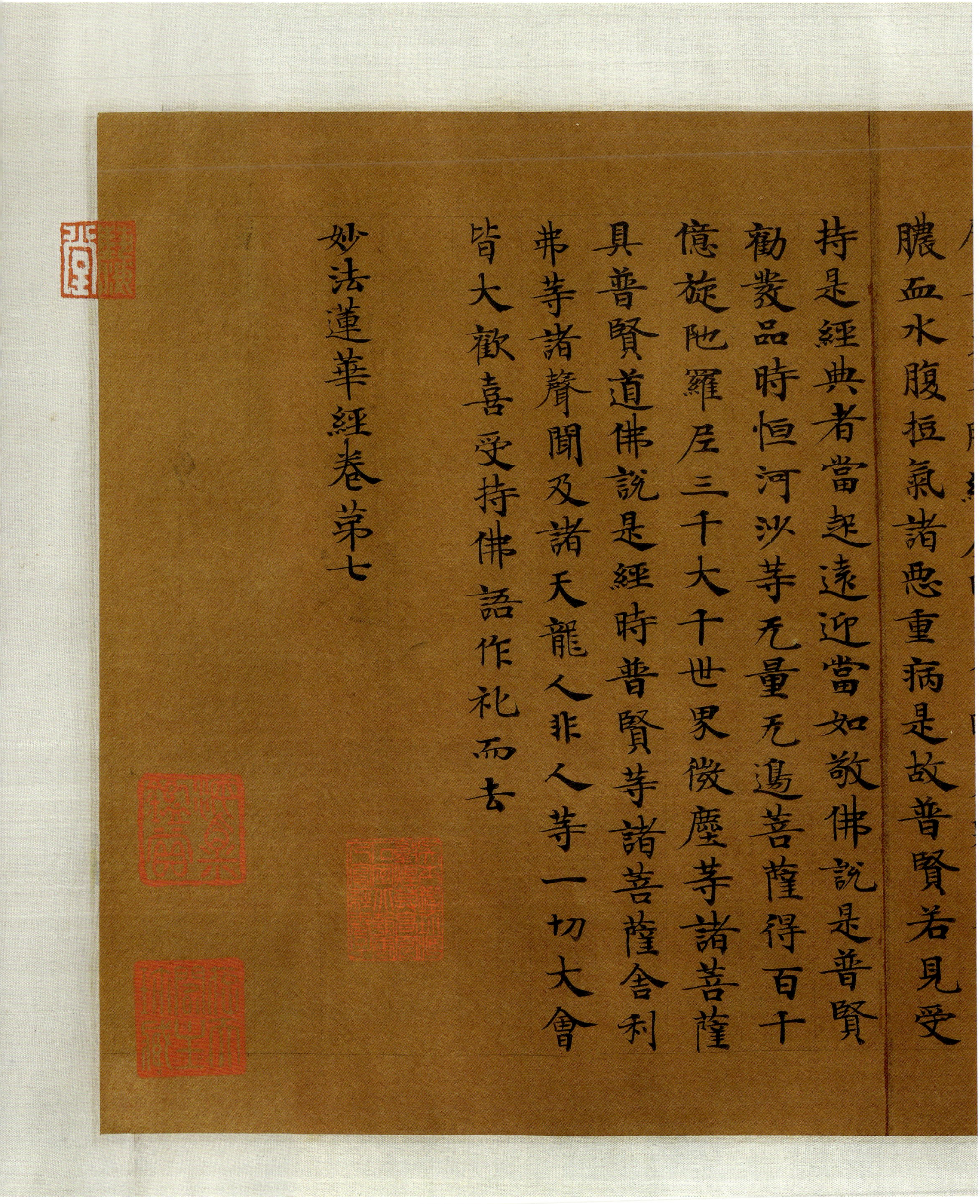
膿血水腹短氣諸惡重病是故普賢若見受
持是經典者當起遠迎當如敬佛說是普賢
勸發品時恒河沙等无量无邊菩薩得百千
億旋陀羅尼三千大千世界微塵等諸菩薩
具普賢道佛說是經時普賢等諸菩薩舍利
弗等諸聲聞及諸天龍人非人等一切大會
皆大歡喜受持佛語作禮而去

妙法蓮華經卷第七

伍倫 41 號　妙法蓮華經卷七　41–31

伍倫 41 號 妙法蓮華經卷七 41–32

繫果

問一切擇滅皆名為斷斷是智果故皆應名遍知何故此名唯在九位餘位不得遍知名耶答唯九位中或四緣具或五緣具得遍知名餘位不然故唯立九謂前六位唯見道果具四緣故得遍知名一滅雙因二離俱繫三得无漏離繫得四缺有頂諸遍行後之三位是脩道果具五緣故得遍知名即前四緣及永度果謂苦法智忍滅苦法智生時未滅雙因雖滅見苦所斷因未滅見集所斷因故未離俱繫雖離見苦所斷繫未離見集所斷

離俱繫雖離見苦所斷繫未離見集所斷
繫故唯得无漏離繫得未決有頂諸遍行雖
有一緣闕三緣故彼所得斷未名遍知苦類
智忍滅苦類智生時未滅霍因雖滅見苦所
因未滅見集所斷因故未離俱繫雖離見
苦所斷繫未離見集所斷繫故迋得无漏離繫
得及決有頂諸遍行雖有二緣闕二緣故彼
所得斷未名遍知集法智忍滅集法智生時
名滅霍因先滅見苦所斷因今滅見集所斷
因故亦離俱繫先離見苦所斷繫今離見集
所斷繫故既得无漏繫得及決有頂諸遍

伍倫 42 號　阿毘達磨大毘婆沙論卷六十二　42-2

所斷繫故既得无漏繫得及缺有頂諸遍
行具四緣故彼所得及前斷名第一遍知集
類智忍滅集類智生時名滅覆因先滅見苦

伍倫 42 號　阿毘達磨大毘婆沙論卷六十二　42-3

音菩薩摩訶

之力巍巍如是

若有眾生多扵婬欲常念恭敬觀世音菩薩

便得離欲若多瞋恚常念恭敬觀世音菩薩

便得離瞋若多愚癡常念恭敬觀世音

菩薩便得離癡无盡意觀世音菩薩有

如是大威神力多所饒益是故眾生常應心

念若有女人設欲求男礼拜供養觀世音菩

薩便生福德智恵之男設欲求女便生端正有

相之女宿殖德本眾人愛敬无盡意觀世音

菩薩有如是力若有眾生恭敬礼拜觀世音

菩薩福不唐捐是故眾生皆應受持觀世

伍倫 43 號　觀世音經　43–1

菩薩福不唐捐是故衆生皆應受持觀世
音菩薩名号无盡意若有人受持六十二億
恒河沙菩薩名字復盡形供養飲食衣服卧
具醫藥於汝意云何是善男子善女人功德多
不无盡意言甚多世尊佛言若復有人受
持觀世音菩薩名号乃至一時礼拜供養是
二人福正等无異於百千万億劫不可窮盡无
盡意受持觀世音菩薩名号得如是无量无
邊福德之利无盡意菩薩白佛言世尊觀世音
菩薩云何遊此娑婆世界云何而為衆生說法方
便之力其事云何佛告无盡意菩薩善男子
若有國土衆生應以佛身得度者觀世音菩

若有國土衆生應以佛身得度者觀世音菩
薩即現佛身而為說法應以辟支佛身得度
者即現辟支佛身而為說法應以聲聞身得
度者即現聲聞身而為說法應以梵王身得
度者即現梵王身而為說法應以帝釋身得
度者即現帝釋身而為說法應以自在天身
得度者即現自在天身而為說法應以大自在
天身得度者即現大自在天身而為說法應以天
大將軍身得度者即現天大將軍身而為說
法應以毗沙門身得度者即現毗沙門身而為
說法應以小王身得度者即現小王身而為
說法應以長者身得度者即現長者身而

伍倫 43 號　觀世音經　43–3

說法應以長者身得度者即現長者身而
為說法應以居士身得度者即現居士身
而為說法應以宰官身得度者即現宰官
身而為說法應以婆羅門身得度者即現婆
羅門身而為說法應以比丘比丘尼優婆塞優
婆夷身得度者即現比丘比丘尼優婆塞優
婆夷身而為說法應以長者居士宰官婆
羅門婦女身得度者即現婦女身而為說法
應以童男童女身得度者即現童男童女身
而為說法應以天龍夜叉乾闥婆阿脩羅迦
羅緊那羅摩睺羅伽人非人等身得度者即
皆現之而為說法應以執金剛神得度者即

皆現之而為說法應以執金剛神得度者即
現金剛神而為說法
无盡意是觀世音菩薩成就如是功德以種
種形遊諸國土度脫衆生是故汝等應當一
心供養觀世音菩薩是觀世音菩薩摩訶薩
於怖畏急難之中能施无畏是故此娑婆世
界皆号之為施无畏者
无盡意菩薩白佛言世尊我今當供養觀
世音菩薩即解頸衆寶珠瓔珞價直百千兩
金而以與之作是言仁者受此法施珎寶瓔
珞時觀世音菩薩不肯受之无盡意復白觀
世音菩薩言仁者愍我等故受此瓔珞

伍倫 43 號　觀世音經　43–5

世音菩薩言仁者愍我等故受此瓔珞
尒時佛告觀世音菩薩當愍此无盡意菩
薩及四衆天龍夜叉乾闥婆阿脩羅迦樓羅
緊那羅摩睺羅伽人非人等故受是瓔珞即
時觀世音菩薩愍諸四衆及於天龍人非人等
受其瓔珞分作二分一分奉釋迦牟尼佛一分
奉多寶佛塔无盡意觀世音菩薩有如是
自在神力遊於娑婆世界尒時无盡意菩薩
以偈問曰
世尊妙相具　我今重問彼　佛子何因緣　名為觀世音
具足妙相尊　偈答无盡意　汝聽觀音行　善應諸方所
弘誓深如海　歷劫不思議　侍多千億佛　發大清淨願

弘誓深如海　歷劫不思議　侍多千億佛　發大清淨願
我爲汝略說　聞名及見身　心念不空過　能滅諸有苦
假使興害意　推落大火坑　念彼觀音力　火坑變成池
或漂流巨海　龍魚諸鬼難　念彼觀音力　波浪不能沒
或在須弥峯　爲人所推墮　念彼觀音力　如日空中住
或被惡人逐　墮落金剛山　念彼觀音力　不能損一毛
或值怨賊遶　各執刀加害　念彼觀音力　咸即起慈心
或遭王難苦　臨刑欲壽終　念彼觀音力　刀尋段段壞
或囚禁枷鎖　手足被杻械　念彼觀音力　釋然得解脫
呪詛諸毒藥　所欲害身者　念彼觀音力　還著於本人
或遇惡羅刹　毒龍諸鬼等　念彼觀音力　時悉不敢害
若惡獸圍遶　利牙爪可怖　念彼觀音力　疾走无邊方

若惡獸圍遶　利牙爪可怖　念彼觀音力　疾走无邊方
蚖蛇及蝮蝎　氣毒烟火然　念彼觀音力　尋聲自迴去
雲雷鼓掣電　降雹澍大雨　念彼觀音力　應時得消散
衆生被困厄　无量苦逼身　觀音妙智力　能救世間苦
具足神通力　廣脩智方便　十方諸國土　无刹不見身
種種諸惡趣　地獄鬼畜生　生老病死苦　以漸悉令滅
真觀清淨觀　廣大智惠觀　悲觀及慈觀　常願常瞻仰
无垢清淨光　惠日破諸闇　能伏災風火　普明照世間
悲體戒雷震　慈音妙大雲　澍甘露法雨　滅除煩惱炎
諍訟經官處　怖畏軍陣中　念彼觀音力　衆怨悉退散
妙音觀世音　梵音海潮音　勝彼世間音　是故須常念
念念勿生疑　觀世音淨聖　於苦惱死厄　能為作依怙

念念勿生疑　觀世音淨聖　於苦惱死厄　能爲作依怙
具一切功德　慈眼視衆生　視衆海无量　是故應頂礼
尒時持地菩薩即從座起前白佛言世尊若
有衆生聞是觀世音菩薩品自在之業普門
示現神通力者當知是人功德不少佛説是
普門品時衆中八万四千衆生皆發无等等
阿耨多羅三藐三菩提心

觀世音經

香飯與化

我欲詣娑婆世界供養釋迦牟尼佛并欲見維

摩詰等諸菩薩衆佛言可往攝汝身香无令

彼諸生衆起惑著心又當捨汝本形勿使彼

國求菩薩者而自鄙恥又汝於彼莫懷輕賤而

作礙想所以者何十方國土皆如虛空又諸

佛為欲化諸樂小法者不盡現其清淨土耳

時化菩薩既受鉢飯與彼九百万菩薩俱

承佛威神及維摩詰力於彼世界忽然不見

須臾之間至維摩詰舍維摩詰即化作九百

万師子之座嚴好如前諸菩薩皆坐其上化

菩薩以滿鉢香飯與維摩詰飯香普薰毗耶離

城及三千大千世界時毗耶離婆羅門居士

城及三千大千世界時毗耶離婆羅門居士
等聞是香氣身意快然歎未曾有於是長者
主月蓋從八万四千人來入維摩詰舍見其
室中菩薩甚多諸師子座高廣嚴好皆大歡
喜礼衆菩薩及大弟子却住一面諸地神虚
空神及欲色界諸天聞此香氣亦皆來入維
摩詰尒時維摩詰語舍利弗等諸大聲聞仁
者可食如來甘露味飯大悲所薰无以限意
食之使不消也有異聲聞念是飯少而此大
衆人人當食化菩薩曰勿以聲聞小德小智
稱量如來无量福慧四海有竭此飯无盡使
一切人食摶若須弥乃至一劫猶不能盡所

一切人食摶若須弥乃至一劫猶不能盡所
以者何无盡戒定智慧解脫解脫知見功德
具足者所食之餘終不可盡於是鉢飯悉飽
衆會猶故不賜其諸菩薩聲聞天人食此飯
者身安快樂譬如一切樂莊嚴國諸菩薩也
又諸毛孔皆出妙香亦如衆香國土諸樹之
香尒時維摩詰問衆香菩薩香積如來以何
說法彼菩薩曰我土如來无文字說但以衆
香令諸天人得入律行菩薩各各坐香樹下
聞斯妙香即獲一切德藏三昧得是三昧者
菩薩所有功德皆悉具足彼諸菩薩問維
摩詰今世尊釋迦牟尼以何說法維摩詰言此

摩詰今世尊釋迦牟尼以何說法維摩詰言此
土衆生剛彊難化故佛爲說剛彊之語以調伏
之言是地獄是畜生是餓鬼是諸難處是
愚人生處是身邪行是身邪行報是口邪行
是口邪行報是意邪行是意邪行報是煞生
是煞生報是不與取是不與取報是邪婬是
邪婬報是妄語是妄語報是兩舌是兩舌報
是惡口是惡口報是无義語是无義語報是
貪嫉是貪嫉報是瞋惱是瞋惱報是邪見是
邪見報是慳悋是慳悋報是毀戒是毀戒報
是瞋恚是瞋恚報是懈怠是懈怠報是乱意

伍倫 44 號　維摩詰經卷下　44–4

是瞋恚是瞋恚報是懈怠是懈怠報是乱意
是乱意報是愚癡是愚癡報是結戒是持戒
是犯戒是應作是不應作是鄣礙是不鄣礙
是得罪是離罪是淨是垢是有漏是无漏是
邪道是正道是有為是无為是世間是涅槃
以難化之人心如猨猴故以若干種法制御
其心乃可調伏譬如象馬㦧悷不調加諸楚
毒乃至徹骨然後調伏如是剛强難化衆生
故以一切苦切之言乃可入律彼諸菩薩聞
說是已皆曰未曾有也如世尊釋迦牟尼佛
隱其无量自在之力乃以貧所樂法度脫衆
生斯諸菩薩亦能勞謙以无量大悲生是佛

生斯諸菩薩亦能勞謙以无量大悲生是佛
土維摩詰言此土菩薩於諸衆生大悲堅固
誠如所言然其一世饒益衆生多於彼國百
千劫行所以者何此娑婆世界有十事善
法諸餘淨土之所无有何等爲十以布施攝
貧窮以淨戒攝毀禁以忍辱攝瞋恚以精進
攝懈怠以禪定攝乱意以智慧攝愚癡說除
難法度八難者以大乘法度樂小乘者以諸
善根濟无德者常以四攝成就衆生是爲十
彼菩薩曰菩薩成就幾法於此世界行无瘡
疣生于淨土維摩詰言菩薩成就八法於此
世界行无瘡疣生于淨土何等爲八饒益衆

世界行无瘡疣生于淨土何等為八饒益衆
生而不望報代一切衆生受諸苦惱所作功
德盡以施之等心衆生謙下无导於諸菩薩
視之如佛所未聞經聞之不疑不與聲聞而
相違背不嫉彼供不高己利而於其中調伏
其心常省己過不訟彼短恒以一心求諸功
德是為八維摩詰文殊師利於大衆中說是
法時百千天子皆發阿耨多羅三藐三菩提
心十千菩薩得无生法忍

菩薩行品第十一

是時佛說法於菴羅樹園其地忽然廣博嚴

是時佛説法於菴羅樹園其地忽然廣博嚴
事一切衆會皆作金色阿難白佛言世尊以
何因緣有此瑞應是處忽然廣博嚴事一切
衆會皆作金色佛告阿難是維摩詰文殊師
利與諸大衆恭敬圍遶發意欲来故先爲此
瑞應於是維摩詰語文殊師利可共見佛與
諸菩薩礼事供養文殊師利言善哉行矣今
正是時維摩詰即以神力持諸大衆并師子
座置於右掌往詣佛所到已着地稽首佛足
右繞七匝一心合掌在一面立其諸菩薩即
皆避座稽首佛足亦繞七匝於一面立諸大
弟子釋梵四天王等亦皆避座稽首佛足在

弟子釋梵四天王等亦皆避座稽首佛足在
一面立於是世尊如法慰問諸菩薩已各各
復座即皆受教衆坐已定佛語舍利弗汝見
菩薩大士自在神力之所為乎唯然已見汝意
云何世尊我覩其為不可思議非意所圖非
度所測介時阿難白佛言世尊今所聞香
自昔未有是為何香佛告阿難是彼菩薩毛
孔之香於是舍利弗語阿難言我等毛孔亦
出是香阿難言此所從來曰是長者維摩詰
從衆香國取佛餘飯於舍食者一切毛孔皆
香若此阿難問維摩詰是香氣住當久如維

香若此阿難問維摩詰是香氣住當久如維
摩詰言至此飯消曰此飯久如當消曰此飯
勢力至于七日然後乃消又阿難若聲聞人
未入正位食此飯者得入正位然後乃消已
入正位食此飯者得心解脫然後乃消若未
發大乘意食此飯者至發意乃消已發意食
此飯者得无生忍然後乃消已得无生忍食
此飯者至一生補處然後乃消譬如有藥名
曰上味其有服者身諸毒滅然後乃消此飯
如是滅除一切諸煩惱毒然後乃消阿難白
佛言未曾有也世尊如此香飯能作佛事佛

佛言未曾有也世尊如此香飯能作佛事佛
言如是如是阿難或有佛土以佛光明而作
佛事有以諸菩薩而作佛事有以佛所化人
而作佛事有以菩提樹而作佛事有以佛衣
服臥具而作佛事有以飯食而作佛事有以
園林臺觀而作佛事有以三十二相八十隨
形好而作佛事有以佛身而作佛事有以虛
空而作佛事衆生應以此緣得入律行有以
夢幻影響鏡中像水中月熱時焰如是等喻
而作佛事又以音聲語言文字而作佛事或
有清淨佛土寂漠无言无說无示无識无作
无為而作佛事如是阿難諸佛威儀進止諸作

无為而作佛事如是阿難諸佛威儀進止諸作
施為无非佛事阿難有此四魔八万四千諸
煩惱門而諸衆生為之疲勞諸佛即以此法
而作佛事是名入一切諸佛法門菩薩入此
門者若見一切淨妙佛土不以為喜不貪不
高若見一切不淨佛土不以為憂不㝵不沒
但於諸佛生清淨心歡喜恭敬未曾有也諸
佛如來功德平等為教化衆生故而現佛土
不同阿難汝見諸佛國土地有若干而虛空
無若干也如是見諸佛色身有若干耳其无
㝵慧无若干也阿難諸佛色身威德種姓戒

㝵慧无若干也阿難諸佛色身威德種姓戒
定智慧解脫解脫知見力无所畏不共之法
大慈大悲威儀所行及其壽命說法教化成
就衆生淨佛國土具諸佛法悉皆同等是故
名為三藐三佛陁名為多陁阿伽度名為佛
陁阿難若我廣說此三句義汝以劫壽不能
盡受正使三千大千世界滿中衆生皆如阿
難多聞第一得念摠持此諸人等以劫之壽
亦不能受如是阿難諸佛阿耨多羅三藐三
菩提无有限量智慧辯才不可思議阿難白
佛言我從今已往不敢自謂以為多聞佛告
阿難勿起退意所以者何我說汝於聲聞中

阿難勿起退意所以者何我說汝於聲聞中
為最多聞非謂菩薩且止阿難其有智者不
應限度諸菩薩也一切海淵尚可測量菩薩
禪定智慧總持辯才一切功德不可量也阿
難汝等捨置菩薩所行是維摩詰一時所現
神通之力一切聲聞辟支佛於百千劫盡力
變化所不能作
尒時衆香世界菩薩來者合掌白佛言世尊
我等初見此土生下劣想今自悔責捨離是
心所以者何諸佛方便不可思議為度衆生
故隨其所應現佛國異唯然世尊願賜少法
還於彼土當念如來佛告諸菩薩有盡无盡

還於彼土當念如來佛告諸菩薩有盡无盡
解脫法門汝等當學何謂為盡謂有為法何
謂无盡謂无為法如菩薩者不盡有為不住
无為何謂不盡有為謂不離大慈不捨大悲
深發一切智心而不忽忘教化眾生終不猒
倦於四攝法常念順行護持正法不惜軀命
種諸善根无有疲猒志常安住方便迴向求
法不懈說法无悋勤供諸佛故入生死而无
所畏於諸榮辱心无憂喜不輕未學敬學如
佛墮煩惱者令發正念於遠離樂不以為貴
不著已樂慶於彼樂在諸禪定如地獄想於

不著己樂慶於彼樂在諸禪定如地獄想於
生死中如園觀想見來求者爲善師想捨諸
所有具一切智想見毀戒人起救護想諸波
羅蜜爲父母想道品之法爲眷屬想發行善
根无有齊限以諸淨國嚴飾之事成己佛土
行不限施具足相好除一切惡身口意淨[故]生
死无數劫意而有勇聞佛无量[得]志而不倦
以智慧劍破煩惱賊出陰界入荷負衆生永
使解脫以大精進摧伏魔軍常求无念實相
智慧行少欲知足而不捨世間法不壞威儀
而能隨俗起神通慧引導衆生得念總持所
聞不忘善別諸根斷衆生疑以樂說辯演法

聞不忘善別諸根斷衆生疑以樂說辯演法
无礙淨十善道受天人福脩四无量開梵天道
勸請說法隨喜讚善得佛音聲身口意善
得佛威儀深脩善法所行轉勝以大乘教成
菩薩僧心无放逸不失衆善行如此法是名
菩薩不盡有爲何謂菩薩不住无爲謂脩學
空不以空爲證脩學无相无作不以无相无
作爲證脩學无起不以无起爲證觀於无常
而不猒善本觀世間苦而不惡生死觀於无我
而誨人不倦觀於寂滅而不永滅觀於遠
離而身心脩善觀无所歸而歸趣善法觀於
无生而以生法荷負一切觀於无漏而不斷

无生而以生法荷負一切觀於无漏而不斷
諸漏觀无所行而以行法教化衆生觀於空
無而不捨大悲觀正法位而不隨小乘觀諸
法虛妄无牢无人无主无相本願未滿而不
虛福德禪定智慧脩如此法是名菩薩不住
无爲又具福德故不住无爲具智慧故不盡
有爲大慈悲故不住无爲滿本願故不盡有
爲集法藥故不住无爲隨授藥故不盡有爲
知衆生病故不住无爲滅衆生病故不盡有
爲諸正士菩薩已脩此法不盡有爲不住无
爲是名盡无盡解脫法門汝等當學尒時彼
諸菩薩聞說是法皆大歡喜以衆妙華若干

諸菩薩聞說是法皆大歡喜以衆妙華若干
種色若干種香遍散三千大千世界供養於
佛及此經法并諸菩薩已稽首佛足嘆未曾
有言釋迦牟尼佛乃能於此善行方便言已
忽然不現還到本國

見阿閦佛品第十二

尒時世尊問維摩詰汝欲見如來爲以何等觀
如來乎維摩詰言如自觀身實相觀佛亦
然我觀如來前際不來後際不去今則不住
不觀色不觀色如不觀色性不觀受想行識不
觀識如不觀識性非四大起同於虛空六
入無積眼耳鼻舌身心已過不在三界三垢

入无積眼耳鼻舌身心已過不在三界三垢
已離順三脫門三明與无明等不一相不異
相不自相不他相非无相非取相不此岸不
彼岸不中流而化眾生觀於寂滅亦不永滅
不此不彼不以此不以彼不可以智知不可
以識識无晦无明无名无相无強无弱非淨
非穢不在方不離方非有為非无為无示无
說不施不慳不戒不犯不忍不恚不進不怠
不定不亂不智不愚不誠不欺不來不去不
出不入一切言語道斷非福田非不福田非
應供養非不應供養非取非捨非相非无相
同真際等法性不可稱不可量過諸稱量非

同真際等法性不可稱不可量過諸稱量非
大非小非見非聞非覺非知離衆結縛等諸
智同衆生於諸法无分別一切无失无濁无
惱无作无起无生无滅无畏无憂无喜无猒
無著无已有无當有无今有不可以一切言
説分別顯示世尊如來身為若此作如是觀
以斯觀者名為正觀若他觀者名為耶觀尒
時舍利弗問維摩詰汝於何沒而來生此
維摩詰言汝所得法有沒生乎舍利弗言无
沒生也若諸法无沒生相云何問言汝於何
沒而來生此於意云何譬如幻師幻作男女
寧沒生耶舍利弗言无沒生也汝豈不聞佛

寧沒生耶舍利弗言无沒生也汝豈不聞佛
說諸法如幻相乎荅曰如是若一切法如幻
相者云何問言汝於何沒而來生此舍利弗
沒者爲虛誑法壞敗之相生者爲虛誑法相
續之相菩薩雖沒不盡善本雖生不長諸惡
是時佛告舍利弗有國名妙喜佛号无動是
維摩詰於彼國沒而來生此舍利弗言未曾
有也世尊是人乃能捨清淨土而來樂此多
怒害處維摩詰語舍利弗於意云何日光出
時與冥合乎荅曰不也日光出時則无衆冥
維摩詰言夫日何故行閻浮提荅曰欲以明
照爲之除冥維摩詰言菩薩如是雖生不淨

照為之除冥維摩詰言菩薩如是雖生不淨
說弥勒當知菩薩有二相何謂為二一者好
於雜句文飾之事二者不畏深義如實能入
若好雜句文飾事者當知是為雜學菩薩
若於如是无染无著甚深經典无有恐畏能入
其中聞已心淨受持讀誦如說脩行當知是
為久脩道行弥勒復有二法名雜學者不能
決定於甚深法何等為二一者所未聞深經聞
之驚怖生疑不能隨順毀謗不信而作是
言我初不聞從何所来二者若有護持解脫
如是深經者不能親近供養恭敬或時於中
說其過惡有此二法當知是新學菩薩為自

說其過惡有此二法當知是新學菩薩為自
毀傷不能於深法中調伏其心彌勒復有二
法菩薩雖信解深法猶自毀傷而不能得无
生法忍何等為二一者輕慢新學菩薩而
不教誨二者雖解深法而取相分別是為二
法彌勒菩薩聞說是已白佛言世尊未曾有
也如佛所說我當遠離如斯之惡奉持如來
無數阿僧祇劫所集阿耨多羅三藐三菩提法
若未來世善男子善女人求大乘者當令手
得如是等經與其念力使受持讀誦為他廣
說世尊若後末世有能受持讀誦為他說者
當知是彌勒神力之所建立佛言善哉善哉

說世尊若後末世有能受持讀誦為他人說者
當知是彌勒神力之所建立佛言善哉善哉
彌勒如汝所說佛助尒喜於是一切菩薩合
掌白佛我等亦於如來滅後十方國土廣宣
流布阿耨多羅三藐三菩提復當開導諸說
法者令得是經尒時四天王白佛言世尊在在
處處城邑聚落山林曠野有是經卷讀誦解
說者我當率諸官屬為聽法故往詣其所擁
護其人面百由旬令无伺求得其便者是時
佛告阿難受持是經廣宣流布阿難言唯我
已受持要者世尊當何名斯經佛告阿難
是經名為維摩詰所說亦名不可思議解脫

是經名為維摩詰所說亦名不可思議解脫
法門如是受持佛說是經已長者維摩詰
文殊師利舍利弗阿難等及諸天人阿脩羅
一切大眾聞佛所說皆大歡喜作禮而去

維摩詰經卷下

伍倫 44 號　維摩詰經卷下　44–26

伍倫 45 號 金光明經卷一 45–1

伍倫 45 號　金光明經卷一　45–2

伍倫 45 號　金光明經卷一　45–3

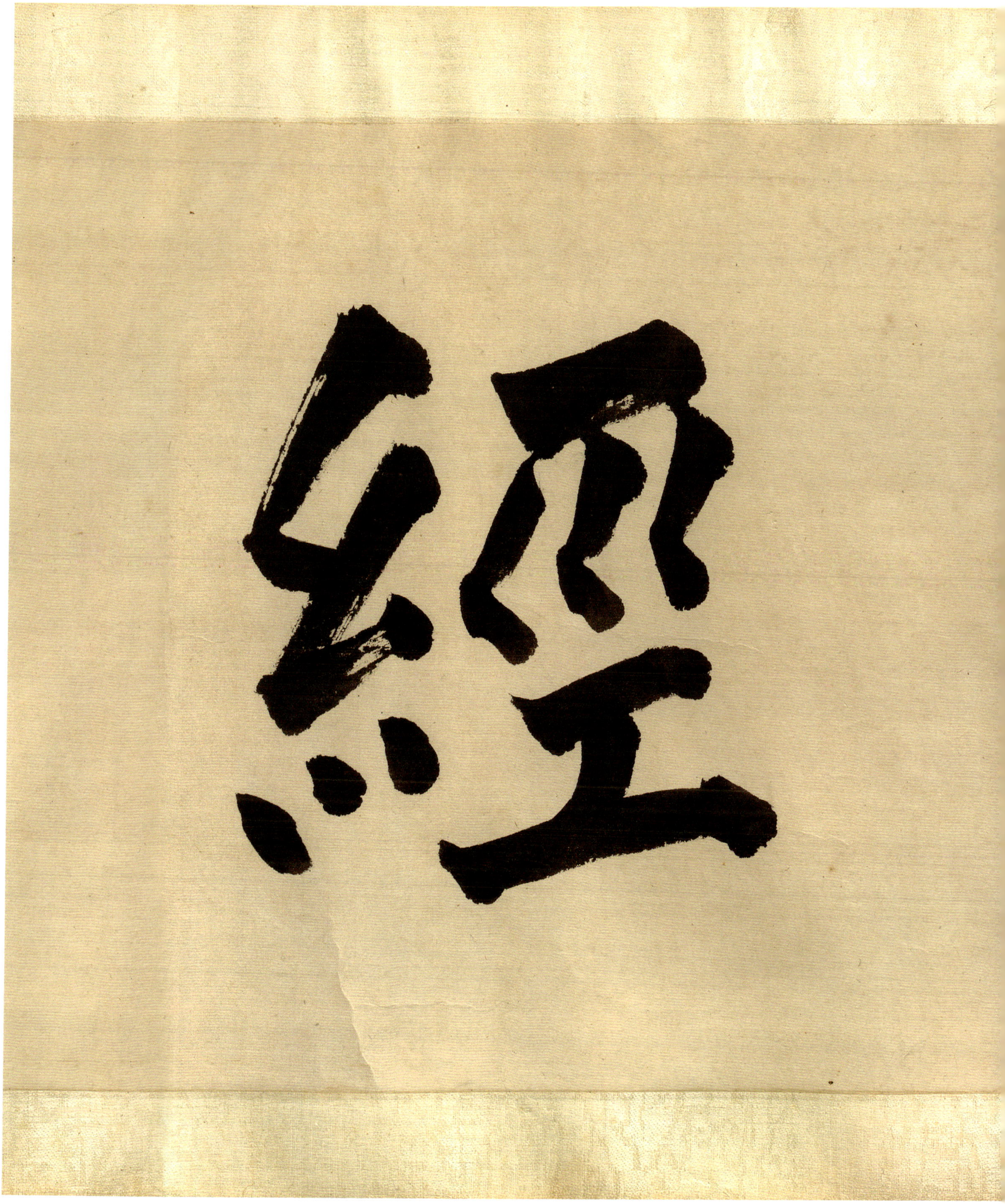

伍倫 45 號 金光明經卷一 45-4

伍倫 45 號　金光明經卷一　45–5

金光明經懺悔品第三
尒時信相菩薩即於其夜夢見金鼓其狀姝
大其明普照喻如日光復於光中得見一
方无量无邊諸佛世尊衆寶樹下坐琉璃坐
无量百千眷屬圍繞而為説法見有一人似
婆羅門以桴擊鼓出大音聲其聲演説懺
悔偈頌時信相菩薩從夢寤已至心憶念
夢中所聞懺悔偈頌過夜至旦出王舍城尒
時亦有无量无邊百千衆生與菩薩俱往耆
闍崛山至於佛所至佛所已頂礼佛足右繞
三匝却住一面敬心合掌瞻仰尊顔以其
夢中所見金鼓及懺悔偈向如來説
昨夜所夢　至心憶持　夢見金鼓　妙色晃耀
其光大盛　明喻於日　遍照十方　恒沙世界
又因此光　得見諸佛　衆寶樹下　坐琉璃坐

又因此光 得見諸佛 衆寶樹下 坐琉璃坐
无量大衆 圍繞說法
見婆羅門 擊是金鼓 其鼓音中 說如是偈
是大金鼓 所出妙音 悉能滅除 三世諸苦
地獄餓鬼 畜生等苦 貧窮困苦 及諸有苦
是鼓所出 微妙之音 能除衆生 諸惱所逼
斷衆怖畏 令得无懼 猶如諸佛 得无所畏
諸佛聖人 所成功德 離於生死 到大智海
如是衆生 所得功德 定及助道 猶如大海
是鼓所出 如是妙音 令衆生得 梵音深遠
證佛无上 菩提勝果 轉无上輪 微妙清淨
住壽无量 不思議劫 演說正法 利益衆生
能害煩惱 消除諸苦 貪瞋癡等 悉令寂滅
若有衆生 處在地獄 大火熾然 燒炙其身
若聞金鼓 微妙音聲 所出言教 即尋礼佛

伍倫 45 號 金光明經卷一 45–7

若聞金鼓　微妙音聲　所出言教　即尋礼佛
亦令衆生　得知宿命　百生千生　千万億生
令心正念　諸佛世尊　亦聞无上　微妙之言
是金鼓中　所出妙音　復令衆生　值遇諸佛
遠離一切　諸悪業等　善脩无量　白淨之業
諸天世人　及餘衆生　随其所思　諸所念求
如是金鼓　所出之音　皆悉能令　成就具足
若有衆生　墮大地獄　猛火炎熾　焚燒其身
无有救護　流轉諸難　當令是等　悉滅諸苦
若有衆生　諸苦所切　三悪道報　及以人中
如是金鼓　所出之音　悉能除滅　一切諸苦
无依无帰　无有救護　我為是等　作帰依處
是諸世尊　今當證知　久已於我　生大悲心
在在處處　十方諸佛　現在世雄　兩足之尊
我本所作　悪不善業　今者懺悔　諸十力前

我本所作　惡不善業　今者懺悔　諸十力開
不識諸佛　及父母恩　不解善法　造作衆惡
自恃種妙　及諸財寶　盛年放逸　作諸惡行
心念不善　口作惡業　隨心所作　不見其過
凡夫愚行　无智闇覆　親近惡逢　煩惱亂心
五欲因緣　心生忿恚　不知厭足　故作衆惡
親近非聖　因生慳嫉　貧窮因緣　姧諂作惡
繫屬於他　常有怖畏　不得自在　而造諸惡
貪欲恚癡　擾動其心　渴愛所逼　造作衆惡
依因衣食　及以女色　諸結惱熱　造作衆惡
身口意惡　所集三業　如是衆罪　今悉懺悔
或不恭敬　佛法聖衆　如是諸罪　今悉懺悔
或不恭敬　緣覺菩薩　如是衆罪　今悉懺悔
以无知故　誹謗正法　不知恭敬　父母尊長
如是衆罪　今悉懺悔

如是衆罪 今悉懺悔
愚惑所覆 憍慢放逸 因貪恚癡 造作衆惡
如是衆罪 今悉懺悔 我今供養 无量无邊
三千大千 世界諸佛 我當拔濟 十方一切
无量衆生 所有諸苦 我當安止 不可思議
阿僧祇衆 令住十地 已得安止 住十地者
悉令具足 如來正覺 為一衆生 億劫脩行
使无量衆 令度苦海 我當為是 諸衆生等
演說微妙 甚深悔法 所謂金光 滅除諸惡
千劫所作 極重惡業 若能至心 懺〻一悔者
如是衆罪 悉皆滅盡 我今已說 懺悔之法
是金光明 清淨微妙 速能滅除 一切業鄣
我當安止 住於十地 十種珎寶 以為脚足
成佛无上 功德光明 令諸衆生 度三有海
諸佛所有 甚深法藏 不可思議 无量功德

伍倫 45 號　金光明經卷一　45–10

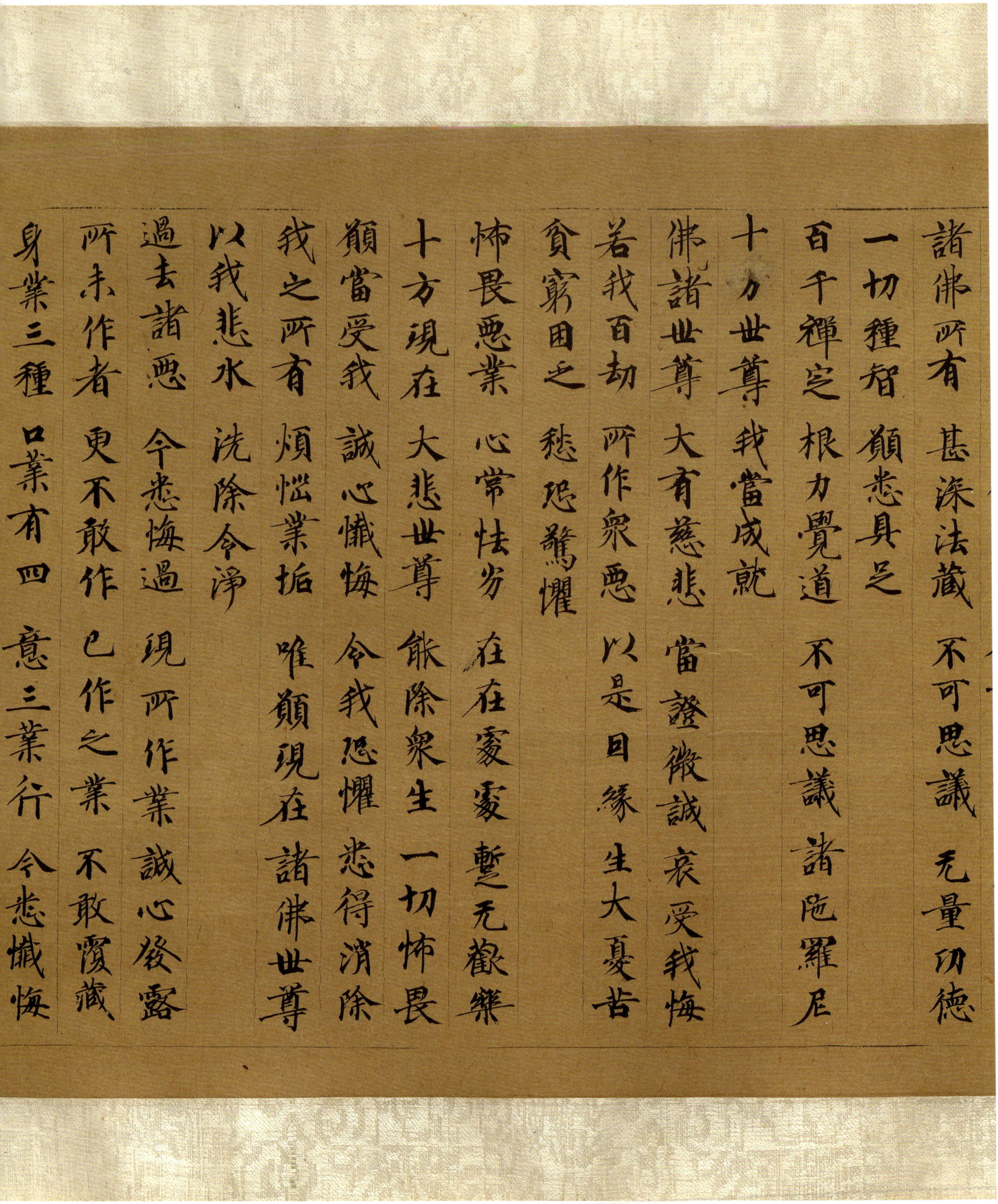
諸佛所有　甚深法藏　不可思議　无量功德
一切種智　願悉具足
百千禪定　根力覺道　不可思議　諸陁羅尼
十力世尊　我當成就
佛諸世尊　大有慈悲　當證微誠　哀受我悔
若我百劫　所作衆悪　以是因緣　生大憂苦
貧窮困乏　愁恐驚懼
怖畏悪業　心常怯劣　在在處處　暫无歡樂
十方現在　大悲世尊　能除衆生　一切怖畏
願當受我　誠心懺悔　令我恐懼　悉得消除
我之所有　煩惱業垢　唯願現在　諸佛世尊
以我悲水　洗除令淨
過去諸悪　今悉悔過　現所作業　誠心發露
所未作者　更不敢作　已作之業　不敢覆藏
身業三種　口業有四　意三業行　今悉懺悔

伍倫 45 號　金光明經卷一　45–11

身業三種　口業有四　意三業行　今悉懺悔
身口所作　及以意思　十種惡業　一切懺悔
遠離十惡　脩行十善　安止十住　逮十力尊
所造惡業　應受惡報　今於佛前　誠心懺悔
若此國土　及餘世界　所有善法　悉以迴向
我所脩行　身口意善　願於來世　證无上道
若在諸有　六趣險難　愚癡无智　造作衆惡
今於佛前　皆悉懺悔　世間所有　生死險難
種種婬欲　愚煩惱難　如是諸難　我今懺悔
心輕躁難　近惡友難　三有險難　及三毒難
遇无難難　值好時難　脩功德難　值佛亦難
如是諸難　今悉懺悔
諸佛世尊　我所依止　是故我今　敬礼佛海
金色晃耀　猶如須彌　是故我今　頂礼最勝
其色无上　猶天真金　眼目清淨　如紺琉璃

伍倫 45 號　金光明經卷一　45–12

其色无上 猶天真金 眼目清淨 如紺琉璃
功德成神 名稱顯著 佛日大悲 滅一切闇
善淨无垢 離諸塵翳 无上佛日 大光普照
煩惱大熾 令心燋熱 唯佛能除 如月清涼
三十二相 八十種好 莊嚴其身 視之无猒
功德巍巍 明網顯耀 安住三界 如日照世
猶如琉璃 淨无瑕穢 妙色廣大 種種各異
其色紅赤 如日初出 頗梨白銀 校餝光網
如是種種 莊嚴佛日 三有之中 生死大河
老水波蕩 惱亂我心 其味苦毒 寂為廉溢
如來網明 能令枯涸 妙身端嚴 相好殊特
金色光明 遍照一切 智慧大海 珎滿三界
是故我今 稽首礼敬 如大海水 其量難知
大地微塵 不可稱計 諸須弥山 難可度量
虛空邊際 亦不可得 諸佛亦尒 功德无量

伍倫 45 號 金光明經卷一 45–13

虛空邊際　亦不可得　諸佛亦尒　功德无量
一切有心　无能知者　於无量劫　極心思惟
不能得知　佛功德邊　大地諸山　尚可知量
毛渧海水　亦可知數　諸佛功德　无能知者
相好莊嚴　名稱讚嘆　如是功德　令衆皆得
我以善業　諸因緣故　來世不久　成於佛道
講宣妙法　利益衆生　度脫一切　无量諸苦
摧伏諸魔　及其眷屬　轉於无上　清淨法輪
住壽无量　不思議劫　充足衆生　甘露法味
我當具足　六波羅蜜　猶如過佛　之所成就
斷諸煩惱　除一切苦　悉滅貪欲　及恚癡等
我當憶念　宿命之事　百生千生　百千億生
常當至心　正念諸佛　聞說微妙　无上之法
我因善業　常值諸佛　遠離諸惡　脩諸善業
若有衆生　諸根毀壞　不具足者　悉令具足

伍倫 45 號　金光明經卷一　45–14

若有衆生　諸根毀壞　不具足者　悉令具足
十方世界　所有病苦　羸瘦頓乏　无救護者
悉令解脱　如是諸苦　還得勢力　平復如本
若犯王法　臨當刑戮　无量怖畏　愁憂苦惱
如是之人　悉令解脱　若受鞭撻　繫縛枷鎖
種種苦事　逼切其身　无量百千　愁憂驚畏
種種恐懼　擾亂其心　如是无邊　諸苦惱等
願使一切　悉得解脱
若有衆生　飢渴所惱　令得種種　甘美飲食
盲者得視　聾者得聽　瘂者能言　裸者得衣
貧窮乏者　即得寶藏　倉庫盈溢　无所乏少
一切皆受　安隱快樂　乃至无有　一人受苦
衆生相視　和顔悦色　形貌端嚴　人所喜見
心常思念　他人善事　飲食飽滿　功德具足
隨諸衆生　之所思念　皆願令得　種種伎樂

伍倫 45 號　金光明經卷 ·　45–15

隨諸衆生之所思念 皆願令得 種種伎樂
箜篌箏笛 琴瑟鼓吹 如是種種 微妙音聲
江河池沼 流泉諸水 金華遍布 及優鉢羅
隨諸衆生之所思惟 即得種種 衣服飲食
錢財珎寶 金銀琉璃 真珠璧玉 雜廁瓔珞
願諸衆生 不聞惡聲 乃至無有 可惡見者
願諸衆生 色貌微妙 各各相於 共相愛念
世間所願 資生之具 隨其所念 悉令具足
願諸衆生 諸所求索 如其所願 應念即得
香華諸樹 常於三時 雨細末香 及塗身香
衆生受者 歡喜快樂
願諸衆生 常得供養 不可思議 十方諸佛
無上妙法 清淨無垢 及諸菩薩 聲聞大衆
願諸衆生 常得遠離 三惡難八 值無難處
覲覩諸佛 無上之王
願諸衆生 常生尊貴 多饒財寶 安隱豊樂

願諸衆生常生尊貴　多饒財寶安隱豊樂
上妙色像莊嚴其身　功德成就有大名稱
願諸女人皆成男子　具足智慧精勤不懈
一切皆行菩薩之道　勤心脩集六波羅蜜
常見十方无量諸佛　坐寶樹下琉璃坐上
安住禪定自在快樂　演說正法衆所樂聞
若我現在及過去世　所作惡業諸有嶮難
應得惡果不適意者　願悉盡滅令无有餘
若有衆生三有繫縛　生死羅網弥密牢固
願以智力剖斷破裂　除諸苦惱早成菩提
若此閻浮及餘他方　无量世界所有衆生
所作種種善妙功德　我今深心隨其歡喜
我今以此隨喜功德　及身口意所作善業
願於來世成无上道　得淨无垢吉祥果報
若有敬礼讚嘆十方　信心清淨无諸疑網
能作如是所說懺悔　便得超越六十劫罪

若有敬礼讚嘆十方　信心清淨无諸疑網
能作如是所說懺悔　便得超越六十劫罪
諸善男子及善女人　諸王剎利婆羅門等
若有恭敬合掌向佛　稱嘆如來并讚此偈
在在生處常識宿命　諸根具足清淨端嚴
種種功德悉皆成就　在在處處常為國王
輔相大臣之所恭敬　非於一佛五佛十佛
種諸功德聞是懺悔　若於无量百千万億
諸佛如來種諸善根　然後乃得聞是懺悔

伍倫 45 號　金光明經卷一　45–18

光緒季年燉煌經卷出土甚夥此其一也
聖情廔主人工書善繪喜臨摹唐人寫
經乃檢篋以此貽之亦文字海中一段因
緣也丁丑十月爰居閣主人記

伍倫 45 號　金光明經卷一　45-20

无盡意菩薩白佛言世尊觀世音菩薩云何
遊此娑婆世界云何而為衆生說法方便之
力其事云何佛告无盡意菩薩善男子若
有國土衆生應以佛身得度者觀世音菩薩即
現佛身而為說法應以辟支佛身得度者即
現辟支佛身而為說法應以聲聞身得度者
即現聲聞身而為說法應以梵王身得度者
即現梵王身而為說法應以帝釋身得度者
即現帝釋身而為說法應以自在天身得度
者即現自在天身而為說法應以大自在天
身得度者即現大自在天身而為說法應以
天大將軍身得度者即現天大將軍身而為

天大将軍身得度者即現天大将軍身而爲
説法應以毗沙門身得度者即現毗沙門身
而爲説法應以小王身得度者即現小王身
而爲説法應以長者身得度者即現長者身
而爲説法應以居士身得度者即現居士身
而爲説法應以宰官身得度者即現宰官身
而爲説法應以婆羅門身得度者即現婆羅
門身而爲説法應以比丘比丘尼優婆塞優
婆夷身得度者即現比丘比丘尼優婆塞優
婆夷身而爲説法應以長者居士宰官婆羅
門婦女身得度者即現婦女身而爲説法應
以童男童女身得度者即現童男童女身而

伍倫 46 號　觀世音經　46–2

以童男童女身得度者即現童男童女身而
為說法應以天龍夜叉乾闥婆阿脩羅迦樓
羅緊那羅摩睺羅伽人非人等身得度者即
皆現之而為說法應以執金剛神得度者即現
執金剛神而為說法无盡意是觀世音菩薩
成就如是功德以種種形遊諸國土度脫衆
生是故汝等應當一心供養觀世音菩薩是
觀世音菩薩摩訶薩於怖畏急難之中能施
无畏是故此娑婆世界皆号之為施无畏者
无盡意菩薩白佛言世尊我今當供養觀世
音菩薩即解頸衆寶珠瓔珞價直百千兩金
而以與之作是言仁者受此法施珎寶瓔珞

而以與之作是言 仁者受此法施珎寳瓔珞
時觀世音菩薩不肯受之无盡意復白觀世
音菩薩言仁者愍我等故受此瓔珞尒時佛
告觀世音菩薩當愍此无盡意菩薩及諸四衆
天龍夜叉乹闥婆阿修羅迦樓羅緊那羅摩
睺羅伽人非人等故受是瓔珞即時觀世音
菩薩愍諸四衆及於天龍人非人等受其瓔
珞分作二分一分奉釋迦牟尼佛一分奉多
寳佛塔无盡意觀世音菩薩有如是自在神
力遊於娑婆世界
尒時无盡意菩薩以偈問曰
世尊妙相具 我今重問彼 佛子何因緣 名為觀世音

伍倫 46 號 觀世音經 46-4

世尊妙相具　我今重問彼　佛子何因緣　名為觀世音
具足妙相尊　偈荅无盡意　汝聽觀音行　善應諸方所
弘誓深如海　歷劫不思議　侍多千億佛　發大清淨願
我為汝略說　聞名及見身　心念不空過　能滅諸有苦
假使興害意　推落大火坑　念彼觀音力　火坑變成池
或漂流巨海　龍魚諸鬼難　念彼觀音力　波浪不能沒
或在須弥峯　為人所推墮　念彼觀音力　如日空中住
或被惡人逐　墮落金剛山　念彼觀音力　不能損一毛
或值怨賊遶　各執刀加害　念彼觀音力　咸即起慈心
或遭王難苦　臨刑欲壽終　念彼觀音力　刀尋段段壞
或囚禁枷鎖　手足被杻械　念彼觀音力　釋然得解脫
呪詛諸毒藥　所欲害身者　念彼觀音力　還著於本人

呪咀諸毒藥　所欲害身者　念彼觀音力　還著於本人
或遇惡羅刹　毒龍諸鬼等　念彼觀音力　時悉不敢害
若惡獸圍遶　利牙抓可怖　念彼觀音力　疾走无邊方
蚖蛇及蝮蝎　氣毒烟火然　念彼觀音力　尋聲自迴去
雲雷鼓掣電　降雹澍大雨　念彼觀音力　應時得消散
衆生被困厄　无量苦逼身　觀音妙智力　能救世間苦
具足神通力　廣修智方便　十方諸國土　无刹不現身
種種諸惡趣　地獄鬼畜生　生老病死苦　以漸悉令滅
真觀清淨觀　廣大智慧觀　悲觀及慈觀　常願常瞻仰
无垢清淨光　慧日破諸闇　能伏災風火　普明照世間
悲體戒雷震　慈意妙大雲　澍甘露法雨　滅除煩惱焰
諍訟經官處　怖畏軍陣中　念彼觀音力　衆怨悉退散

伍倫 46 號　觀世音經　46–6

諍訟經官處　怖畏軍陣中　念彼觀音力　衆怨悉退散
妙音觀世音　梵音海潮音　勝彼世間音　是故須常念
念念勿生疑　觀世音淨聖　於苦惱死厄　能為作依怙
具一切功德　慈眼視衆生　福聚海无量　是故應頂礼
尒時持地菩薩即從坐起前白佛言世尊若
有衆生聞是觀世音菩薩品自在之業普門
示現神通力者當知是人功德不少佛說是
普門品時衆中八万四千皆發无等　等
阿耨多羅三藐三菩提心

觀世音經一卷

尒時佛告迦葉菩薩善男子汝今不應如諸
聲聞凡夫之人分別三寶於此大乘无有三
歸分別之相所以者何於佛性中即有法僧
爲欲化度聲聞凡夫故分別說三歸異相善
男子若欲隨順世間法者則應分別有三歸
依善男子菩薩應作如是思惟我今此身歸
依於佛若即此身得成佛道既成佛已不當
恭敬礼拜供養於諸世尊何以故諸佛平等
々爲衆生作歸依故若欲尊重法身舍利便
應礼敬諸佛塔廟所以者何爲欲化度諸衆
生故亦令衆生於我身中起塔廟想礼拜供
養如是衆生以我法身爲歸依處一切衆生
皆依非真邪僞之法我當次第爲說真法又

養如是衆生以我法身為歸依處一切衆生
皆依非真耶為之法我當次苐為說真法又
有歸依非真僧者我當為作依真僧處若有
分別三歸依者我當為作一歸依處无三差
別於生盲衆為作眼目復當為諸聲聞緣覺
作真歸處善男子如是菩薩為无量惡諸衆
生等及諸聖者而作佛事善男子譬如有人
臨陳戰時即生心念我於是中最為苐一一切
兵衆悉依恃我亦如王子如是思惟我當調
伏其餘王子紹繼大王霸王之業而得自在
令諸王子悉見歸依是故不應生下劣心如
王王子大臣亦尒善男子菩薩摩訶薩亦復

令諸王子悉見歸依是故不應生下劣心如
王々子大臣亦尒善男子菩薩摩訶薩亦復
如是作是思惟云何三事与我一體善男子
我示三事即是涅槃如來者名无上士譬如
人身頭最為上非餘支節手足等也佛亦如
是最為尊上非法僧也為欲化度諸世間故
種々示現差別之相如彼梯橙是故汝今不
應受持如凡愚人所知三歸別差之相汝於

多寶如来　及與我身　所集化佛　當知

諸佛子等　誰能護法　當發大願　令得久住

其有能護　此經法者　則為供養　我及多寶

此多寶佛　處於寶塔　常遊十方　為是經

亦復供養　諸来化佛　莊嚴光飾　諸世

若說此經　則為見我　多寶如来　及

諸善男子　各諦思惟　此為難事　宜發大願

諸餘經典　數如恒沙　雖說此等　未足為難

若接須弥　擲置他方　无數佛土　亦未為難

若以足指　動大千界　遠擲他國　亦未為難

若立有頂　為衆演說　无量餘經　亦未

若立有頂　為衆演說　無量餘經　亦未

若佛滅後　於惡世中　能說此經　是

假使有人　手把虛空　而以遊行　亦未為難

於我滅後　若自書持　若使人書　是則為難

若以大地　置足甲上　昇於梵天　亦未為難

佛滅度後　於惡世中　暫讀此經　是則

假使劫燒　擔負乾草　入中不燒　亦

我滅度後　若持此經　為一人說　是

若持八万　四千法藏　十二部經　為人演說

令諸聽者　得六神通　雖能如是　亦未為難

於我滅後　聽受此經　問其義趣　是則為難

於我滅後　聽受此經　問其義趣　是則為難
若人說法　令千万億　无量无數　恒沙衆
得阿羅漢　具六神通　雖有是益　亦
於我滅後　若能奉持　如斯經典　是則為難
我為佛道　於无量土　從始至今　廣說此經
而於其中　此經第一　若有能持　則持佛身
諸善男子　於我滅後　誰能受持　讀誦此經
今於佛前　自說誓言
此經難持　若暫持者　我則歡喜　諸佛
如是之人　諸佛所歎　是則勇猛　是則精
是名持戒　行頭陁者　則為疾得　无上佛道

是名持戒 行頭陁者 則為疾得 无上佛道
能於來世 讀誦此經 是真佛子 住淳善地
佛滅度後 能解其義 是諸天人 世間之眼
於恐畏世 能須臾說 一切天人 皆應供

妙法蓮華經提婆達多品第十二

尒時佛告諸菩薩及天人四衆吾於過去无
量劫中求法華經无有懈惓於多劫中常
作國王發願求於无上菩提心不退轉為欲滿
足六波羅蜜勤行布施心无悋惜象馬七
國城妻子奴婢僕從頭目髓腦身肉手足
惜軀命時世人民壽命无量為於法故捐

惜軀命時世人民壽命无量為於法故

國位委政太子擊鼓宣令四方求法誰能為

我說大乘者吾當終身供給走使時有仙

來白王言我有大乘名妙法蓮華若不違

我當為宣說王聞仙言歡喜踊躍即隨仙

供給所須採果汲水拾薪設食乃至以

而為床座身心無惓于時奉事經於千歲為於

法故精勤給侍令無所乏尒時世尊欲重

宣此義而說偈言

我念過去劫　為求大法故　雖作世國王　不貪五欲

椎鐘告四方　誰有大法者　若為我解說　身當為

椎鍾告四方　誰有大法者　若為我解説身當為
時有阿私仙　来白大王言　我有微妙法　世間所希有
若能修行者　吾當為汝説
時王聞仙言　心生大喜悅　即便隨仙人　供給於所須
採薪及果蓏　隨時恭敬與　情存妙法故　身心無懈惓
普為諸衆生　勤求於大法　亦不為己身　及以五欲
故為大國王　勤求獲此法　遂致得成佛　今故為汝説
佛告諸比丘尒時王者則我身是時仙人者今
提婆達多是由提婆達多善知識故令我
具足六波羅蜜慈悲喜捨三十二相八十種
好紫磨金色十力四無所畏四攝法十八不

伍倫 48 號　妙法蓮華經卷四　48–6

好紫磨金色十力四無所畏四攝法十八不
神通道力成等正覺廣度衆生皆因提婆
達多善知識故告諸四衆提婆達多却後過
無量劫當得成佛号曰天王如来應供正遍
知明行足善逝世間解无上士調御丈夫天
人師佛世尊世界名天道時天王佛住世二
十中劫廣為衆生說於妙法恒河沙衆生
得阿羅漢果无量衆生發緣覺心恒河沙
衆生發无上道心得无生忍至不退轉時天王
佛般涅槃後正法住世二十中劫全身舍利
起七寶塔高六十由旬縱廣四十由旬諸天人

起七寶塔高六十由旬縱廣四十由旬諸天人
民悉以雜華末香燒香塗香衣服瓔珞幢
幡寶蓋伎樂歌頌礼拜供養七寶妙塔無
量衆生得阿羅漢果无量衆生悟辟支佛
不可思議衆生發菩提心至不退轉
佛告諸比丘未来世中若有善男子善女人
聞妙法華經提婆達多品淨心信敬不生疑
惑者不墮地獄餓鬼畜生生十方佛前所生
之處常聞此經若生人天中受勝妙樂若在
佛前蓮華化生於時下方多寶世尊所從菩
薩名曰智積白多寶佛當還本土釋迦牟

薩名曰智積白多寶佛當還本土釋迦牟
尼佛告智積曰善男子且待須臾此有菩薩
名文殊師利可與相見論說妙法可還本土
尒時文殊師利坐千葉蓮華大如車輪俱來
菩薩亦坐寶蓮華從於大海娑竭羅龍宮
自然踊出住虛空中詣靈鷲山從蓮華下
至於佛所頭面敬礼二世尊足修敬已畢往智
積所共相慰問却坐一面智積菩薩問文殊
師利仁往龍宮所化眾生其數幾何文殊師利
言其數无量不可稱計非口所宣非心所測且
待須臾自當有證所言未竟无數菩薩坐

待須臾自當有證所言未竟无數菩薩坐
寶蓮華從海踊出詣靈鷲山住在虛空此
諸菩薩皆是文殊師利之所化度具菩薩行
皆共論說六波羅蜜本聲聞人在虛空中
說聲聞行今皆修行大乘空義文殊師利謂
智積曰於海教化其事如此尒時智積菩薩
以偈讚曰
大智德勇健　化度无量衆　今此諸大會　及我皆已見
演暢實相義　開闡一乘法　廣度諸群生　令速成菩提
文殊師利言我於海中唯常宣說妙法華
經智積問文殊師利言此經甚深微妙諸經

經智積問文殊師利言此經甚深微妙諸經
中寶世所希有頗有衆生勤加精進修行此經
速得佛不文殊師利言有娑竭羅龍王女年
始八歲智慧利根善知衆生諸根行業得陁
羅尼諸佛所說甚深秘藏悉能受持深入禪
定了達諸法於刹那頃發菩提心得不退轉
辯才无礙慈念衆生猶如赤子功德具足心
念口演微妙廣大慈悲仁讓志意和雅能至
菩提智積菩薩言我見釋迦如來於无量劫
難行苦行積功累德求菩提道未曾止息觀
三千大千世界乃至无有如芥子許非是菩

三千大千世界乃至无有如芥子許非是菩
薩捨身命處為衆生故然後乃得成菩提
道不信此女於須臾頃便成正覺言論未訖
時龍王女忽現於前頭面礼敬却住一面以
偈讚曰
深達罪福相 遍照於十方 微妙淨法身 具相三十二
以八十種好 用莊嚴法身 天人所戴仰 龍神咸恭敬
一切衆生類 无不宗奉者 又聞成菩提 惟佛當證知
我闡大乘教 度脫苦衆生
時舍利弗語龍女言汝謂不久得无上道
是事難信所以者何女身垢穢非是法器云

是事難信所以者何女身垢穢非是法器云
何能得无上菩提佛道玄曠經无量劫勤苦
積行具修諸度然後乃成又女人身猶有五
障一者不得作梵天王二者帝釋三者魔王四
者轉輪聖王五者佛身云何女身速得成
佛尒時龍女有一寶珠價直三千大千世界持
以上佛佛即受之龍女謂智積菩薩尊者舍
利弗言我獻寶珠世尊納受是事疾不荅
言甚疾女言以汝神力觀我成佛復速於此
當時衆會皆見龍女忽然之間變成男子
具菩薩行即往南方无垢世界坐寶蓮華成

具菩薩行即往南方无垢世界坐寶蓮華成
等正覺三十二相八十種好普為十方一切衆
生演說妙法尒時娑婆世界菩薩聲聞天龍
八部人與非人皆遥見彼龍女成佛普為時會
人天說法心大歡喜悉遥敬礼无量衆生聞法
解悟得不退轉无量衆生得受道記无垢世
界六反震動娑婆世界三千衆生住不退
地三千衆生發菩提心而得授記智積菩
薩及舍利弗一切衆會默然信受

妙法蓮華經授持品第十三

尒時藥王菩薩摩訶薩及大樂說菩薩摩

尒時藥王菩薩摩訶薩及大樂說菩薩摩
訶薩與二万菩薩眷屬俱皆於佛前作是
誓言唯願世尊不以為慮我等於佛滅後當
奉持讀誦說此經典後惡世衆生善根轉
少多增上慢貪利供養增不善根遠離解脫
雖難可教化我等當起大忍力讀誦此經持說
書寫種種供養不惜身命尒時衆中五百
阿羅漢得受記者白佛言世尊我等亦自
誓言願於異國土廣說此經復有學无學八
千人得受記者從座而起合掌向佛作是誓
言世尊我等亦當於他國土廣說此經所

言世尊我等亦當於他國土廣說此經所
以者何是娑婆國中人多弊惡懷增上慢
功德淺薄瞋濁諂曲心不實故尒時佛姨母
摩訶波闍波提比丘尼與學無學比丘尼
六千人俱從座而起一心合掌瞻仰尊顏目
不暫捨於時世尊告憍曇弥何故憂色而
視如来汝心将無謂我不說汝名授阿耨多
羅三藐三菩提記耶憍曇弥我先惣說一
切聲聞皆已授記今汝欲知記者将来之
世當於六万八千億諸佛法中為大法師及
六千學无學比丘尼俱為法師汝是漸漸

六千學无學比丘尼俱為法師汝是漸漸
具菩薩道當得作佛号一切衆生憙見如来
應供正遍知明行足善逝世間解无上士調
御丈夫天人師佛世尊憍曇弥是一切衆生
憙見佛及六千菩薩轉次授記得阿耨多
羅三藐三菩提尒時羅睺羅母耶輸陁羅
比丘尼作是念世尊於授記中獨不說
我名佛告耶輸陁羅汝於来世百千万
億諸佛法中脩菩薩行為大法師漸具
佛道於善國中當得作佛号具足千万光
相如来應供正遍知明行足善逝世間解无

相如来應供正遍知明行足善逝世間解无
上士調御丈夫天人師佛世尊佛壽无量
阿僧祇劫尒時摩訶波闍波提比丘尼及
耶輸陁羅比丘尼并其眷屬皆大歡喜得
未曾有即於佛前而說偈言
世尊導師　安隱天人　我等聞記　心安具足
諸比丘尼說是偈已白佛言世尊我等亦
能於他方國土廣宣此經
尒時世尊視八十万億那由他諸菩薩
摩訶薩是諸菩薩皆是阿惟越致轉
不退法輪得諸陁羅尼即從座起至於佛前

不退法輪得諸陀羅尼即從座起至於佛前
一心合掌而作是念若世尊告勅我等持說此
經者當如佛教廣宣斯法復作是念佛今默
然不見告勅我當云何時諸菩薩敬順佛意
并欲自滿本願便於佛前作師子吼而發誓言世
尊我等於如來滅後周旋往返十方世界能令
眾生書寫此經受持讀誦解說其義如法修行
正憶念皆是佛之威力唯願世尊在於他方遙
見守護即時諸菩薩俱同發聲而說偈言

唯願不為慮　於佛滅度後　恐怖惡世中　我等當廣說
有諸無智人　惡口罵詈等　及加刀杖者　我等皆當忍

有諸无智人 惡口罵詈等 及加刀杖者 我等皆當忍
惡世中比丘 邪智心諂曲 未得謂為得 我慢心充滿
或有阿練若 納衣在空閑 自謂行真道 輕賤人間者
貪着利養故 與白衣說法 為世所恭敬 如六通羅漢
是人懷惡心 常念世俗事 假名阿練若 好出我等過
而作如是言 此諸比丘等 為貪利養故 說外道論義
自作此經典 誑惑世間人 為求名聞故 分別於是經
常在大眾中 欲毀我等故 向國王大臣 婆羅門居士
及餘比丘眾 誹謗說我惡 謂是邪見人 說外道論議
我等敬佛故 悉忍是諸惡 為斯所輕言 汝等皆是佛
如此輕慢言 皆當忍受之
濁劫惡世中 多有諸恐怖 惡鬼入其身 罵詈毀辱

濁劫惡世中　多有諸恐怖　惡鬼入其身　罵詈毀辱
我等敬信佛　當著忍辱鎧　為說是經故　忍此諸難事
我不愛身命　但惜无上道　我等於来世　護持佛所囑
世尊自當知　濁世惡比丘　不知佛方便　隨宜所說法
惡口而嚬蹙　數數見擯出　遠離於塔寺　如是等衆惡
念佛告勑故　皆當忍是事
諸聚落城邑　其有求法者　我皆到其所　說佛所囑法
我是世尊使　處衆无所畏　我當善說法　願佛安隱住
我於世尊前　諸来十方佛　發如是誓言　佛自知我心

妙法蓮華經卷第四

摩訶般若波羅蜜經阿鞞跋致品第五十四

須菩提白佛言世尊以何等行何等類何等
相貌知是阿鞞跋致菩薩摩訶薩佛告須菩
提菩薩摩訶薩能知凡夫地聲聞地辟支佛
地佛地是諸地如相中无二无別亦不念亦
不分別入是如中聞是事直過无疑何以故
是如中无二无二相故是菩薩摩訶薩亦不
作无益語但說利益相應語不視他人長短
須菩提以是行類相貌知是阿鞞跋致菩薩
摩訶薩須菩提言世尊復以何行類相貌知
是阿鞞跋致菩薩摩訶薩佛告須菩提若一

＜菩薩摩訶能觀＞

＜當知是名阿鞞跋致菩薩摩訶薩＞

伍倫 49 號　摩訶般若波羅蜜經卷二四（异卷）　49–1

摩訶薩須菩提言世尊復以何行類相貌知
是阿鞞跋致菩薩摩訶薩佛告須菩提若一
當知是名阿鞞跋致菩薩摩訶薩
切法无行无類无相貌須菩提白佛言世尊若
一切法无行无類无相貌菩薩於何等法轉
名不轉佛言若菩薩摩訶薩色中轉受想
行識中轉是名菩薩不轉復次須菩提菩薩
摩訶薩檀那波羅蜜中轉乃至般若波羅蜜
中轉內空中乃至无法有法空中轉四念處
中乃至十八不共法中轉聲聞辟支佛地
中轉乃至阿耨多羅三藐三菩提中轉當知是
菩薩摩訶薩不轉何以故須菩提色性无是
菩薩何所住乃至阿耨多羅三藐三菩提性

菩薩何所住乃至阿耨多羅三藐三菩提性
无是菩薩何所住復次須菩提菩薩摩訶薩
不觀外道沙門婆羅門面類言語不作是
念是諸外道若沙門若婆羅門實知實見若
說正見无有是事復次菩薩不疑不著戒取
不墮耶見亦不求世俗吉事以為清淨不以
華香瓔珞幡蓋伎樂礼拜供養餘天須菩提以
是行類相貌當知是名阿鞞跋致菩薩摩訶
薩復次須菩提阿毗跋致菩薩摩訶薩常不
生下賤家乃至不生八難之處常不受女人
身須菩提以是行類相貌當知是名阿鞞跋

身須菩提以是行類相貌當知是名阿鞞跋
致菩薩摩訶薩復次須菩提菩薩摩訶薩
行十善道自不殺生不教人殺生讚歎不殺
生法歡喜讚歎不殺生者乃至自不邪見不
教人邪見不讚歎邪見法不歡喜讚歎行邪見
者須菩提以是行類相貌當知是名阿鞞跋
致菩薩摩訶薩復次須菩提菩薩摩訶薩乃
至夢中亦不行十不善道以是行類相貌當
知是名阿鞞跋致菩薩摩訶薩復次須菩提
菩薩摩訶薩爲益一切衆生故行檀波羅
蜜乃至爲益一切衆生故行般若波羅蜜須
菩提以是行類相貌當知是名阿鞞跋致菩

菩提以是行類相貌當知是名阿鞞跋致菩
薩摩訶薩復次須菩提菩薩摩訶薩所有諸
法受誦讀說正憶念所謂脩妬路乃至優婆
提舍是菩薩法施時作是念是法施因緣故
滿一切衆生願如是法施功德與一切衆生
共之迴向阿耨多羅三藐三菩提須菩提以
是行類相貌當知是名阿鞞跋致菩薩摩訶
薩復次須菩提菩薩摩訶薩於甚深法中不
疑不悔須菩提言世尊菩薩於甚深法中何
因緣故不疑不悔佛言是阿鞞跋致菩薩都
不見有法可生疑處若色受想行識乃至阿
耨多羅三藐三菩提不見是法可生疑處悔處

耨多羅三藐三菩提不見是法可生疑處悔處
須菩提以是行類相貌當知是名阿鞞跋致
菩薩摩訶薩復次須菩提菩薩摩訶薩身口
意業柔濡須菩提以是行類相貌當知是名
阿鞞跋致菩薩摩訶薩復次須菩提菩薩摩
訶薩以慈身口意業成就須菩提以是行類
相貌當知是名阿鞞跋致菩薩摩訶薩復次
須菩提菩薩摩訶薩不與五蓋俱婬欲瞋恚睡
眠悼悔疑須菩提以是行類相貌當知是名阿
鞞跋致菩薩摩訶薩復次須菩提菩薩摩訶
薩一切處無所愛著須菩提以是行類相貌

薩一切處无所愛著須菩提以是行類相貌
當知是名阿鞞跋致菩薩摩訶薩復次須菩
提菩薩摩訶薩出入去來坐卧行住常住一
心不散亂
心出入去來坐卧行住舉足下足安隱庠序
常念一心視地而行須菩提以是行類相貌
當知是名阿鞞跋致菩薩摩訶薩復次須菩
提菩薩摩訶薩所著衣服及諸卧具人不惡
穢好樂淨潔少於疾病須菩提以是行類相
貌當知是名阿鞞跋致菩薩摩訶薩復次須
菩提常人身中有八万戶虫侵食其身是阿
鞞跋致菩薩摩訶薩身无是虫何以故是菩
薩功德過出世間以是故是菩薩无是虫戶

伍倫 49 號　摩訶般若波羅蜜經卷二四（异卷）　49–7

薩功德過出世間以是故是菩薩无是出户
是菩薩功德增益隨其功德得身清淨得心
清淨須菩提以是行類相貌當知是名阿鞞
跋致菩薩摩訶薩須菩提白佛言世尊云何
菩薩摩訶薩得身清淨得心清淨佛言菩
薩摩訶薩隨其所得增益善根滅除心曲心耶
須菩提是名菩薩摩訶薩身清淨心清淨以
是身心清淨故能過聲聞辟支佛地入菩薩
位中須菩提以是行類相貌當知是名阿鞞
跋致菩薩摩訶薩復次須菩提菩薩摩訶
薩不貴利養雖行十二頭陁不貴阿蘭若法乃
至不貴但受三衣法須菩提以是行類相貌

至不貴但受三衣法須菩提以是行類相貌
當知是名阿鞞跋致菩薩摩訶薩復次須菩
提菩薩摩訶薩常不生慳貪心不生破戒心
瞋動心懈怠心散亂心不生愚癡心不生嫉
妬心須菩提以是行類相貌當知是名阿鞞
跋致菩薩復次須菩提菩薩摩訶薩心住不
動智慧深入一心聽受所從聞法及世間事
皆與般若波羅蜜合是菩薩摩訶薩不見產
業之事不入法性者是事一切法皆見與般
若波羅蜜合以是因緣故須菩提是名阿鞞跋
致菩薩阿鞞跋致相復次須菩提若惡魔於
阿鞞跋致菩薩前化作八大地獄一一地獄

伍倫 49 號　摩訶般若波羅蜜經卷二四（异卷）　49–9

阿鞞跋致菩薩前化作八大地獄一一地獄
中有千億万菩薩皆被燒煑受諸辛酸苦
毒語菩薩言是諸菩薩皆是阿鞞跋致佛所授
記墮大地獄中汝若為佛授阿鞞跋致記者
當入是大地獄中佛爲授汝地獄記汝不如
還捨菩薩心可得不墮地獄得生天上須菩
提若是菩薩見是事聞是事心不動不疑不
驚作是念阿鞞跋致菩薩若墮地獄畜生餓
鬼中終无是處須菩提以是行類相貌當知
是名阿鞞跋致菩薩摩訶薩復次須菩提惡
魔化作比丘被服來至菩薩所語菩薩言汝
先聞應如是淨脩六波羅蜜乃至應如是淨

先聞應如是淨脩六波羅蜜乃至應如是淨
脩得阿耨多羅三藐三菩提是事汝疾悔捨
汝先於過去未來現在諸佛所從初發心乃
至法住於其中間所作善根隨喜迴向阿耨
多羅三藐三菩提是事汝亦疾放捨若汝疾
捨我當語汝真佛法汝先所聞皆非佛法非
佛教皆是文餝合集作耳我所說是真佛法
若是菩薩聞作是說心驚疑悔當知是菩薩
未得諸佛受記未定住阿鞞跋致性中若是
菩薩心不動不驚不疑不悔隨順依止无作
无生法不信他語不隨他行行六波羅蜜時

无生法不信他語不随他行行六波羅蜜時
不随他語乃至行阿耨多羅三藐三菩提時
亦不随他語須菩提辟如漏盡阿羅漢不信
他語不随他行現見諸法實相惡魔不能轉
如是須菩提阿鞞跋致菩薩摩訶薩亦如是
求聲聞道辟支佛道人不能破壞不能折伏
其心須菩提是菩薩摩訶薩必定住阿鞞跋
致地中不随他語乃至佛語不直信取何况
求聲聞辟支佛人及惡魔外道梵志語終无
是處何以故是菩薩不見有法可随信者
所謂色若受想行識若色如乃至識如乃至
不見阿耨多羅三藐三菩提阿耨多羅三藐

不見阿耨多羅三藐三菩提阿耨多羅三藐
三菩提如須菩提以是行類相貌當知是名
阿鞞䟦致菩薩摩訶薩復次須菩提魔作
比丘身来到菩薩所語菩薩言汝所行者是
生死法非薩婆若道汝今身取苦盡證是時惡
魔爲菩薩用世間行説似道法是似道法三
界繫所謂骨相若初禪乃至非有想非无想
語善男子用是道用是行當得須陁洹果乃
至當得阿羅漢果汝行是道令世苦盡汝用
受生死中種種苦惱爲今是四大身尚不用
受何況當更受来身須菩提若是菩薩摩
訶薩心不驚不疑不悔作是念是比丘益

訶薩心不驚不疑不悔作是念是比丘益
我不少為我説似道法行是似道法不至須
陁洹果證不得至阿羅漢辟支佛道證何況得
至阿耨多羅三藐三菩提是菩薩摩訶薩益
須歡喜作是念是比丘益我不少為我説鄣
道法我知是鄣道法不鄣學三乘道是將惡
魔知菩薩歡喜作是言善男子汝欲見是
菩薩摩訶薩供養如恒河沙等諸佛衣被飲
食卧具醫藥資生所須亦於如恒河沙等諸
佛所行檀波羅蜜尸羅波羅蜜羼提波羅
蜜毗梨耶波羅蜜禪波羅蜜般若波羅蜜亦
親近如恒洹河沙等諸佛諮問菩薩摩訶薩

親近如恒迴河沙等諸佛諮問菩薩摩訶薩
道世尊菩薩摩訶薩云何住菩薩摩訶薩乗云
何行檀波羅蜜尸羅波羅蜜羼提波羅蜜
毗梨耶波羅蜜禪波羅蜜般若波羅蜜四念
處乃至大慈大悲是菩薩摩訶薩如佛所教
如是住如是行如是脩是菩薩摩訶薩如是教如
是學尚不得阿耨多羅三藐三菩提不得薩
婆若何況汝當得阿耨多羅三藐三菩提若
菩薩摩訶薩聞是事心不異不驚益復歡
喜作是念是比丘益我不少為我說聲道法
是聲道法不得須陁洹道乃至不得阿羅漢辟
支佛道何況得阿耨多羅三藐三菩提是時惡

支佛道何況得阿耨多羅三藐三菩提是時惡
魔知是菩薩心不沒不驚不疑即於是處化
作多比丘語菩薩言此皆是發意求佛道菩薩
今皆住阿羅漢地是輩尚不得阿耨多羅三藐
三菩提汝云何能得若菩薩摩訶薩即住是念
此是惡魔說似道法菩薩摩訶薩行般若波羅
蜜不應轉阿耨多羅三藐三菩提心亦不應墮
聲聞辟支佛道中復作是念行檀波羅蜜尸
羅波羅蜜羼提波羅蜜毗梨耶波羅蜜禪
波羅蜜般若波羅蜜乃至一切種智不得阿
耨多羅三藐三菩提无有是處須菩提以是

耨多羅三藐三菩提无有是處須菩提以是
行類相貌當知是名阿鞞跋致菩薩摩訶薩
復次須菩提菩薩摩訶薩作是念若菩薩能
如佛所說不遠離般若波羅蜜心乃至一切種
智是菩薩終不退阿耨多羅三藐三菩提若
菩薩覺知魔事亦不失阿耨多羅三藐三菩
提以是行類相貌當知是阿鞞跋致菩薩摩
訶薩相須菩提白佛言世尊於何法轉名為
不轉佛言色相轉於受想行識相轉於十二
入相十八界相婬欲瞋恚愚癡相耶見相四
念處相乃至聲聞辟支佛相乃至佛相轉以
是故名為不退轉菩薩摩訶薩相何以故是

是故名爲不退轉菩薩摩訶薩相何以故是
阿鞞跋致法菩薩摩訶薩以是自相空法入
菩薩位乃至少許法不可得不可得故不作
得无生法忍何以故名无生忍法是中
不作故不生是名无生法忍菩薩摩訶薩以是
行類相貌當知是阿鞞跋致菩薩摩訶薩

摩訶般若波羅蜜經卷第廿四

伍倫 49 號　摩訶般若波羅蜜經卷二四(异卷)　49–19

尒時宿王華菩薩白佛言世尊藥王菩薩云
何遊於娑婆世界世尊是藥王菩薩有若干
百千万億那由他難行苦行善哉世尊願少
解說諸天龍神夜叉乾闥婆阿脩羅迦樓羅
緊那羅摩睺羅伽人非人等又他國土諸来
菩薩及此聲聞衆聞皆歡喜尒時佛告宿王
華菩薩乃往過去无量恒河沙劫有佛号日
月淨明德如来應供正遍知明行足善逝世
間解无上士調御丈夫天人師佛世尊其佛
有八十億大菩薩摩訶薩七十二恒河沙大
聲聞衆佛壽四万二千劫菩薩壽命亦等彼
國无有女人地獄餓鬼畜生阿脩羅等及以

伍倫 50 號　妙法蓮華經卷六　50-1

國无有女人地獄餓鬼畜生阿脩羅等及以
諸難地平如掌琉璃所成寶樹莊嚴寶帳覆
上垂寶華幡寶瓶香爐周遍國界七寶為
臺一樹一臺其樹去臺盡一箭道此諸樹皆
有菩薩聲聞而坐其下諸寶臺上各有百億
諸天作天伎樂歌歎於佛以為供養尒時彼
佛為一切衆生憙見菩薩及衆菩薩諸聲聞
衆說法華經是一切衆生憙見菩薩樂集苦
行於日月淨明德佛法中精進經行一心求
佛滿万二千歲已得現一切色身三昧得此
三昧已心大歡喜即作念言我得現一切色
身三昧皆是得聞法華經力我今當供養日

身三昧皆是得聞法華經力我今當供養日
月淨明德佛及法華經即時入是三昧於虛
空中雨曼陁羅華摩訶曼陁羅華細末堅黑
栴檀滿虛空中如雲而下又雨海此岸栴檀
之香此香六銖價直娑婆世界以供養佛作
是供養已從三昧起而自念言我雖以神力
供養於佛不如以身供養即服諸香栴檀薰
陸兜樓婆畢力伽沈水膠香又服瞻蔔諸華
香油滿千二百歲已香油塗身於日月淨明
德佛前以天寶衣而自纏身灌諸香油以神
通力願而自然身光明遍照八十億恒河沙
世界其中諸佛同時讚言善哉善哉善男子

世界其中諸佛同時讚言善哉善哉善男子
是真精進是名真法供養如来若以華香瓔
珞燒香末香塗香天繒幡蓋及海此岸栴檀之
香如是等種種諸物供養所不能及假使國城
妻子布施亦所不及善男子是名第一之施於
諸施中最尊最上以法供養諸如来故作是語
已而各嘿然其身火然千二百歲過是已後
其身乃盡一切衆生喜見菩薩作如是法供
養已命終之後復生日月淨明德佛國中於
淨德王家結跏趺坐忽然化生即為其父而
說偈言
大王今當知　我經行彼處　即時得一切　現諸身三昧

大王今當知 我經行彼處 即時得一切 現諸身三昧
懃行大精進 捨所愛之身
說是偈已而白父言日月淨明德佛今故現在
我先供養佛已得解一切衆生語言陁羅
尼復聞是法華經八百千万億那由他甄迦
羅頻婆羅阿閦婆等偈大王我今當還供養
此佛白已即坐七寶之臺上昇虚空高七多羅
樹往到佛所頭面礼足合十指爪以偈讃佛
容顔甚奇妙 光明照十方 我適曾供養 今復還親覲
尒時一切衆生喜見菩薩說是偈已而白佛
言世尊世尊猶故在世尒時日月淨明德佛
告一切衆生喜見菩薩善男子我涅槃時到

告一切衆生憙見菩薩善男子我涅槃時到
滅盡時至汝可安施牀座我於今夜當般涅
槃又勑一切衆生憙見菩薩善男子我以佛
法囑累於汝及諸菩薩大弟子并阿耨多羅
三藐三菩提法亦以三千大千七寶世界諸寶
樹寶臺及給侍諸天悉付於汝我滅度後所
有舍利亦付囑汝當令流布廣設供養應
起若干千塔如是日月淨明德佛勑一切衆
生憙見菩薩已於夜後分入於涅槃尔時一切
衆生憙見菩薩見佛滅度悲感懊惱戀慕
於佛即以海此岸栴檀爲𧂐供養佛身而以
燒之火滅已後收取舍利作八万四千寶瓶
以起八万四千塔高三世界表刹莊嚴垂諸

燒之火滅已後收取舍利作八万四千寶瓶
以起八万四千塔高三世界表剎莊嚴垂諸
幡蓋懸衆寶鈴尒時一切衆生憙見菩薩
復自念言我雖作是供養心猶未足我今當
更供養舍利便語諸菩薩大弟子及天龍夜
叉等一切大衆汝等當一心念我今供養日月
淨明德佛舍利作是語已即於八万四千塔
前然百福莊嚴臂七万二千歲而以供養令
无數求聲聞衆无量阿僧祇人發阿耨多羅
三藐三菩提心皆使得住現一切色身三昧尒
時諸菩薩天人阿脩羅等見其无臂憂惱悲
哀而作是言此一切衆生憙見菩薩是我等

哀而作是言此一切衆生憙見菩薩是我等
師教化我者而今燒臂身不具足于時一切
衆生憙見菩薩於大衆中立此誓言我捨
兩臂必當得佛金色之身若實不虛令我兩
臂還復如故作是誓已自然還復由斯菩薩
福德智慧淳厚所致當尒之時三千大千世界
六種震動天雨寶華一切天人得未曾有
佛告宿王華菩薩於汝意云何一切衆生憙
見菩薩豈異人乎今藥王菩薩是也其所捨
身布施如是无量百千万億那由他數宿王
華若有發心欲得阿耨多羅三藐三菩提者
能然手指乃至足一指供養佛塔勝以國城

伍倫 50 號　妙法蓮華經卷六　50-8

能然手指乃至足一指供養佛塔勝以國城
妻子及三千大千國土山林河池諸珎寶物
而供養者若復有人以七寶滿三千大千世
界供養於佛及大菩薩辟支佛阿羅漢是
人所得功德不如受持此法華經乃至一四句
偈其福㝡多宿王華辟如一切川流江河諸
水之中海為第一此法華經亦復如是於諸
如來所說經中㝡為深大又如土山黑山小
鐵圍山大鐵圍山及十寶山衆山之中須弥
山為第一此法華經亦復如是於諸經中㝡
為其上又如衆星之中月天子㝡為第一此
法華經亦復如是於千万億種諸經法中㝡為

法華經亦復如是於千万億種諸經法中最為
照明又如日天子能除諸闇此經亦復如是
能破一切不善之闇又如諸小王中轉輪聖
王最為第一此經亦復如是於諸經中最為
為其尊又如帝釋於卅三天中王此經亦復如
是諸經中王又如大梵天王一切眾生之父此
經亦復如是一切賢聖學无學及發菩薩
心者之父又如一切凡夫人中須陀洹斯陀含
阿那含阿羅漢辟支佛為第一此經亦復如
是一切如來所說若菩薩所說若聲聞所
說諸經法中最為第一有能受持是經典者
亦復如是於一切眾生中亦為第一一切聲聞

亦復如是於一切眾生中亦為第一一切聲聞
辟支佛中菩薩為第一此經亦復如是於一
切諸經法中最為第一如佛為諸法王此經
亦復如是諸經中王宿王華此經能救一切眾
生者此經能令一切眾生離諸苦惱此經能
大饒益一切眾生充滿其願如清涼池能滿
一切諸渴乏者如寒者得火如裸者得衣如
商人得主如子得母如渡得船如病得醫如
闇得燈如貧得寶如民得王如賈客得海如
炬除闇此法華經亦復如是能令眾生離一切
苦一切病痛能解一切生死之縛若人得
聞此法華經若自書若使人書所得功德以

聞此法華經若自書若使人書所得功德以
佛智慧籌量多少不得其邊若書是經卷
華香瓔珞燒香末香塗香幡蓋衣服種種之
燈蘇燈油燈諸香油燈瞻蔔油燈須曼油燈
波羅羅油燈婆利師迦油燈那婆摩利油燈
供養所得功德亦復无量宿王華若有人聞
是藥王菩薩本事品者亦得无量无邊功德
若有女人聞是藥王菩薩本事品能受持者
盡是女身後不復受若如來滅後後五百歲
中若有女人聞是經典如說脩行於此命終
即往安樂世界阿弥陁佛大菩薩衆圍遶住
處生蓮華中寶座之上不復為貪欲所惱亦
復不為瞋恚愚癡所惱亦復不為憍慢嫉妬

復不爲瞋恚愚癡所惱亦復不爲憍慢嫉妬
諸垢所惱得菩薩神通无生法忍得是忍已
眼根清淨以是清淨眼根見七百万二千億
那由他恒河沙等諸佛如來是時諸佛遥共
讃言善哉善哉善男子汝能於釋迦牟尼佛
法中受持讀誦思惟是經爲他人說所得福德
无量无邊火不能燒水不能漂汝之功德千
佛共說不能令盡汝今已能破諸魔賊壞生
死軍諸餘怨敵皆悉摧滅善男子百千諸佛
以神通力共守護汝於一切世間天人之
中无如汝者唯除如來其諸聲聞辟支佛乃
至菩薩智慧禪定无有與汝等者宿王華此

至菩薩智慧禪定无有與汝等者宿王華此
菩薩成就如是功德智慧之力若有人聞是
藥王菩薩本事品能隨喜讚善者是人現
世口中常出青蓮華香身毛孔中常出牛頭
栴檀之香所得功德如上所說是故宿王華以
此藥王菩薩本事品囑累於汝我滅度後後五
百歲中廣宣流布於閻浮提无令斷絕惡魔
魔民諸天龍夜叉鳩槃茶等得其便也宿王華
汝當以神通之力守護是經所以者何是經則
為閻浮提人病之良藥若人有病得聞是
經病即消滅不老不死宿王華汝若見有受
持是經者應以青蓮花盛滿末香供散其
上散以作是念言此人不久必當取草坐於道

伍倫 50 號　妙法蓮華經卷六　50–14

持是經者應以青蓮花香盛滿末香供散其
上散以作是念言此人不久必當取草坐於道
場破諸魔軍當吹法蠡擊大法鼓度脫一切
衆生老病死海是故求佛道者見有受持是
經典人應當如是生恭敬心說是藥王菩薩
本事品時八万四千菩薩得解一切衆生語
言陁羅尼多寶如来於寶塔中讚宿王華
菩薩言善哉善哉宿王華汝成就不可思議
功德乃能問釋迦牟尼佛如是之事利益无
量一切衆生

妙法蓮華經卷第六

有法施不相當此是……
……文羯磨 与欲者不与欲未現前得呵者是名別衆 三者非法
……為欲事作羯磨名為非法應來不來應……
和合衆羯磨 非法同前 和合亦上 四者如法別衆羯磨 非法及上非法 別衆同前 五者法
相相似別衆羯磨 謂先羯磨後作白名 法相似別衆同前 六者法相似和合羯磨 如和合 法相似
日
前 七者呵不止羯磨 謂如法羯磨須僧同秉令得呵人 呵若住應法違呵不止即名非法 義立七非 謂律據事隨……
求收非斯盡 謂單白羯磨卅九種各有非相 應同遇別白二白四類亦然之若不別
明戒非莫顯今且就單白說戒一法具解七非餘之三種例之可曉也 一者人非 謂……
遮不懺疑罪不露界內
別衆人非應法事也 二者法非 謂三人已下單白說戒類例 鎧眩有呵不止說不明了等 三者事非 謂時非正教處略 無緣衆具有闕
界非聖
制也 四者人法非 謂具三非 唯事依法 五者人事非 法雖應教 人事乖越 六者法事非 人雖應 律法事
乎心 七者人法事非 三種並非如前類取理須條貫諸緣明曉成敗佛在世一事多處作之並成非法況今像末豈可輕哉義無憑也 對首羯
之壞
磨亦具七非 說中分二差但對首法唯取持衣一法以顯非相餘說淨等法類解於懷有異 一人非 謂受對之人 呵者呵或僧俗而作之 犯重遮難等有
二者法非 謂持法錯脫 說非明曉 三事非 謂施非累非不合聖教 或五大上色要持不成 四者人法非五人事非
六事法非七具三非 並如前例知之又絕識相若衆法對首亦具七非今隨舉一法隨縱具解餘者例同有異也 一人非 謂界內別衆人非應法
呵人說呵 單上即非 二者法非 懺懺迷昧 諸法亦正 三事非 犯過衣財非係所斷為非聖制理無懺悔並識
四者人法非乃至第七具三非 顯相 犯上 心念羯磨亦具七非 說中有三初但心念法 相而非法非有疑而過分有違並如無知罪

伍倫 51 號　四分律刪補羯磨卷上　51–1

[…]篇上即非二者法非[…]諸法本正三事非打遏衣財非法所斷是非聖制理無纖毫違議相而作法非有疑而過分有違並加無知罪

四者人法非乃至第七具三非顯相如上心念羯磨亦具七非就中有三初但心念法唯取懺輕突吉羅

罪具解餘例同此一人非謂對人懺悔體非所數二法非謂但心念而有白二白四雜言之而非明了或增減文之三事非由事須捉塊把則輕重或境遺

眾多來三前相四人法非乃至七具六三非若對首心念及眾法心念各具七非人通別眾界儀亦處並須准例隨事曉知

諸界結解篇第二界別有三攝僧界攝人皆同處令無別眾罪攝衣界攝衣外居人令無離宿罪攝食界攝外障僧令無宿煮大罪宗意如此

僧界結解法第一有三種僧界一者大界二者戒場三者小界今就大界之內又有三種謂人法二同法食二同法同食別初唯本制後隨緣別開

結初大界法時四方僧集會疲極佛言聽隨所住處結界應盡集不得受欲是中舊住比丘應唱大界四方相若有山樹林池城塹村舍隨有稱之應須

義設方便如前僧法中具七緣已一比丘告僧云大德僧聽我舊住比丘為僧唱四方大界相從

東南角某處標至南角某處標從西北角其處標從此還至必有屈曲隨事稱之並須別

至東南角某處標此是大界外相一周訖指分齊尺寸處所由不知制

限結既不成羯磨處設受戒等法但是空作故須如上分明唱相三遍已佛言眾中大德

應差羯磨人若上座若次座若誦律若不誦律堪能作羯磨者問答已如是白

僧聽此住處比丘唱四方大界相若僧時到僧忍聽僧今於此四方

相內結大界同一住處同一說戒白如是大德僧聽此住處比丘

相內結大界同一住處同一說戒白如是大德僧聽此住處比丘
唱四方大界相僧今於此四方相內結大界同一住處同一說戒誰諸
長老忍僧今於此四方相內結大界同一住處同一說戒者默然
誰不忍者說僧已忍於此四方相內同一住處同一說戒結大界
竟僧忍默然故是事如是持

解大界法　時諸比丘意欲廣作者狹作者佛言欲改作者先解前界然後廣狹當作意如是解

大德僧聽此住處比丘同一住處同一說戒若僧時到僧忍聽解界
白如是大德僧聽此住處比丘同一住處同一戒說今解
界誰諸長老忍僧同一住處同一說戒解界者默然誰
不忍者說僧已忍聽同一住處同一說戒解界竟僧忍默然
故是事如是持　此羯磨通解有戒場大界者中文無備者故得

結同法利界法　有二　尒時住處別說戒別利養欲得共說戒同利養佛言聽各自解界應盡集一處不得受欲當唱方相結之結文與前此同唯有僧於此彼二處結大界同一說戒同一利養為異

結同法別利界法　尒時有二住處別說戒別利養欲同說戒別利

言聽各自解界應盡集一處不得受欲當唱方相結之結文与前此同唯
有僧於此彼二處結大界同說
戒同一利養為異 結同法別利界法 余時有二住處別說戒別利養欲同說戒別利
養律言當各解通結大界二文此同前又有二住處欲別說戒
同利養為守護住處故律言聽之此四方僧物和法 結戒場法 時諸比丘有
須四人衆羯磨事起 五比丘衆十人衆廿人衆羯磨事起是中大衆集會難檢律
言聽結戒場稱四方界相若安在若標畔作齊限已此比尼母云如外大界圍遶五分
等律須在大界前結若欲作者先安三重標相内一重名戒場外相中間重名大界内
相最外一重名大界外相互三相已盡自然界内僧集在戒場標内先令一比丘唱戒場外相
應作如是言 大德僧聽我此住處比丘為僧稱四方小界相從此住
處東南角某標至西南角某標從此住處北迴至西北角用
某標從此東迴至東北角某標從此南迴還至東南角某標
此是戒場外相一周說 三說已若有四針隨事稱之羯磨者如上一應 牒已白言 大德僧聽此住處比丘
稱四方小界相若僧時到僧忍聽僧今於此四方小界相内
結作戒場白如是 大德僧聽此住處比丘稱四方小界相僧
於此四方小界相内結戒場誰諸長老忍僧於此四方相
内結戒場者默然誰不忍者說 僧已忍於四方相内結戒
場竟僧忍默然故是事如是持 比丘等 結已隨何頭衆令後來者

□結□者默然誰不忍者說僧已忍於四方相內結戒
場竟僧忍默然故是事如是持結已竪標頭處令後來者知諸界分齊餘條準此解戒場
律無正文唯諸解界翻結即得今亦例出理通無傾應作是言大德僧聽僧今集此住處解戒
場若僧時到僧忍聽解戒場白如是大德僧聽僧今
集此住處解戒場誰諸長老忍僧集此住處解戒場
者默然誰不忍者說僧已忍僧集解戒場竟僧忍默
然故是事如是持
結有戒場大界法佛言不得合河水結除常有船橋梁者又不得二界相接應留中間五分云不留方相涉界不成律云少分應如是唱相
大德僧聽我比丘為僧唱四方大界內外相先唱內
從戒場外相東南角標外二尺許某標者此約當時有者言之不必通文
此是大界內東南角某標從西迴至西南角某標從此
北迴至西北角某標從此東迴至東北角某標從此南迴
還至東南角某標次唱外相從此住處東南角某處

伍倫 51 號　四分律删補羯磨卷上　51–5

還至東南角某標　次唱外相從此往某處東南角某標
標西迴至西南角某標從此北迴至西北角某標從此東
迴至東北角某標從此南迴還至東南角某標處彼
為內相此為外相此是大界內外相一周訖
三唱已若欲唱相應除罢比丘出戒場外盡遍標相內集僧後然唱三
重標相已僧中方作羯磨某文如初結大界法無異故不出　結三小界
法　此三界並為難事故無僧云不同意者未出界聽在界外二境一處集結小界受
戒又言若布薩時日於無村曠野中行眾僧不得和合者隨同師善友不
道各集一處結小界說戒文言若自恣日於非村阿蘭若道若不和合者隨同
師善友移異處結小界自恣故知非難無緣輒結顯諸難開著遺制能昏
無外相即身所坐處以為界體故受戒中云此僧集處一結小界說戒中云今今許比丘
集結小界自恣中云諸比丘坐處已滿齊如是比丘坐處僧於中結小界等故知
但無外相為遮呵人即小界受戒法云界外呵不成呵也此文釋成無外相明矣今有立
界相方院於中結者羯磨不成以大界立相不唱非法小界無相若立非法故
大界別人唱相羯磨文中除之小界既唱法羯磨自顯標相故重委明示磨遮無疑
濫既隨而結則成多非一非是開緣二輒立相三處留人故云不應不解而去等四方立其道
餘法即非制而制其
羯磨文如常也

結解衣界法第二

有三種僧伽藍若大界共伽藍等或
界小於伽藍不須結若界大於伽藍
者依法結之則隨界攝衣也然有羯磨五無村結者准律云先結衣界村內攝衣後
因事起方乃除村今通立一法不問有村無村法爾須除薩婆多論云立此義若有
村來五意故除若先無村作法結已淨人住處外人來入隨所及處皆非衣界若本村還
出衣界後攝若先有村村在非攝村去空地衣界還而由村來去非結解故五多
律中成
時有比丘欲離

……若先云衣作法結已淨人住處外人來入隨所及處皆非衣界若……

出衣界伽攝若先有村村在非攝村者空地衣界還蕭由村來去非結離故五分

律中咸

有其所意　結攝衣界法　時有比丘散離見阿蘭若處有一好堂房自念言我若

駛流水　得離衣宿者可即依此堂住佛言聽結不失衣界録

白云　大德僧聽此處同一住處同一說戒若僧時到僧忍聽

僧今結不失衣界除村村外界白如是大德僧聽此處

優婆塞戒能持不　能持　若妄語若飲酒　重七八輕諸雜行相廣如

善生經及行事鈔中說　受八戒法　善生經增一合云佛告優婆塞當於日十四日十五日往詣長老比丘所一受八戒二懷三勿令失淡

發願同行八戒

論中全五衆授之成實云若无人時但心念口言乃至我持八戒亦得成受俱舍論云若

先作意於齋日受者雖食竟亦得前受戒者下心合掌隨施戒人語勿前勿得

若壽不成論云若受八戒應言一日一夜莫使与終身戒相亂成實云五戒八戒

隨日月長短或一年一月乃至半日半夜重受減受並得並得應如是授言

我某甲歸依佛歸依法歸依僧　一日七夜　一年一月　為淨行優婆塞

如是三授　我某甲歸依佛竟歸依法竟歸依僧竟　一日七夜　一年一月　為淨

行優婆塞竟　三結已後授戒相言　如諸佛盡形壽不殺生某甲一日

一夜不殺生能持不　若言能持　如諸佛盡壽形不盜戒某甲一日一

夜不盜能持不　若言能持　如諸佛盡壽不婬某甲一日一夜不婬能持

不　若言能持　如諸佛盡壽不妄語某甲一日一夜不妄語能持

夜不盜能持不（答言能持）如諸佛盡壽不婬某甲一日一夜不婬能持
不（答言能持）如諸佛盡壽不妄語某甲一日一夜不妄語能持
不（答言能持）如諸佛盡壽不飲酒某甲一日一夜不飲酒能
持不（答言能持）如諸佛盡壽離華香瓔珞香油塗身某
甲一日一夜亦離華香瓔珞香油塗身能持不（答言能持）如
諸佛盡壽離高勝床上坐及作倡伎樂故往觀聽某
甲一日一夜離高勝床上坐及作倡伎故往觀聽能持不
（答言能持）如諸佛盡形壽離非時食某甲一日一夜離非時食能
持不（答言能持。阿含經云：如上次第授已，當教願言）我今以此八關齋法功德不墮惡
趣八難邊地持此功德攝取一切衆生之惡所有功德惠施
彼人使成无上正真之道亦使將來彌勒佛世三會得
度生老病死（經云：設有善男子善女人不發此願而持八戒者，得少許福。引古證云）出家授戒法（七衆明之，初明出家）中
（初由菩薩，二明有益超世，三明障出大損，四明既出家已行於界行，五明既出家行凡福行，六明出家循選要業，七明大小正行三學為本，廣如鈔）
時諸比丘輒便度人，不知教授，以愚癡故，彼不被教授，
[illegible]威義，著衣不齊整，乞食不如法，處處受不淨食，於大食
[illegible]

家已行於罪行五明既出家行凡福行六明出家循道要業七明大小止

乞度人法 時諸比丘輒便度人不知教授以愚癡故彼不被教授不知威儀著衣不齊整乞食不如法處處受不淨食於大食

小食上高聲大喚如婆羅門聚法諸比丘此事白佛佛言聽僧與授具足者白二羯磨

彼欲度人者當往眾中偏露右肩脫革屣禮僧足右膝著地合掌作如

是乞言

大德僧聽我某甲比丘求眾僧乞度人授具足戒 三七律中羯磨

願僧聽我某甲比丘度人授具足戒慈愍故 磨文為要具律

足者須乞畜眾法若第子受戒旋度中前具列和上德已物維 文云如是畜第子畜沙彌亦爾故知並須具德方合故也

與度人法 言

當觀察此人若不堪教授復不以二事攝取一者法二者衣食當諸 云大德上多度人若有智慧堪能教授又以二事攝者應與羯磨作如是白言也

大德僧聽此某甲比丘今從眾僧乞度人授具足戒若僧

時到僧忍聽僧今與某甲比丘度人授具足戒白如是

大德僧聽此某甲比丘今從眾僧乞度人授具足戒僧今與

某甲比丘度人授具足戒誰諸長老忍僧與某甲比丘度

人授具足戒者嘿然誰不忍者說僧已忍某甲比丘度人

授具足戒竟僧忍嘿然故是事如是持

度沙彌法 律中度羅睺羅為沙彌僧祇云若年七歲解知好惡與出家過七十臥起須人不得度若能循習諸業聽出家若太老已出家不應驅出若病欲

時諸比丘輒度人故眾僧不知佛言欲者欲

授具足戒竟僧忍嘿然故是事如是持
度沙彌法 律中度羅為畢初僧欲云若年七歲解知好惡与出家過七十臥起須人不得度若能循理諸業聽出家若太老也出家不應驅出若初欲
出家者為說苦事食一住一眠少覺問若能者度 與剃髮法 時諸比丘輒度人故衆僧不知佛言汝若欲僧伽藍中剃髮白一切僧若不和合房房語
令知已与剃髮若和合作白已剃髮作如是白言 大德僧聽彼某甲欲求某甲比丘剃髮若
僧時到僧忍聽与某甲剃髮白如是 作白已喚入衆中与剃髮度人法式廣如鈔中五分云先与
受五戒已後受十戒 授十戒法 律言若在僧伽藍中度令出家者當白一切僧白已聽与出家應作如是白言 大德僧聽此
某甲比丘求出家若僧時到僧忍聽與某甲出家白如是
授戒體法 善見云阿闍梨告言汝隨我語教汝受三歸若言尔又應問其受難發戒緣起根如經律例須具問方乃授云 我某甲歸
依佛歸依法歸依僧我今隨佛出家某甲為和上如來至
真等正覺是我世尊 三授已便得戒 我某甲歸依佛竟歸依法竟
歸依僧竟我今隨佛出家已某甲為和尚如來正真等正
覺是我世尊 三結已与戒相 盡形壽不殺生是沙彌戒能持不 若言能持
盡形壽不偷盜是沙彌戒能持不 若言能持 盡形壽不婬是沙彌
戒能持不 若言能持 盡形壽不妄語是沙彌戒能持不 若言能持 盡形壽不

盡形壽不偷盜是沙彌戒能持不（答言能持）盡形壽不婬是沙彌

戒能持不（答言能持）盡形壽不妄語是沙彌戒能持不（答言能持）盡形壽不

飲酒是沙彌戒能持不（答言能持）盡形壽不著華鬘香油塗身是沙

彌戒能持不（答言能持）盡形壽不歌舞倡伎及故往觀聽是沙彌戒能

持不（答言能持）盡形壽不得上高廣大床是沙彌戒能持不（答言能持）

盡形壽不非時食是沙彌戒能持不（答言能持）盡形壽不得捉生

像金銀錢寶是沙彌戒能持不（答言能持）此是沙彌十戒盡形不得

犯（如諸僧福田經沙彌應知五德一者發心出家懷佩道故二者毀其形好應法服故三者永割親愛無適莫故四者委棄身命尊崇道故五者志求大乘為度人故依如僧祇律為應說十數一者一切眾生皆依飲食二者名色三者痛痒想四者四諦五者五陰六者六入七者七覺意八者八正道九者九眾生居十者十一切入其列數擇相對淺顯並廣如行事鈔中說）

比丘受戒法（律言善來比丘破結使比丘三語比丘邊地持律五人受戒比丘第五中國十人受戒比丘上列五受並律正文善來三語唯局佛在世餘三通於滅後）

授比丘戒緣（戒是生死出脫法根本必須緣集相應有違雖受不得今解二種羯磨具足五緣方成一能受之人有五種一是人道故律云天子阿脩羅非人至生不得戒故論云三歸五戒唯人中有餘道所無二諸根具足律中若任若聾若瘂若身但不具百遮等人一切能汙淨眾僧者皆不得故三身器清淨薩婆多云先受五戒後八戒曾破重者更受十戒不得故律云先受戒破於重戒還來受者名邊罪難又白衣沙彌造諸重業並十三難攝故四出家相具律云應剃髮著袈裟與出家人同著俗服外道服眾應嚴具裸形等不名受具故五得少分法律云不与沙彌戒而受具戒眾僧得罪故第二所對有七結界成就以結不成羯磨無所依故二有能秉法僧如白四羯磨數非法眾者不合秉故三僧數滿足非謂頭數滿十故毗尼母云和上二阿闍梨等並須如法七僧此法為證皆清淨明曉故律云若）

蘭某禰邪等不名受具故五得少分法律云不与沙弥戒而受具戒衆僧得罪故第二所對有七一
結界成就以結不成羯磨無所依故二有能秉法僧外白四羯磨數非法衆有不合秉故三僧數
滿足非謂頭數滿十故毗尼母云和上二阿闍梨并須如法七僧如法為證皆清淨明曉故律云若
和上若十衆不滿數中所明皆不成就故四界内盡集和合律云更無方便得別衆羯磨故
五有白四羯法毗尼母云羯磨如法故六資緣具足律云若無衣鉢若借他衣鉢並非法故七作法時
中毗曇論云若坐法識而結界受戒皆失没故第三發心乞戒律云若受戒人不自稱名和上名
教乞而不乞若眠醉尊志若无心受皆不得戒故第四心境相應戒心不當境或不稱心境俱
不相應並非法故第五事成究竟始從請師終于受竟前後無違得名辯事

正授戒體前具八法初明請師法 律云弟子事師終教授告作非法律言也當 立和上弟子看和上如父母相敬重相
視又云以立无人看故便執命終律言也當立弟子應共相敬重瞻視便得正法久住僧益
廣大和上看弟子當如兒相善見云以初不請故後便違教律制令請若依本律請法不在
僧中令依十誦僧祇令受戒人先入僧中教便次第二頭面禮僧足
然後請之當偏袒右肩脫革屣有睡著也令胡跪如是請言 大德一心念我某
甲請大德為和上願大德為我作和上我依大德故得受
具足戒慈愍故 三請已僧祇云衆中三請已和上應 語彼善心律本言 可尔教授汝清淨
莫放逸 依律阿毗曇中二阿闍梨亦 有請法即准上文餘師義例 二安受者所在 律言受戒人不得在 空隱没離見聞處
若在界外其和上及足數人亦不得在空乃至界外律言當立受戒者眼見耳聞不處
竟已

三差人問緣 時有欲受戒者將至界外脫衣看稽留受事律言不應爾白令 已去聽於先問十三難事然後受戒師當問云衆中誰能与
甲某作教授師若有者答言我某甲 能戒師和上僧索欲已白言 大德僧聽彼某甲從和上某甲
求受具足戒若僧時到僧忍聽某甲為教授師白如是

羯戒師和上僧索欲已白言：大德僧聽彼某甲從和上某甲

求受具足戒若僧時到僧忍聽某甲為教授師白如是

四出衆問法五分云應安慰言汝莫恐懼須臾持汝著高勝處善見云示其衣鉢亦誑之言此是安多會此是

鬱多羅僧此是僧伽梨薩婆多云此三衣名九十六種外道所无唯佛法中有今故示汝也此是鉢多羅

十誦云鉢是恒沙諸佛標誌此衣鉢是汝有不若言是諸部中亦亦即加受法者應語言善男子諦

聽今是至誠時實語時我今當問汝汝隨我問應答

言若不實者當言不實若實言實汝不犯邊罪邪

若言若无者應語言汝應不識出界名謂曾受佛戒已犯於四重即是佛法海外人故名邊罪汝有邪義決云凡問難有无並在相辭故中自邊不相碩上不成犯戒權戒今難問而不識者上不問所別律者本[illegible]人陂漢云謂白衣時成受戒故以下類此可解也

汝不汙比丘尼不汙淨戒居梵行

汝非賊住邪謂白衣沙彌時盜聽說戒羯磨因僧法事汝不破內外道邪謂曾作外道來受具而後復入外道今又重來受具戒者汝非黃門邪謂非生犍妬三變半月自截等六種者汝非殺父邪汝非殺母邪

汝非殺阿羅漢邪汝非破僧邪汝非惡心出佛身血邪

僧祇云此三難佛滅後已佛久涅槃依舊通文問耳汝非是非人邪謂諸天鬼神等變為人形而受者汝非畜生邪

謂有龍畜能變形為人而來受者也汝非二形邪謂此身中具男女二根正平道異汝今无不應二具辭問已若答言无者汝今字

誰和上字誰年歲滿不此三事及十三難並須二問答以不具故不得戒衣鉢具足不父母

諸有龍畜能變形爲人而來受者也　汝非二形耶　謂此身中具男女二根[illegible]答言無，不應憑二具辭問已若答言無者　汝今字

誰？和上字誰？年歲滿不？　此三事及十三難並須一一問，若以不具故不得戒　衣鉢具足不？父母

聽汝不？汝非負人債不？汝非奴不？汝非官人不？汝是丈夫不？

僧祇云年滿廿者能耐寒熱風雨飢渴持戒一食忍惡言及毒蟲十事是丈夫相，僧祇年廿已上七十已下有所堪能是丈夫，返得與受戒。若過減須有所堪及具應法而無所堪者並不得與受

戒　丈夫有如是癩、癰、疽、白癩、乾痟、癲狂，汝無如此諸病不？

並須有無具者　如我今問汝，僧中亦當如是問，如汝向者答我，僧中亦

當如是答　教授師應正理威儀已便告言：待令僧中喚命當來　五白召入衆法　師言彼教授師問已還來衆中如常威儀相去

歸手相及處立當作如是白言　大德僧聽，彼某甲從和上某甲求受具足戒，若僧

時到僧忍聽，我某甲問竟，聽將來。白如是。　作白已應喚言：汝來。已當為捉衣鉢在戒

師前右膝著地合掌應教如是乞　六明乞戒法　彼教授師如前教已應語言：許乞戒法，汝應自陳，但以不解故我教汝，應言

大德僧聽，我某甲從和上某甲求受具足戒，某甲今從衆僧

乞受具足戒，某甲為和上，願僧慈愍故拔濟我。　三乞已受師須坐　七戒師和

問法　應作白言　大德僧聽，此某甲從和上某甲求受具足戒，此某甲今

衆僧乞受具足戒，某甲為和上。若僧時到，僧忍聽，我問諸

應言無，安多會、鬱多羅僧、僧伽梨、鉢多羅　言有

衆僧乞受具足戒某甲爲和上若僧時到僧忍聽我問諸

難事白如是　八正問法（應言此是安多會歎多羅僧伽梨鉢多羅　此衣鉢是汝有不彼荅言是又語言）善男

子聽今是至誠時實語時今隨所問汝當隨實荅（僧祇言汝若不實荅便欺

誑諸天魔梵沙门婆羅门諸天世人亦欺誑如來及以衆僧自憾大罪）汝不犯邊罪耶汝不犯比丘尼耶汝非賊

心受戒耶汝非破内外道耶汝非黄门耶汝非煞父耶汝非煞母

耶汝非煞阿羅漢耶汝非破僧耶汝非悪心出佛身血耶汝非

畜生耶汝非二形耶（若隨荅言无者也）汝字何等和上字誰年滿廿未衣

鉢具足不父母聽汝不汝不負人債不汝非奴不汝非官人不汝

是丈夫有如是病〻癩〻癰〻疽白〻癩乾枯〻癲狂〻病汝今有如

是病无（荅依問已有无具荅詞義相領因前教授）二正授戒體法（薩婆多云凡欲受戒人先与說法引導開解令於一切境上

起慈悲心便得增上戒應語彼言六道衆生多是戒障唯人得受捨舍還難不况違是

堪汝无違難定得受戒汝當依論文發增上心所謂勒爲衆生故求受彼又戒是

諸善根本能作三乘正因又戒是仙法中寶餘道所无有能護持佛法住

法久住又羯磨威勢衆僧大力能舉法界勝法置汝身心中汝當志誦受應作白言）

大德僧聽此某從和上某甲自說清淨无諸難事年廿三衣鉢

具若僧時到僧忍聽授某甲具足戒某甲爲和上白如是

（僧祇云作白已問僧成就不乃至羯磨第一第二亦如是十誦云羯磨受戒時當志心聽）

大

大德僧聽此某甲從和上某[illegible]

具足戒若僧時到僧忍聽授某甲具足戒某甲為和上白如是

僧祇云作白已問僧成就不乃至羯磨第一第二第三亦如是十誦云羯磨受戒時當一心聽

莫餘覺餘思惟應慇敬重當正思惟心心相續念念應分別之違者突吉羅

大

德僧聽此某甲從和上某甲求受具足戒此某甲今從衆僧

乞受具戒某甲為和上某甲自說清淨无諸難事年廿三衣

鉢具僧今授某甲具足戒某甲為和上誰諸長老忍僧与

某甲授具足戒某甲為和上者嘿然誰不忍者說是初

羯磨

第二第三亦如是次第

問若无違者得

僧已忍與某甲授具足戒竟某甲為

和上僧忍嘿然故是事如是持

善見論中及律中並云受具足戒和上阿闍梨

等為當說春夏冬時某月某日時方至量

時有比丘受具足已衆僧捨去既不識犯便告重罪

律云自已作羯磨已當先与說四波羅夷法

善

衆善時

受具足戒

次說隨相

男子聽如來至真等正覺說四波羅夷法若比丘犯一法

非沙門非釋子汝一切不得犯婬作不淨行若比丘犯不淨行

受婬欲法乃至共畜生非沙門非釋子尒時世尊与說譬喻猶

如有人截其頭終不能還活比丘亦如是犯波羅夷已不能還

[illegible]是中盡形壽不得作能持不答言能持一切不得盜不

如有人截其頭終不能還活比丘亦如是犯波羅夷不能還
成比丘行婬是中盡形壽不得作能持不答言能持一切不得盜不
至草葉若比丘盜人五錢若過五錢若自取教人取若自破
教人破若自斫教人斫若燒若埋若壞色者彼非沙門非釋子
譬如斷多羅樹心終不復更生長比丘犯波羅夷法亦如是終
不還成比丘行婬是中盡形壽不得作能持不答言能持一切不得
故斷眾生命下至蟻子若比丘故自手斷人命持刀授與人
教死歎死與人非藥若墮胎若厭禱咒自作方便若教
人作非沙門非釋子譬喻者說言猶如鍼鼻決不堪復用比丘
亦如是犯波羅夷法不復成比丘行婬是中盡形壽不得作
能持不答言能持一切不得妄語乃至戲笑若比丘非有實非己有
自說言我得上人法得禪得解脫得定得四空定得須陀洹
果斯陀含果阿那含果阿羅漢果天來龍來鬼神來供
養我彼非沙門非釋子譬喻者說譬如大石破為兩分終不
可還合比丘亦如是犯此波羅夷法不可還成比丘行是中盡

[illegible]
可眾退令比丘亦如是犯此波羅夷法不可還成比丘行是中盡
形壽不得作能持不（答言能持） 授四依法（時世飢儉乞求難得有外道輒自出家受戒後僧无食便即休道諍言先与四依然後受戒復有外道求僧出家先說四依聞報言我堪二衣若納衣腐藥不堪此二便即休道諍言此外道大有所失自今已去先受四依應如是授 二言）
善男子聽如來至真等正覺說四依法比丘依此得出家
受具足戒成比丘依糞掃衣比丘依此得出家受具足戒成
比丘法是中盡形壽能持不（答言能持） 若得長利檀越施衣割
壞衣得受比丘依乞食比丘依此得出家受具足戒得成比
丘法是中盡形壽能持不（答言能持） 若得長利若僧差食檀越
送食月八日食十四日十五日食月初日食若僧常食檀越請食
得受依樹下坐比丘依此得出家受具足戒成比丘法是
中盡形壽能持不（答言能持） 若得長利若別房尖頭屋小房
石室兩房一戶得受依腐爛藥比丘依此得出家受具足
戒成比丘法是中盡形壽能持不（答言能持） 若得長利蘇油
生蘇蜜石蜜得受汝已受戒已白四羯磨如法成就

[illegible]能持[illegible]

生蘇蜜石蜜得受汝已受戒已白四羯磨如法成就

得處所和上如法阿闍梨如法眾僧具足滿汝當善

受教法應當勸化作福治塔供養眾僧和上阿闍

梨若一切如法教不得違逆應學問誦經勤求方便於

佛法中得須陁洹果斯陁含果阿那含果阿羅漢果

汝始發心出家功不唐捐果報不絶餘所未知當問和上

阿闍梨 佛言當令受戒具者在前而去弟子當日日三時問訊和上朝

中日暮當為和上執作二事勞苦不得辭謝者除理房舍三

者脩浣衣服和上一切如法教盡 請依止師 時有比丘和上命終若休道若決意

當如法奉行盡遣者如法治之 出界■無人教授故種種破戒作非

威儀佛言聽有阿闍梨當共相奉敬瞻視之云 大德一心念我某甲今

言可人者決意如和上法當具修威儀如是請言

求大德為依止願大德與我作依止我依大德故得

如法住 弟三說已其阿闍梨亦須七五眾法如和上法不異彼受請已應報言 可尒与汝依止汝莫放逸

弟子當為報作二事不得辭謝問義有所知解至滿五歲得離依止若無所知

誦戒不利盡形依止阿闍梨須具五德知犯知不犯知輕重知滿十歲方得攝

他若无此德不依无 善見云尼者女也尊者母也重尼故種種之經

遇和上之德類此 尼三眾授戒法 度論云尼德无量律儀故應次比丘後[illegible]

外儀或不便故在沙彌後受道經云女人得或色畜眾 受[illegible][illegible]戒[illegible]

諦戒不利盡示依止師學須具五德知犯知不犯知輕重知滿十歲方得攝
依若无此德不依无
過和上之德類此 尼三衆授戒法 善見云尼者女也尊者母也重尼故種之雖 度論云尼德无量律儀故應次比丘後佛
以儀或不便故在沙弥後受道經云女人垢或色蓋衆
知須臾事故制依大僧 授沙弥尼戒法
其舊羯磨剃髮法出家法
具如上僧中准加尼字爲異 授式叉摩那尼法 律本諸尼輒度人出家受戒不知戒相故造作非法佛言應与
學戒羯磨十誦中輒度姙身婦人過起佛言
与二歲羯磨可知有无然之清淨心二歲淨身 乞學戒法 佛言聽十歲曾嫁女十八童女欲二歲學戒者當詣
僧中偏露右肩脫革屣禮尼僧
足已兩膝著地教合掌作是言 大姊僧聽我某甲沙弥尼今從僧乞
二歲學戒某甲尼爲和上願僧與我二歲學戒慈愍故
三乞已沙弥尼應往
離聞處著見處立 与學戒法 彼尼衆中作羯磨者應言 大姊僧聽彼某甲沙弥尼
令從僧乞二歲學戒某甲尼爲和上若僧時到僧忍聽與某甲沙
弥尼二歲學戒某甲尼爲和上白如是 大姊僧聽彼某甲沙弥
尼從僧乞二歲學戒某甲尼爲和上僧今与某甲沙弥尼二歲
學戒某甲尼爲和上誰諸大姊忍僧与彼某甲沙弥尼
二歲學戒某甲尼爲和上者嘿然誰不忍者說是初羯磨
如是三說 僧已忍与某甲沙弥尼二歲學戒某甲尼爲和上竟僧忍
佛言應喚來入衆

（如是說）僧已忍與某甲沙弥尼二歲學戒某甲尼爲和上竟僧忍、
嘿然故是事如是持　次說戒相法（佛言應喚來入衆與說六法名字）某甲諦
聽如來無所著等正覺說六法不得犯不淨行婬欲法
若式叉摩那行婬欲法非式叉摩那非釋種女若與染
汙心男子身相觸缺戒應更與戒是中盡形壽不得
犯能持不（答言能持）不得偷盜乃至草葉若式叉摩那取人
五錢若過五錢若自取教人取若自斫教人斫若燒若
埋若壞色非式叉摩那非釋種女若取減五錢缺
戒應更與戒是中盡形壽不得犯能持不（答言能持）不得
故斷衆生命乃至蟻子若式叉摩那故自手斷人命求
刀與人教死讚死若與藥若墮胎若厭禱呪術自
作教人作者非式叉摩那非釋種女若斷畜生命不
能變化者命缺戒應更與戒是中盡形壽不得犯能
持不（答言）不得妄語乃至戲笑若式叉摩那不真實非己

作教人作者非式叉摩那非釋種女若斷畜生命不
能變化者命斷戒應更與戒是中盡形壽不得犯能
持不 答言能持 不得妄語乃至戲咲若式叉摩那不真實非己
有自稱言得上人法得禪得解脫三昧正受得須陀洹果
斯陀含果阿那含果阿羅漢果天來龍來鬼神來供
養我此非式叉摩那非釋種女若於衆中故作妄語
斷戒應更與戒是中盡形壽不得犯能持不 答言能 不得
非時食若式叉摩那非時食斷戒應更與戒是中盡
形壽不得犯能持不 答言能 不得飲酒若式叉摩那飲
酒斷戒應更與戒是中盡形壽不得犯能持不 答言能 律言式叉尼
一切大尼戒應學除自手取食受食與他此學法女只學三法謂學根本四事是二學字云
法謂染心相觸盜減五錢斷畜生命小妄語非時食飲酒也三學行法謂大尼諸
戒及威儀並制學之若犯根本戒法者應滅擯若缺學法者
更與二年羯磨若違行法直犯佛教即須懺悔不壞本所學三法 授比丘尼
戒法 律言有八敬比丘尼差來比丘尼破結使比丘羯磨受中有遣信比丘尼十歲曾嫁女比丘 尼十八童女二歲學戒從衆比丘尼邊方義五衆比丘尼前二雖爲佛在世後五
通於像法 也 也 與畜衆法 律言尼滿十二歲欲度人者應從威儀乞諸尼僧是如大僧 是如大僧法三五以下文同故不出其受式沙彌尼式叉尼大戒
律言尼僧當觀此人堪能教授二歲

通於淨法也也與畜眾法佛言尼滿十二歲設度人者應從眾儀礼諸尼僧是如大僧是如大僧法三五以文日故不出其度式沙弥尼式又尼大戒

尼並須剔七以年之度弟子非罪故式恡畜眾法等故与畜眾法佛言尼僧當觀此人堪能教授二歲學戒二年攝取者當与羯磨二又亦

如上若不堪教授正授戒前具八緣一明請和上法佛言若十歲曾嫁一歲學戒年滿十二若十

攝取者羯磨非法八童女十二歲學戒年滿廿者應与受戒具足威儀教言也大姊一心念我某甲求阿姨為和上願阿

姨故得受大戒慈愍故三請已若言可尔乃至請二闍梨七證或人亦尔二佛言當安受戒

人離聞處著見處立三差教授師法見甲戒師應問言誰能与某甲作教授師有者

若言我某甲能應作白差如是言大姊僧聽彼某甲從和上尼某甲求受大戒若

僧時到僧忍聽某甲為教授師白如是四教師出眾問

法當起禮尼僧足已往受者所語言妹此是安多會此鬱多羅僧此僧伽梨

此僧祇支此覆肩衣此鉢多羅此衣鉢是汝有不若言是

妹聽今是真成時實語時我今問汝實當言實不實當

言不實汝不犯邊罪不謂曾受五戒八戒十戒犯四重已還從說今重來者名邊罪應若言不犯次下難遮並准上問以欲此不解者非問若言

汝不犯淨行比丘尼不汝非賊受戒不汝不破內外道不汝非

煞父不汝非煞母不汝非煞阿羅漢不汝非破僧不汝非

汝不能淨行比丘不　汝非賊受戒不　汝不破內外道不　汝非
殺父不　汝非殺母不　汝非殺阿羅漢不　汝非破僧不　汝非
惡心出佛身血不　汝非非人不　汝非畜生不　汝非二形不（並答言无）
汝字何等（答言某甲）　和上字誰（答言某甲）　年歲滿不（答言滿）　衣鉢具不（答言具）
父母夫主聽不（隨有者言之，不得雷同，若无言无）　汝不負債不（答无）　汝非婢不（答无）　汝是
女人不（答是）　女人有如是諸病：癩、癰、疽、白癩、乾痟、癲狂、病
二道合、道小、常漏大小便、涕唾常流出，汝有如此病不（並答言无者，又應語言）
如我向問汝，至僧中亦當如汝向者答。我衆僧
中亦如是答。五喚入衆法（佛言：彼教授師問已，來至衆中，斂手相及處立已，應作白言）　大姉僧聽，
彼某甲從和上某甲求受大戒。若僧時到僧忍聽，我已教
授竟，聽將來白如是（即遣語言：汝來汝來。已為捉衣鉢，令入僧中也）　六明乞戒法（當禮僧足，在戒師前，兩膝著地合掌，教授師教乞言）　大姉僧聽，我某甲從和上尼某甲求受大戒，我
某甲今從衆僧乞受大戒，和尚尼某甲，願僧濟度我，慈

阿闍梨我依大德故得受大戒慈愍故（三請已彼應如上答）可尒乞受

戒法（律言欲受戒者礼僧足兩膝著地合掌教乞言）大德僧聽我某甲從和上尼某甲求受

大戒我某甲今從僧乞受大戒和上尼某甲願僧拔濟我慈愍

故（三說已尼教授師當復本坐）戒師和問法（此中戒師應索欲問和答訖應如是白言）大德僧聽此某甲從和

上尼某甲求受大戒此某甲今從僧乞受大戒和上尼某甲尼

僧時到僧忍聽我問諸難事白如是 正問難遮法（應安慰法如上已更誥言）

汝諦聽今是真誠時我今問汝有當言〻有无當言〻无汝不

犯邊罪邪汝不犯比丘邪汝非賊心爲道邪汝非壞二道邪汝非

黃門邪汝非煞父邪汝非煞母邪汝非煞阿羅漢邪汝非破僧

邪汝非惡心出佛身血邪汝非〻人邪汝非畜生邪汝非二形邪（並令）

識（相又明顯若汝不解故无由得戒）汝〻字何等和上〻字誰歲〻年滿未衣鉢具足不父母夫

主聽汝不汝不負人債不汝非婢不汝是女人不女人有如是

諸〻病〻癩〻癰〻疽白癩〻疥〻痟〻癲〻狂二根〻二道〻合〻道小大小便涕〻唾常

流汝无如是諸〻病不（並隨前事有[illegible]）汝學〻戒未（即應[illegible]）已學〻戒 復應

[illegible]

流汝无如是諸病不（並隨前事有无具答）汝學戒未（即應答言）已學戒（復應問言）

清淨不（復重答言）清淨（復應問餘尼言）某甲已學戒未（餘尼答言）已學戒（重問三說）

清淨不（重答餘尼答言）清淨　正授戒體法（戒師應略說發戒方便於大僧中受戒所說所得戒在大僧理須知正法羯磨云）

大德僧聽此某甲從和上某甲尼求受大戒此某甲今從僧乞受

大戒和上尼某甲某甲所說清淨无諸難事年歲已滿衣

鉢具足已學戒清淨若僧時到僧忍聽僧今為某甲受大戒

和上尼某甲白如是大德僧聽此某甲從和上尼某甲求受大戒此

某甲今從僧乞受大戒和上尼某甲某甲自說清淨无諸難事年

歲已滿衣鉢具足已學戒清淨僧今為某甲受大戒和上尼

某甲者嘿然誰不忍者說是初羯磨（三說如上問成就已應言）僧已忍為某甲

受大戒竟和上尼某甲僧忍嘿然故是事如是持（授已亦如上爲說試春夏冬時節示語）

次授戒相（云應語言）族姓女聽此如來无所著至真等正覺說

八波羅夷法犯者非比丘尼非釋種女不得作不淨行行婬欲

法乃至共畜生此非比丘尼非釋種女汝是中盡形壽不得犯能

若乃至苦畜生此非比丘尼非釋種女汝是中盡形壽不得犯能
持不答言能 不得盜乃至草葉若比丘尼盜人五錢若過五錢若自
取教人取若自斷教人斷若自破教人破若燒若埋若壞色
彼非比丘尼非釋種女汝是中盡形壽不得犯能持不答言能
不得故斷衆生命乃至蟻子若比丘尼故自手斷人命若
持刀与人教死讚死若与非藥若復墮人胎厭禱呪咀殺若
自作教人作彼非比丘尼非釋種女汝是中盡形壽不得犯能
持不答言能 不得妄語乃至戲笑若比丘尼非真實非已有自稱言我
得上人法禪得解脫三昧正受得須陀洹果斯陀含果阿
那含果阿羅漢果天來龍來鬼神來供養我此非比
丘尼非釋種女汝是中盡形壽不得作能持不答言能
不得身相觸乃至共畜生若比丘尼有染汙心共染汙
心男子身相觸從腋以下膝已上若捺若摩若牽若
推若逆摩順摩若舉若下若捉若急捺此非比丘

心男子從腋已下膝已上身相觸若捉摩若牽若
推若逆摩順摩若舉若下若捉若急捺此非比丘
尼非釋種女犯波羅夷法汝是中盡形壽不得犯
能持不答言能不得犯八事乃至共畜生若比丘尼染
汙心男子捉手捉衣入屏處共立語共行身相近
共期犯此八事彼非比丘尼非釋種女犯八事故汝是
中盡形壽不得犯能持不答言能不得覆藏他罪乃至
吉羅惡說若比丘尼知他比丘尼犯波羅夷罪若
不自擧不白僧若衆多人後於異時此比丘尼若罷
道若滅擯若遮不共僧事若入外道後便作是說我
先知有如是事彼非比丘尼非釋種女覆藏他重罪故汝
是中盡形壽不作得能持不答言能不得隨擧比丘乃至守
園人及沙彌若比丘尼知比丘尼爲僧所擧如法如律
如佛所教不隨順不懺悔僧未与作共住而隨順是比丘
尼諫是比丘尼言汝妹知不今僧擧此比丘如法如律如佛所教不

如律所教不隨順不攝悔僧事上[illegible]
尼諫是比丘尼言汝妹知不令僧舉此比丘如法如律如佛所教不
隨順不攝悔僧未与作共住汝莫隨順是比丘尼諫是比丘
尼堅持不捨是比丘尼當三諫捨此事故乃至三諫捨者善
不捨者彼非比丘尼非釋種女由隨舉故汝是中盡形壽不
不得犯能持不答言能五分亦說八重已惣說四辟喻如是告言授姓女聽如來无所著已說八波
羅夷法又說四種辟喻若犯八重如斷人頭不可復起又如截
多羅樹心不更生長又如針鼻決不復堪用又如析大石分為
二分不可還合若比丘尼犯八重已不得還成比丘尼行汝是中
盡形壽不得犯　次說四依又應告言授姓女聽如來无所著正等
覺說四依法比丘尼依此得出家受大戒成比丘尼法依糞掃
衣比丘尼依此得出家受大戒成比丘尼法汝是中盡形壽能
持不答言能　若得長利壇越施衣割壞衣得受依乞食比丘尼依
此得出家受具足戒成比丘尼法汝是中盡形壽能持不
答言[illegible]僧[illegible]壇越送食眾食月八日食十四日食十五日

伍倫 51 號　四分律刪補羯磨卷上　51–31

持不能 [illegible]

此得出家受具足戒成比丘尼法汝是中盡形壽能持不

若言能 若得長利若僧著食檀越送食月八日食十四日食十五日

食若月初日食若衆常僧食若檀越請食應受

依樹下坐比丘尼依此得出家受大戒成比丘尼法汝是中

盡形壽能持不 若言能 若得長利別房尖頭屋小房石室

兩房一户得受依腐爛比丘尼依此得出家受大戒成比丘尼

法汝是中盡形壽能持不 若言能 若得長利蘇油生蘇蜜石蜜

應受 汝已受大戒竟白四羯磨如法成就得處所和上如

法阿闍梨如法二部僧具足滿汝當善受教法應勸

化作福治塔供養衆僧若和上阿闍梨一切如法教授不

得違逆應學問誦經勤求方便於佛法中得須陀洹

果斯陀含果阿那含果阿羅漢果汝始發心出家功不唐

捐果報不絕餘所未知當問和上阿闍梨

應爾，令受戒人禮僧足，餘尼在後而去也

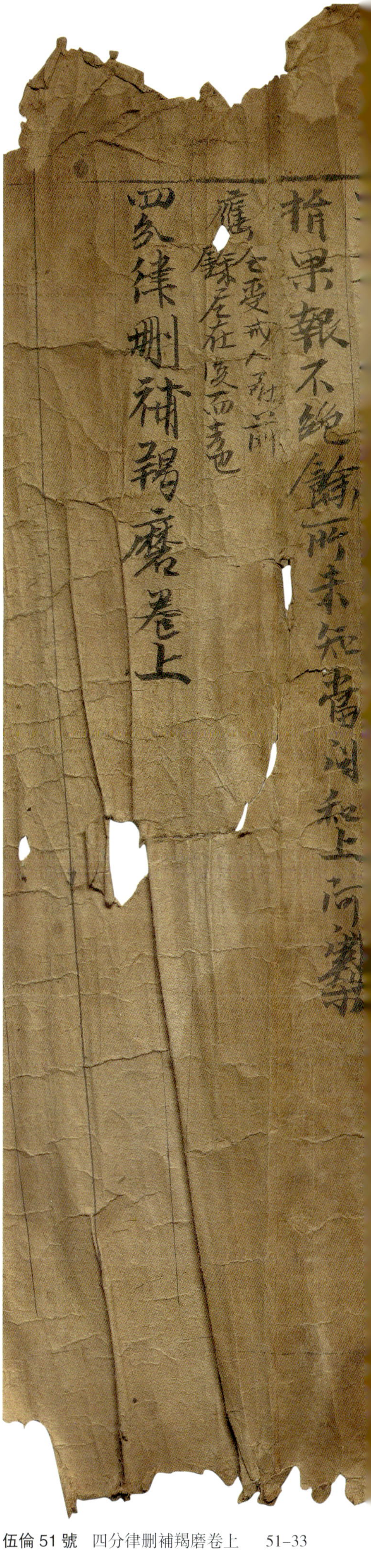
捐果報不絶餘所未知當問和上阿闍梨

應令受戒人題誦餘者在後而盡也

四分律删補羯磨卷上

伍倫 51 號　四分律删補羯磨卷上　　51–33

令諸聽者　得六神通　雖能如是　亦未為難
於我滅後　聽受此經　問其義趣　是則為難
若人說法　令千萬億　无量无數　恒沙衆生
得阿羅漢　具六神通　雖有此益　亦未為難
我為佛道　於无量土　從如至今　廣說諸經
而於其中　此經第一　若有能持　則持佛身
諸善男子　於我滅後　誰能受持　讀誦此經
今於佛前　自說誓言
此經難持　若暫持者　我則歡喜　諸佛亦然
如是之人　諸佛所歎　是則勇猛　是則精進
是名持戒　行頭陀者　則為疾得　无上佛道
能於來世　讀持此經　是真佛子　住純善地

能於来世　讀持此经　是真佛子　住純善地
佛滅度後　能解其義　是諸天人　世間之眼
於恐畏世　能須臾說　一切天人　皆應供養

伍倫 52 號　妙法蓮華經卷四　52–2

書云有言立身行道揚名後世言行忠信咸款宣可旋從
心馬不加鞭勒馳騁情猿都無鏁制浮囊既毀前路何憑
德瓶以破勝緣長絕遂乃放態行愚灼方無罪謂業生
之類但然無疑慮但因果多惑虐三大是要聚惡人用結
由黨更相扇動備造愆瑕虛說無著不肯不還日更增甚轉爲
罪戾譬如菴羅摩果內外俱生何梨勒味根莖皆苦遂使因
異果異何從緣取離從冥入冥無復出期劫數既遙痛傷難忍
於是鑊湯奔沸猛氣衝天鑪炭赫曦爆聲裂地鐵丸
碎體洋銅灌身則骨肉消盡宛轉其中何可言念衆苦逐
狀已來至于今日或毀破十善違犯八禁背闕行法乖律儀若重
若輕故作誤作諸不清淨能爲鄣道必是諸得人患懺悔
思之爲德最是可尊持戒者行所不能及又云若我
思以制教亂則不能生一切善善是大菩提比丘被形袈

忍之為德最是為尊持戒苦行所不能及又云若我
忍心則散亂則不能生一切諸善是以羼提比丘被刑殘
不恨忍辱仙主受割截而无嗔書中尚言含弘光大仁恕
坦蕩尊賢而容眾嘉善而矜不能況復諸法本來畢竟常
寂眾生想倒妄執為有我身他身二俱是幻能害所害兩
種皆空刀杖風石患无受者罵辱毀讟為嗔恚又且六道迴
移三世輪轉神明不朽識慮冥傳乍死乍生時來時往或此身
怨府昔是重親異世殊身今來重讎改形易貌豈須相知假
復出生何由可測寧令夫屬之愛今為不戴之讎同氣之情
斯為國之怨而忽加惱害一何不可且自慈悲之道救拔為先
菩薩之懷愍惻為用常應遍遊地獄代其受苦廣度眾生施
以安樂豈容嚴復觸惱大生怨恨乃至惡眼凶聲惱頹勵

以安樂豈容嚴復觸惱大生忿恨乃至惡眼凶聲恪顏勵
色遂相捶撲及相誅戮(遠)何斯非理過是无情君子尚自不然
并豈應如此衆等无始已來至于今日或未脩恩厚多起嗔恚
不興慈悲常懷怨結或父子兄弟自相損害朋友君臣翻致
假損(殺)怨逆甚於鴟梟含毒踰於蜂蠆如是等罪今已懺除
因此時中並皆消滅
經云汝等比丘當勤精進晝息日既潛沒已汝等當為无明
所覆又云闍提之人尸卧終日當云成道无有是處釋論云
在家懈怠失於俗利出家懈怠喪於法寶是以斯(能)勇猛
諸仙稱揚迦葉苦行如來付囑書以夙興夜寐竭力致
乃由忠臣方稱孝子故知放逸懈怠所不應為精進劬勞
无時可(廢)豈得肆其愚抱任此昏情縱緩懈怠諠咲謿謔飽

无時可處豈得肆其愚抱任此昏情從緩懈怠諠笑嘲謔飽
食高臥无所用心散帶閑坐不求出要旦自尋陰何殊百
年僅忽老至如電身安足恃一朝病苦桐黃百夏摧萃欲求日
力豈可得乎雖復妙色炳然眼不能見梵音雷震耳豈聞聲
擊跪曲躬故宜永絕俯頭合掌无由可遂況復命屬死王名繫
幽府奄歸長夜頓斷資糧冥needs責問若為酬答當于此
時悔將何補衆等宛然己來至于今日或復貪婬嗜酒喜
睡多眠六時違替三業懈怠初夜後夜未曾勤策啟白
度時曾无課勵致使善根種子不復開敷道樹枝條轉成
枯瘁如是衆罪今悉懺悔願因善力畢竟消除
夫神通勝業非定不生无漏慧根非靜慮不發故經云深滿
禪定得五神通心在一緣是三昧相又云先以定動後以智拔
書云有言當使形如槁木心若死灰不免極於百骨不隨積

༄། །རྒྱ་གར་སྐད་དུ། ཨ་པ་རི་མི་ཏ་ཨ་ཡུར་ན་མ་མ་ཧ་ཡ་ན་སུ་ཏྲ། །བོད་སྐད་དུ། ཚེ་དཔག་དུ་མྱེད་པ་
ཞེས་བྱ་བ་ཐེག་པ་ཆེན་པོའི་མདོ། །སངས་རྒྱས་དང་བྱང་ཆུབ་སེམས་དཔའ་ཐམས་ཅད་ལ་ཕྱག་འཚལ་ལོ། །འདི་སྐད་
བདག་གིས་ཐོས་པ་དུས་གཅིག་ན། བཅོམ་ལྡན་འདས་མཉན་དུ་ཡོད་པ་ན། ཛེ་ཏའི་ཚལ་མགོན་མྱེད་ཟས་སྦྱིན་གྱི་ཀུན་
དགའ་ར་བ་ན། དགེ་སློང་གི་དགེ་འདུན་ཆེན་པོ་དང་། དགེ་སློང་སྟོང་ཕྲག་ཕྱེད་དང་བཅུ་གསུམ་དང་། བྱང་ཆུབ་སེམས་དཔའ་སེམས་
དཔའ་ཆེན་པོ་རབ་ཏུ་མང་པོ་དང་ཐབས་ཅིག་ཏུ་བཞུགས་སོ། །དེ་ནས་བཅོམ་ལྡན་འདས་ཀྱིས་འཇམ་དཔལ་གཞོན་ནུར་
གྱུར་པ་ལ་བཀའ་སྩལ་པ། འཇམ་དཔལ་སྟེང་གི་ཕྱོགས་ན་འཇིག་རྟེན་གྱི་ཁམས་ཡོན་ཏན་དཔག་དུ་མྱེད་པ་
བཀོད་པ་ཞེས་བྱ་བ་ཞིག་ཡོད་དེ། དེ་ན་དེ་བཞིན་གཤེགས་པ་དགྲ་བཅོམ་པ་ཡང་དག་པར་རྫོགས་པའི་སངས་རྒྱས་
ཚེ་དང་ཡེ་ཤེས་དཔག་དུ་མྱེད་པ། རྣམ་པར་ངེས་པའི་གཟི་བརྗིད་ཀྱི་རྒྱལ་པོ་ཞེས་བྱ་བ་བཞུགས་ཏེ། འཚོ་ཞིང་གཞེས་ཏེ་
སེམས་ཅན་རྣམས་ལ་ཆོས་ཀྱང་སྟོན་ཏོ། །འཇམ་དཔལ་གཞོན་ནུར་གྱུར་པ་ཉོན་ཅིག །འཛམ་བུའི་གླིང་གི་མི་རྣམས་ཀྱི་ཚེ་
ཐུང་སྟེ་ལོ་བརྒྱར་ཟད་དོ། །དེ་ལས་ཀྱང་ཕལ་ཆེར་དུས་མ་ཡིན་པར་འཆི་བར་འགྱུར་རོ། །འཇམ་དཔལ་
སེམས་ཅན་གང་དག་དེ་བཞིན་གཤེགས་པ་ཚེ་དཔག་དུ་མྱེད་པའི་ཡོན་ཏན་བསྔགས་པ་ཡི་གེར་བྲིས་པ་ཞེས་
བྱ་བའི་ཆོས་ཀྱི་རྣམ་གྲངས་འདི་འབྲི་བ་འམ་འབྲི་རུ་བཅུག་གམ། མིང་ཙམ་ཐོས་སམ། ཀློག་པ་དང་ཁྱིམ་དུ་འཆང་
བ་ཏུ་མས་ཀྱིས་མཆོད་པར་འགྱུར་བ་དང་། དེ་ཚེ་ཡོངས་སུ་རྫོགས་པ་ལས་ཀྱང་། ཚེ་ཡང་ལོ་བརྒྱར་འགྱུར་རོ། །འཇམ་དཔལ་སེམས་
ཅན་གྱི་དེ་དག་དེ་བཞིན་གཤེགས་པ་ཚེ་དཔག་དུ་མྱེད་པ། རྣམ་པར་ངེས་པའི་གཟི་བརྗིད་ཀྱི་རྒྱལ་པོའི་མཚན་བརྒྱ་རྩ་བརྒྱད་པ་
འདི་དག་གིས་ཀྱང་ཐོས་པར་གྱུར་རོ། །འཇམ་དཔལ་དེ་ལྟ་བས་ན་རིགས་ཀྱི་བུ་འམ་རིགས་ཀྱི་བུ་མོ། ཚེ་རིང་བར་འདོད་པ་
དེ་དག་གིས་དེ་བཞིན་གཤེགས་པ་ཚེ་དཔག་དུ་མྱེད་པའི་མཚན་བརྒྱ་རྩ་བརྒྱད་པ་ཐོས་པ་དང་། ཡི་གེར་བྲིས་ཏེ་བཅང་ངམ་ཀློག་ན་
ལ་གསོལ་བ་པ་ལ་ངག་བསྐང་དེ་གར་ཀུན། །ན་མོ་བ་ག་བ་ཏེ་ཨ་པ་རི་མི་ཏ་ཨ་ཡུརྫྙ་ན་སུ་བི་ནི་ཤྩི་ཏ་ཏེ་ཛོ་རཱ་ཛ་ཡ། ཏ་ཐཱ་ག་ཏ་ཡ་ཨར་ཧ་ཏེ་ས་མྱཀ་སཾ་བུད་དྷ་ཡ། ཏ་དྱ་ཐཱ། ཨོཾ
ས་རྦ་སཾ་སྐཱ་ར་པ་རི་ཤུད་དྷ་དྷརྨ་ཏེ་ག་ག་ན་ས་མུད་ག་ཏེ། སྭ་བྷ་བ་བི་ཤུད་དྷེ་མ་ཧཱ་ན་ཡ་པ་རི་བ་རེ་སྭཱ་ཧཱ། །འཇམ་དཔལ་
སུ་གང་གིས་དེ་བཞིན་གཤེགས་པ་ཚེ་དཔག་དུ་མྱེད་པའི་མཚན་བརྒྱ་རྩ་བརྒྱད་པ་འདི་ཡི་གེར་བྲིས་སམ་བྲི་རུ་བཅུག་གམ་ཁྱིམ་དུ་བཅང་བ་དེ

ཟད་པ་ལ་ལས་ཀྱི་ཡེ་ཤེས་ཡང་ལོ་བརྒྱ་ཐུབ་པར་འགྱུར་རོ། །དེ་ནས་ཡང་ཐམས་ཅད། དེ་བཞིན་གཤེགས་པ་ཚེ་དཔག
ཏུ་མེད་པའི་སངས་རྒྱས་ཀྱི་ཞིང་འདི་ན་དེ་དག་གི་ཐམས་ཅད་ཡིད་ཅན་དུ་བྱས་པ་ལ་ཀྲུང་བས་ཐོབ་པར་
འགྱུར་རོ། །ནམོ་བ་ག་བ་ཏེ། ཨ་པ་རི་མི་ཏ་ཨཱ་ཡུ་ཛྙཱ་ན་སུ་བི་ནི་ཤྩི་ཏ་ཏེ་ཛོ་ར་ཛ་ཡ། ཏ་ཐཱ་ག་ཏ་ཡ། ཨ་ར་ཧ་ཏེ་སམྱཀ་སམ་བུད་དྷ་ཡ། ཏདྱ་ཐཱ། ཨོཾ་
སརྦ་སཾ་སྐཱ་ར་པ་རི་ཤུད་དྷེ་དྷརྨ་ཏེ། ག་ག་ན་ས་མུད་ག་ཏེ། སྭ་བྷཱ་བ་བི་ཤུད་དྷེ། མ་ཧཱ་ན་ཡ་པ་རི་བཱ་རེ་སྭཱ་ཧཱ། །
ཡང་དེའི་ཚེ་སངས་རྒྱས་བྱེ་བ་ཕྲག་དགུ་བཅུ་རྩ་དགུས། དགོངས་པ་གཅིག་དང་འདུས་པ་གཅིག་གིས། ཚེ་དཔག
ཏུ་མེད་པའི་མདོ་འདི་གསུངས་སོ། །ནམོ་བ་ག་བ་ཏེ། ཨ་པ་རི་མི་ཏ་ཨཱ་ཡུ་ཛྙཱ་ན་སུ་བི་ནི་ཤྩི་ཏ་ཏེ་ཛོ་ར་ཛ་ཡ། ཏ་ཐཱ་ག་ཏ་ཡ། ཨ་
ར་ཧ་ཏེ་སམྱཀ་སམ་བུད་དྷ་ཡ། ཏདྱ་ཐཱ། ཨོཾ་སརྦ་སཾ་སྐཱ་ར་པ་རི་ཤུད་དྷེ་དྷརྨ་ཏེ། ག་ག་ན་ས་མུད་ག་ཏེ། སྭ་བྷཱ་བ་བི་ཤུད་དྷེ། མ་ཧཱ་ན་ཡ་པ་རི་
བ་རེ་སྭཱ་ཧཱ། །ཡང་དེའི་ཚེ་སངས་རྒྱས་བྱེ་བ་ཕྲག་བཞི་བརྒྱ་ལ་མ་དགོངས་པ་གཅིག་དང་འདུས་པ་གཅིག
གིས། ཚེ་དཔག་ཏུ་མེད་པའི་མདོ་འདི་གསུངས་སོ། །ནམོ་བ་ག་བ་ཏེ། ཨ་པ་རི་མི་ཏ་ཨཱ་ཡུ་ཛྙཱ་ན་སུ་བི་ནི་ཤྩི་ཏ་ཏེ་ཛོ་
ར་ཛ་ཡ། ཏ་ཐཱ་ག་ཏ་ཡ། ཨ་ར་ཧ་ཏེ་སམྱཀ་སམ་བུད་དྷ་ཡ། ཏདྱ་ཐཱ། ཨོཾ་སརྦ་སཾ་སྐཱ་ར་པ་རི་ཤུད་དྷེ་དྷརྨ་ཏེ། ག་ག་ན་ས་མུད་ག་ཏེ། སྭ་བྷཱ་བ་བི
ཤུད་དྷེ། མ་ཧཱ་ན་ཡ་པ་རི་བཱ་རེ་སྭཱ་ཧཱ། །ཡང་དེའི་ཚེ་སངས་རྒྱས་བྱེ་བ་ཕྲག་ལྔ་བརྒྱ་ཙམ་གཅིག་ཏུ་འདུས་པ་གཅིག
གྱིས། ཚེ་དཔག་ཏུ་མེད་པའི་མདོ་འདི་གསུངས་སོ། །ནམོ་བ་ག་བ་ཏེ། ཨ་པ་རི་མི་ཏ་ཨཱ་ཡུ་ཛྙཱ་ན་སུ་བི་ནི་ཤྩི་ཏ་ཏེ་ཛོ་ར་ཛ་ཡ། ཏ་ཐཱ་
ག་ཏ་ཡ། ཨ་ར་ཧ་ཏེ་སམྱཀ་སམ་བུད་དྷ་ཡ། ཏདྱ་ཐཱ། ཨོཾ་སརྦ་སཾ་སྐཱ་ར་པ་རི་ཤུད་དྷེ་དྷརྨ་ཏེ། ག་ག་ན་ས་མུད་ག་ཏེ། སྭ་བྷཱ་བ་བི་ཤུད་དྷེ། མ་ཧཱ་
ན་ཡ་པ་རི་བཱ་རེ་སྭཱ་ཧཱ། །ཡང་དེའི་ཚེ་སངས་རྒྱས་བྱེ་བ་ཕྲག་དྲུག་ཅུ་རྩ་ཞིག་གིས། དགོངས་པ་གཅིག་དང་འདུས་པ
གཅིག་གིས། ཚེ་དཔག་ཏུ་མེད་པའི་མདོ་འདི་གསུངས་སོ། །ནམོ་བ་ག་བ་ཏེ། ཨ་པ་རི་མི་ཏ་ཨཱ་ཡུ་ཛྙཱ་ན་སུ་བི་ནི་
ཤྩི་ཏ་ཏེ་ཛོ་ར་ཛ་ཡ། ཏ་ཐཱ་ག་ཏ་ཡ། ཨ་ར་ཧ་ཏེ་སམྱཀ་སམ་བུད་དྷ་ཡ། ཏདྱ་ཐཱ། ཨོཾ་སརྦ་སཾ་སྐཱ་ར་པ་རི་ཤུད་དྷེ་དྷརྨ་ཏེ། ག་ག་ན་ས་མུད་ག་ཏེ། སྭ་བྷཱ་བ་བི་ཤུད་དྷེ་
མ་ཧཱ་ན་ཡ་པ་རི་བཱ་རེ་སྭཱ་ཧཱ། །ཡང་དེའི་ཚེ་སངས་རྒྱས་བྱེ་བ་ཕྲག་གང་གཱའི་ཀླུང་གི་བྱེ་མ་སྙེད་ཀྱིས་དགོངས
པ་གཅིག་དང་འདུས་པ་གཅིག་གིས། ཚེ་དཔག་ཏུ་མེད་པའི་མདོ་འདི་གསུངས་སོ། །ནམོ་བ་ག་བ་ཏེ་ཨ་པ་རི་མི
ཏ། ཨཱ་ཡུ་ཛྙཱ་ན་སུ་བི་ནི་ཤྩི་ཏ་ཏེ་ཛོ་ར་ཛ་ཡ། ཏ་ཐཱ་ག་ཏ་ཡ། ཨ་ར་ཧ་ཏེ་སམྱཀ་སམ་བུད་དྷ་ཡ། ཏདྱ་ཐཱ། ཨོཾ་སརྦ་སཾ་སྐཱ་ར་པ་རི་ཤུད་དྷེ་དྷརྨ་ཏེ། ག་ག་ན

ས་མུད་ག་ཏེ། སྭ་བྷ་བ་བི་ཤུདྡྷེ་མ་ཧཱ་ན་ཡ་པ་རི་ཝ་རེ་སྭཱ་ཧཱ། །གང་ལ་ལ་ཞིག་ཚེ་དང་ཡེ་ཤེས་དཔག་དུ་མེད་པའི་མདོ་འདི་ཡི་གེར་བྲིས་སམ་བྲི་རུ་བཅུག་ན

དེ་ནི་ཚེ་ཟད་ཀྱང་ཕྱིར་ཡང་ཚེ་བརྒྱ་ཐུབ་པར་འགྱུར་རོ། །ན་མོ་བྷ་ག་ཝ་ཏེ། ཨ་པ་རི་མི་ཏ་ཨ་ཡུར་ཛྙཱ་ན་སུ་བི་ནི་ཤྩི

ཏ་ཏེ་ཛོ་ར་ཛ་ཡ། ཏ་ཐཱ་ག་ཏཱ་ཡ། ཨརྷ་ཏེ་སམྱཀ་སཾ་བུདྡྷཱ་ཡ། ཏདྱ་ཐཱ། ཨོཾ་སརྦ་སཾ་སྐཱ་ར་པ་རི་ཤུདྡྷ་དྷརྨ་ཏེ་ག་ག་ན་ས་མུད་ག་ཏེ། སྭ་བྷ་བ་བི་ཤུདྡྷེ་མ་ཧཱ་ན་ཡ་པ་རི

ཝ་ར་སྭཱ་ཧཱ། །གང་ཞིག་ཚེ་དང་ཡེ་ཤེས་དཔག་དུ་མེད་པའི་མདོ་འདི་ཡི་གེར་བྲིས་སམ་བྲི་རུ་བཅུག་ན། དེ་ནི་ནམ་མཁའ་ཆེན་པོ་ལ་བར་དུ་བུད་དོ་གཅིག་པ

རབ་ཏུ་འཆི་བ་མ་ཡིན་པ་ལས་ཐར་བར་འགྱུར་རོ། །ན་མོ་བྷ་ག་ཝ་ཏེ། ཨ་པ་རི་མི་ཏ་ཨ་ཡུར་ཛྙཱ་ན་སུ་བི་ནི་ཤྩི་ཏ་ཏེ་ཛོ་ར་ཛ་ཡ། ཏ་ཐཱ་ག་ཏཱ་ཡ། ཨརྷ་ཏེ་སམྱཀ་སཾ་བུདྡྷཱ་ཡ། ཏདྱ་ཐཱ། ཨོཾ་སརྦ

སཾ་སྐཱ་ར་པ་རི་ཤུདྡྷ་དྷརྨ་ཏེ་ག་ག་ན་ས་མུད་ག་ཏེ། སྭ་བྷ་བ་བི་ཤུདྡྷེ་མ་ཧཱ་ན་ཡ་པ་རི་ཝ་རེ་སྭཱ་ཧཱ། །གང་ཞིག་

ཚེ་དང་ཡེ་ཤེས་དཔག་དུ་མེད་པའི་མདོ་འདི་ཡི་གེར་བྲིས་སམ་བྲི་རུ་བཅུག་ན། དེ་ལ་སྡིག་པའི་ལས་ཆེན་པོ་ཐམས་ཅད་བྱང་བར་འགྱུར་རོ། །ན་མོ་བྷ་ག་ཝ་ཏེ་

པ་ར་འགྱུར་རོ། །ན་མོ་བྷ་ག་ཝ་ཏེ། ཨ་པ་རི་མི་ཏ་ཨ་ཡུར་ཛྙཱ་ན་སུ་བི་ནི་ཤྩི་ཏ་ཏེ་ཛོ་ར་ཛ་ཡ། ཏ་ཐཱ་ག་ཏཱ་ཡ། ཨརྷ་ཏེ་སམྱཀ་སཾ་བུདྡྷཱ་ཡ། ཏདྱ་ཐཱ། ཨོཾ་སརྦ་སཾ་སྐཱ

ར་པ་རི་ཤུདྡྷ་དྷརྨ་ཏེ་ག་ག་ན་ས་མུད་ག་ཏེ། སྭ་བྷ་བ་བི་ཤུདྡྷེ་མ་ཧཱ་ན་ཡ་པ་རི་ཝ་རེ་སྭཱ་ཧཱ། །གང་ཞིག་ཚེ་དང་ཡེ་ཤེས་དཔག་དུ་མེད་པའི་

མདོ་འདི་ཡི་གེར་བྲིས་སམ་བྲི་རུ་བཅུག་ན། དེ་ལ་བདུད་དང་བདུད་ཀྱི་རིས་ཀྱི་ལྷ་དང་གནོད་སྦྱིན་དང་སྲིན་པོས་གླགས་རྙེད་པར་མི་འགྱུར་རོ། །

ན་མོ་བྷ་ག་ཝ་ཏེ། ཨ་པ་རི་མི་ཏ་ཨ་ཡུར་ཛྙཱ་ན་སུ་བི་ནི་ཤྩི་ཏ་ཏེ་ཛོ་ར་ཛ་ཡ། ཏ་ཐཱ་ག་ཏཱ་ཡ། ཨརྷ་ཏེ་སམྱཀ་སཾ་བུདྡྷཱ་ཡ། ཏདྱ་ཐཱ། ཨོཾ་སརྦ་སཾ་སྐཱ་ར་པ་རི

ཤུདྡྷ་དྷརྨ་ཏེ་ག་ག་ན་ས་མུད་ག་ཏེ། སྭ་བྷ་བ་བི་ཤུདྡྷེ་མ་ཧཱ་ན་ཡ་པ་རི་ཝ་རེ་སྭཱ་ཧཱ། །གང་ཞིག་ཚེ་དང་ཡེ་ཤེས་དཔག་དུ་མེད་པའི་

མདོ་འདི་ཡི་གེར་བྲིས་སམ་བྲི་རུ་བཅུག་ན། དེ་འཆི་བའི་དུས་ཀྱི་ཚེ་སངས་རྒྱས་བྱེ་བ་ཕྲག་དགུ་བཅུ་རྩ་དགུས་མངོན་སུམ་དུ་བསྟན་ཏེ

འབྱུང་བར་འགྱུར་རོ། །ན་མོ་བྷ་ག་ཝ་ཏེ། ཨ་པ་རི་མི་ཏ་ཨ་ཡུར་ཛྙཱ་ན་སུ་བི་ནི་ཤྩི་ཏ་ཏེ་ཛོ་ར་ཛ་ཡ། ཏ་ཐཱ་ག་ཏཱ་ཡ། ཨརྷ་ཏེ་སམྱཀ་སཾ་བུདྡྷཱ་ཡ། ཏདྱ་ཐཱ། ཨོཾ་སརྦ་སཾ་སྐཱ་ར

པ་རི་ཤུདྡྷ་དྷརྨ་ཏེ་ག་ག་ན་ས་མུད་ག་ཏེ། སྭ་བྷ་བ་བི་ཤུདྡྷེ་མ་ཧཱ་ན་ཡ་པ་རི་ཝ་རེ་སྭཱ་ཧཱ། །གང་ཞིག་ཚེ་དང་ཡེ་ཤེས་དཔག་དུ་མེད་པའི་

མདོ་འདི་ཡི་གེར་བྲིས་སམ་བྲི་རུ་བཅུག་ན། དེ་ནི་སངས་རྒྱས་སྟོང་གིས་ལག་པ་བརྐྱང་སྟེ་སངས་རྒྱས་ཀྱི་ཞིང་ནས་ཞིང་དུ་འགྲོ་བ

དེ་ཞིང་དེ་ལ་ཕྱག་འཚལ་བར་འགྱུར་རོ། །སངས་སྔས་ཀྱི་ཞིང་ལས་སངས་སྔས་ཀྱི་ཞིང་དུ་འགྲོ་བར་འགྱུར་རོ་ང་པར་
འགྱུར་ཏེ། །འདི་ལ་བདུད་ཚོགས་རྣམས་ཀྱིས་ཀྱང་ཡང་གནོད་པ་མ་ནུས་སོ། །བཅོམ་ལྡན་འདས་ཀྱི་ན་མོ་བྷ་ག་བ་ཏེ། ཨ་པ་རི་མི་ཏ་ཨ་ཡུ
ར་ཛྙ་ན་སུ་བི་ནི་ཤྩི་ཏ་ཏེ་ཛོ་ར་ཛ་ཡ། ཏ་ཐཱ་ག་ཏ་ཡ། ཨ་རྷ་ཏེ་སམྱཀ་སཾ་བུདྡྷ་ཡ། ཏད་ཡ་ཐཱ། ཨོཾ་ས་རྦ་སཾ་སྐཱ་ར་པ་རི་ཤུད་དྷ་དྷརྨ་ཏེ་ག་ག་ན་ས
མུ་ད་ག་ཏེ་སྭ་བྷ་བ་བི་ཤུད་དྷེ་མ་ཧ་ན་ཡ་པ་རི་བ་རེ་སྭཱ་ཧཱ། །གང་ཞིག་ཆོས་ཀྱི་རྣམ་གྲངས་ཚེ་དཔག་དུ་མེད་པ་འདི་
ཡི་གེར་བྲིས། །རྒྱ་མཚོ་ཆེན་པོ་ཆུ་ཐིགས་རེ་རེ་ནས་བགྲང་བར་ནུས་ཀྱི། །ཚེ་དཔག་དུ་མེད་པའི་བསོད་ནམས་ཀྱི་ཕུང་པོ་ནི་
འགྱུར་རོ། །བཅོམ་ལྡན་འདས་ཀྱི། ཨ་པ་རི་མི་ཏ། ཨ་ཡུ་ར་ཛྙ་ན་སུ་བི་ནི་ཤྩི་ཏ་ཏེ་ཛོ་ར་ཛ་ཡ། ཏ་ཐཱ་ག་ཏ་ཡ། ཨ་རྷ་ཏེ
སམྱཀ་སཾ་བུདྡྷ་ཡ། ཏདྱ་ཐཱ། ཨོཾ་ས་རྦ་སཾ་སྐཱ་ར་པ་རི་ཤུད་དྷ་དྷརྨ་ཏེ་ག་ག་ན་ས་མུ་ད་ག་ཏེ་སྭ་བྷ་བ་བི་ཤུད་དྷེ་མ་ཧ་ན་ཡ
པ་རི་བ་རེ་སྭཱ་ཧཱ། །གང་ཞིག་ཚེ་དཔག་དུ་མེད་པའི་མདོ་འདི་འབྲི་བ་གྲངས་མེད་པ་བཞིན་ནམ
པ་འདི་ཡང་དག་པར་རྫོགས་པ་སངས་རྒྱས་ཀྱི་ཞིང་འབྲི་བ་གྲངས་ཀྱི་ཐམས་ཅད་ཀྱི་འདེབས་པ་ཅན་དུ་སྐྱེ་བར་
འགྱུར་རོ། །བཅོམ་ལྡན་འདས་ཀྱི། ཨ་པ་རི་མི་ཏ། ཨ་ཡུ་ར་ཛྙ་ན་སུ་བི་ནི་ཤྩི་ཏ་ཏེ་ཛོ་ར་ཛ་ཡ། ཏ་ཐཱ་ག་ཏ་ཡ། ཨ་རྷ་ཏེ་སམྱཀ
ཨོཾ་ས་རྦ་སཾ་སྐཱ་ར་པ་རི་ཤུད་དྷ་དྷརྨ་ཏེ་ག་ག་ན་ས་མུ་ད་ག་ཏེ་སྭ་བྷ་བ་བི་ཤུད་དྷེ་མ་ཧ་ན་ཡ་པ་རི
བ་རེ་སྭཱ་ཧཱ། །ས་ཕྱོགས་གང་ན་མདོ་སྡེ་འདི་ཡོད་པ་དེ་མཆོད་རྟེན་དུ་འགྱུར་རོ། །ས་ཕྱོགས་དེ་ལ་མཆོད་རྟེན་
དུ་འགྱུར་རོ། [illegible] འགྱུར་རོ། །གང་དེ་བྱོལ་སོང་ངམ་བྱ་རྣམས་ཀྱི་རྣ་ལམ་དུ་གྲག་པར་གྱུར་པ་དེ་དག་ཐམས
ཅད་ཀྱང་བླ་ན་མེད་པ་ཡང་དག་པར་རྫོགས་པའི་བྱང་ཆུབ་ཏུ་མངོན་པར་འཚང་རྒྱ་བར་འགྱུར་རོ། །བཅོམ་ལྡན་འདས་ཀྱི། ཨ་པ་རི་མི་ཏ། ཨ་ཡུ་ར་
ཛྙ་ན་སུ་བི་ནི་ཤྩི་ཏ་ཏེ་ཛོ་ར་ཛ་ཡ། ཏ་ཐཱ་ག་ཏ་ཡ། ཨ་རྷ་ཏེ་སམྱཀ་སཾ་བུདྡྷ་ཡ། ཏདྱ་ཐཱ། ཨོཾ་ས་རྦ་སཾ་སྐཱ་ར་པ་རི་ཤུད་དྷ་དྷརྨ་ཏེ་ག་ག་ན་ས་མུ་ད་ག་ཏེ
སྭ་བྷ་བ་བི་ཤུད་དྷེ་མ་ཧ་ན་ཡ་པ་རི་བ་རེ་སྭཱ་ཧཱ། །གང་ཞིག་ཚེ་དཔག་དུ་མེད་པའི་མདོ་འདི་བསྐྱུགས་ཀ་དེ་ལ
སྐྱེས་ཀྱི་དེ་ཚེ་ཡིན་པ་ཁམས་ཅུ་ཡང་གྱི་འགྱུར་རོ། །བཅོམ་ལྡན་འདས་ཀྱི། ཨ་པ་རི་མི་ཏ། ཨ་ཡུ་ར་ཛྙ་ན་སུ་བི་ནི་ཤྩི་ཏ་ཏེ་ཛོ་ར་ཛ་ཡ
ཏ་ཐཱ་ག་ཏ་ཡ། ཨ་རྷ་ཏེ་སམྱཀ་སཾ་བུདྡྷ་ཡ། ཏདྱ་ཐཱ། ཨོཾ་ས་རྦ་སཾ་སྐཱ་ར་པ་རི་ཤུད་དྷ་དྷརྨ་ཏེ་ག་ག་ན་ས་མུ་ད་ག་ཏེ་སྭ་བྷ་བ་བི་ཤུད་དྷེ་མ་ཧ་ན་ཡ་པ་རི

པ་རེ་སྭཱ་ཧཱ། གང་ལ་ལ་ཞིག་ཆོས་ཀྱི་རྣམ་གྲངས་འདི་ཡི་གེར་བྲིས་ཏེ་ཁྱིམ་ན་བཅུག་ནས་ཀྱང་མཆོད་ན། དེས་ཆོས་
ཀྱི་སྡེ་ཆེན་པོ་བརྒྱད་ཁྲི་བཞི་སྟོང་ཐམས་ཅད་ཡི་གེར་བྲིས་ཤིང་བཀླགས་པར་འགྱུར་རོ། ནམོ་བྷ་ག་བ་ཏེ། ཨ་པ་
རི་མི་ཏ་ཨ་ཡུར་ཛྙཱ་ན་སུ་བི་ནི་ཤྩི་ཏ་ཏེ་ཛོ་རཱ་ཛཱ་ཡ། ཏ་ཐཱ་ག་ཏཱ་ཡ། ཨརྷ་ཏེ་སམྱཀ་སམ་བུདྡྷཱ་ཡ། ཏདྱ་ཐཱ། ཨོཾ་སརྦ་སཾ་སྐཱ་ར་པ་རི་ཤུདྡྷ་དྷརྨ་ཏེ་ག་ག་ན་ས་མུད་ག་ཏེ་སྭ་བྷཱ་བ་བི་
ཤུདྡྷེ་མ་ཧཱ་ན་ཡ་པ་རི་བཱ་རེ་སྭཱ་ཧཱ། གང་ལ་ལ་ཞིག་ཆོས་ཀྱི་རྣམ་གྲངས་འདི་ལ་མཆོད་པ་བྱེད་པ་དེས་ཕྱོགས་བཅུའི་[illegible]
ཆོས་ཐམས་ཅད་ལ་མཆོད་པ་བྱས་པར་འགྱུར་རོ། ནམོ་བྷ་ག་བ་ཏེ། ཨ་པ་རི་མི་ཏ། ཨ་ཡུར་ཛྙཱ་ན་སུ་བི་ནི་ཤྩི་ཏ་ཏེ་ཛོ་རཱ་ཛཱ་ཡ། ཏ་ཐཱ་ག་ཏཱ་ཡ། ཨརྷ་ཏེ་
སམྱཀ་སམ་བུདྡྷཱ་ཡ། ཏདྱ་ཐཱ། ཨོཾ་སརྦ་སཾ་སྐཱ་ར་པ་རི་ཤུདྡྷ་དྷརྨ་ཏེ་ག་ག་ན་ས་མུད་ག་ཏེ་སྭ་བྷཱ་བ་བི་ཤུདྡྷེ་མ་ཧཱ་ན་ཡ་པ་རི་བཱ་རེ་སྭཱ་ཧཱ། འདི་ལྟ་སྟེ་དཔེར་ན།
[illegible]
[illegible]
[illegible]
སྟེ། ནམོ་བྷ་ག་བ་ཏེ། ཨ་པ་རི་མི་ཏ། ཨ་ཡུར་ཛྙཱ་ན་སུ་བི་ནི་ཤྩི་ཏ་ཏེ་ཛོ་རཱ་ཛཱ་ཡ། ཏ་ཐཱ་ག་ཏཱ་ཡ། ཨརྷ་ཏེ་སམྱཀ་སམ་བུདྡྷཱ་ཡ། ཏདྱ་ཐཱ། ཨོཾ་སརྦ་སཾ་སྐཱ་ར་པ་རི་ཤུདྡྷ་དྷརྨ་ཏེ་ག་ག་ན་ས་མུད་ག་ཏེ་སྭ་བྷཱ་བ་བི་ཤུདྡྷེ་
མ་ཧཱ་ན་ཡ་པ་རི་བཱ་རེ་སྭཱ་ཧཱ། [illegible]
[illegible]
ནམོ་བྷ་ག་བ་ཏེ། ཨ་པ་རི་མི་ཏ། ཨ་ཡུར་ཛྙཱ་ན་སུ་བི་ནི་ཤྩི་ཏ་ཏེ་ཛོ་རཱ་ཛཱ་ཡ། ཏ་ཐཱ་ག་ཏཱ་ཡ། ཨརྷ་ཏེ་སམྱཀ་སམ་བུདྡྷཱ་ཡ། ཏདྱ་ཐཱ། ཨོཾ་སརྦ་སཾ་སྐཱ་ར་པ་རི་ཤུདྡྷ་དྷརྨ་ཏེ་ག་ག་ན་
ས་མུད་ག་ཏེ་སྭ་བྷཱ་བ་བི་ཤུདྡྷེ་མ་ཧཱ་ན་ཡ་པ་རི་བཱ་རེ་སྭཱ་ཧཱ། [illegible]
[illegible]
[illegible]། ནམོ་བྷ་ག་བ་ཏེ། ཨ་པ་རི་མི་ཏ། ཨ་ཡུར་ཛྙཱ་ན་སུ་བི་ནི་ཤྩི་ཏ་ཏེ་ཛོ་རཱ་ཛཱ་ཡ། ཏ་ཐཱ་ག་ཏཱ་ཡ། ཨརྷ་ཏེ་སམྱཀ་སམ་བུདྡྷཱ་ཡ། ཏདྱ་ཐཱ། ཨོཾ་
སརྦ་སཾ་སྐཱ་ར་པ་རི་ཤུདྡྷ་དྷརྨ་ཏེ་ག་ག་ན་ས་མུད་ག་ཏེ་སྭ་བྷཱ་བ་བི་ཤུདྡྷེ་མ་ཧཱ་ན་ཡ་པ་རི་བཱ་རེ་སྭཱ་ཧཱ། །
སྦྱིན་པའི་སྟོབས་ཀྱིས་[illegible]ཡང་དག་འཕགས། །སྙིང་རྗེ་ཅན་གྱི་གྲོང་ཁྱེར་ནང་དུ་ཞུགས་པ་ན། །སྦྱིན་པའི་སྟོབས་ཀྱི་སྒྲ་
[illegible]། །སྦྱིན་པའི་སྟོབས་ཀྱིས་[illegible] ། །[illegible]

།མི་ཡི་སེང་གེ་ཚུལ་ཁྲིམས་སྟོབས་རྫོགས་ནས་ཏེ། །སྙིང་རྗེ་ཅེ་གྲོང་ཁྱེར་དུ་འཇུག་པ་ན། །ཚུལ་ཁྲིམས་སྟོབས་
ཀྱི་སྒྲ་ནི་གྲགས་པར་འགྱུར། །བཟོད་པ་ནི་སྟོབས་ཀྱིས་སངས་རྒྱས་ཡང་དག་འཕགས། །མི་ཡི་སེང་གེ
བཟོད་པ་ནི་སྟོབས་རྫོགས་ནས་ཏེ། །སྙིང་རྗེ་ཅེ་གྲོང་ཁྱེར་དུ་འཇུག་པ་ན། །བཟོད་པ་ནི་སྟོབས་ཀྱི་སྒྲ་ནི་
གྲགས་པར་འགྱུར། །བརྩོན་འགྲུས་སྟོབས་ཀྱིས་སངས་རྒྱས་ཡང་དག་འཕགས། །མི་ཡི་
སེང་གེ་བརྩོན་འགྲུས་སྟོབས་རྫོགས་ནས་ཏེ། །སྙིང་རྗེ་ཅེ་གྲོང་ཁྱེར་དུ་འཇུག་པ་ན། །བརྩོན་འགྲུས་སྟོབས་
ཀྱི་སྒྲ་ནི་གྲགས་པར་འགྱུར། །བསམ་གཏན་སྟོབས་ཀྱིས་སངས་རྒྱས་ཡང་དག་འཕགས། །
མི་ཡི་སེང་གེ་བསམ་གཏན་སྟོབས་རྫོགས་ནས་ཏེ། །སྙིང་རྗེ་ཅེ་གྲོང་ཁྱེར་དུ་འཇུག་པ་ན། །བསམ་གཏན་
སྟོབས་ཀྱི་སྒྲ་ནི་གྲགས་པར་འགྱུར། །ཤེས་རབ་སྟོབས་ཀྱིས་སངས་རྒྱས་ཡང་དག་
འཕགས། །མི་ཡི་སེང་གེ་ཤེས་རབ་སྟོབས་རྫོགས་ནས་ཏེ། །སྙིང་རྗེ་ཅེ་གྲོང་ཁྱེར་དུ་འཇུག་པ་ན། །
ཤེས་རབ་སྟོབས་ཀྱི་སྒྲ་ནི་གྲགས་པར་འགྱུར། ༔ །ནམོ་བྷ་ག་བ་ཏེ་ཨ་པ་རི་མི་ཏཱ་ཡུ
ཛྙཱ་ན་སུ་བི་ནི་ཤྩི་ཏ་ཏེ་ཛོ་རཱ་ཛཱ་ཡ་ཏ་ཐཱ་ག་ཏཱ་ཡ། ཏདྱ་ཐཱ། ཨོཾ་ས་རྦ་སཾ་སྐཱ་ར་པ་རི་ཤུདྡྷ་དྷརྨ་ཏེ། ག་ག་ན་ས་མུ
དྒ་ཏེ། སྭ་བྷཱ་བ་བི་ཤུདྡྷེ། མ་ཧཱ་ན་ཡ་པ་རི་བཱ་རེ་སྭཱ་ཧཱ། །བཅོམ་ལྡན་འདས་ཀྱིས་ཞིང་དེ
སྐད་ཅེས་བཀའ་སྩལ་ནས། འཇམ་དཔལ་གཞོན་ནུར་གྱུར་པ་དང་། ལྷ་དང་ལྷ་མ་ཡིན་དང་། དྲི་ཟར་བཅས
པའི་འཇིག་རྟེན་ཐམས་ཅད། བཅོམ་ལྡན་འདས་ཀྱིས་གསུངས་པ་ལ་མངོན་པར་བསྟོད
དོ། །

ༀ། །ཚེ་དཔག་དུ་མེད་པ་ཞེས་བྱ་བ་ཐེག་པ་ཆེན་པོའི་མདོ་རྫོགས་སོ། །

།ཆས་ཞུང་ཤིལ།

༄། །རྒྱ་གར་སྐད་དུ། ཨ་པ་རི་མི་ཏཱ་ཨ་ཡུར་ཛྙཱ་ན་ན་མ་མ་ཧཱ་ཡ་ན་སུ་ཏྲ། བོད་སྐད་དུ། ཚེ་དཔག་དུ་མྱེད
པ་ཞེས་བྱ་བ་ཐེག་པ་ཆེན་པོའི་མདོ། སངས་རྒྱས་དང་བྱང་ཆུབ་སེམས་དཔའ་ཐམས་ཅད་ལ་ཕྱག་འཚལ་ལོ། །འདི་
སྐད་བདག་གིས་ཐོས་པ་དུས་གཅིག་ན། བཅོམ་ལྡན་འདས་མཉན་དུ་ཡོད་པ་ན། རྒྱལ་བུ་རྒྱལ་བྱེད་ཀྱི་ཚལ་མགོན་མྱེད་ཟས
སྦྱིན་གྱི་ཀུན་དགའ་ར་བ་ན། དགེ་སློང་གི་དགེ་འདུན་ཆེན་པོ། དགེ་སློང་བརྒྱ་ཕྲག་ཕྱེད་དང་བཅུ་གསུམ་དང་། བྱང་ཆུབ་སེམས་དཔ
སེམས་དཔའ་ཆེན་པོ་རབ་ཏུ་མང་པོ་དང་། ཐབས་ཅིག་ཏུ་བཞུགས་སོ། །དེ་ནས་བཅོམ་ལྡན་འདས་ཀྱིས། འཇམ་དཔལ་གཞོན
ནུར་གྱུར་པ་ལ་བཀའ་སྩལ་པ། འཇམ་དཔལ་སྟེང་གི་ཕྱོགས་ན་འཇིག་རྟེན་གྱི་ཁམས། ཡོན་ཏན་དཔག་དུ་མྱེད
པ་ལ་སྤྱུགས་པ་ཞེས་བྱ་བ་ཞིག་ཡོད་དེ། དེ་ན་དེ་བཞིན་གཤེགས་པ་དགྲ་བཅོམ་པ་ཡང་དག་པར་རྫོགས་པའི
སངས་རྒྱས་ཚེ་དང་ཡེ་ཤེས་དཔག་དུ་མྱེད་པ། ཤིན་ཏུ་རྣམ་པར་ངེས་པའི་གཟི་བརྗིད་ཀྱི་རྒྱལ་པོ་ཞེས་བྱ་བ་བཞུགས་ཏེ
འཚོ་སྐྱོང་ངོ་། སེམས་ཅན་རྣམས་ལ་ཆོས་ཀྱང་སྟོན་ཏོ། འཇམ་དཔལ་གཞན་ཡང་འཛམ་བུ་གླིང་འདི
ན་སེམས་ཅན་རྣམས་ནི། ཚེ་ཐུང་ཐུང་ངོ་། ལོ་བརྒྱ་པ་ཞེ་དགས་ཏེ། དེ་དག་ལས་ཀྱང་ཕལ་ཆེར་དུས་མ་ཡིན་པར་འཆི་བར
འགྱུར་རོ། འཇམ་དཔལ་སེམས་ཅན་གང་དག་དེ་བཞིན་གཤེགས་པ་ཚེ་དཔག་དུ་མྱེད་པའི་ཡོན་ཏན་དང་བསྔགས་པ
ཡོངས་སུ་བརྗོད་པ་ཞེས་བྱ་བའི་ཆོས་ཀྱི་རྣམ་གྲངས་འདི་འབྲི་འམ། འབྲི་རུ་བཅུག་གམ། འཆང་ངམ་ཀློག་གམ། མེ་ཏོག
དང་བདུག་པ་དང་སྤོས་དང་ཕྲེང་བ་དང་བྱུག་པ་རྣམས་ཀྱིས་མཆོད་པ་བྱེད་པ་དེ་དག་ནི། ཚེ་ཟད་པ་ལས་ཀྱང་། ཚེ་ཡང
ལོ་བརྒྱ་ཐུབ་པར་འགྱུར་རོ། །འཇམ་དཔལ་སེམས་ཅན་གང་དག་དེ་བཞིན་གཤེགས་པ་ཚེ་དཔག་དུ་མྱེད་པ། ཤིན་ཏུ
རྣམ་པར་ངེས་པའི་གཟི་བརྗིད་ཀྱི་རྒྱལ་པོའི་མཚན་བརྒྱ་རྩ་བརྒྱད་པ་ཐོས་པར་འགྱུར་བ་དེ་དག་གི་ཚེ་ཡང་འཕེལ་བར་འགྱུར་རོ། །འཇམ་དཔལ
དེ་ལྟ་བས་ན་རིགས་ཀྱི་བུ་འམ་རིགས་ཀྱི་བུ་མོ་ཚེ་རིང་པོར་འདོད་པ་དེ་བཞིན་གཤེགས་པ་ཚེ་དཔག་དུ་མྱེད་པའི་མཚན་བརྒྱ
རྩ་བརྒྱད་པ་ཅན་འདི། བྲིས་སམ་བྲི་རུ་བཅུག་གམ། དེ་དག་གི་ཡོན་ཏན་འདི་ལྟ་བུ་དག་ཐོབ་པར་འགྱུར་རོ། །ཨོཾ་ན་མོ་བྷ་ག་བ་ཏེ། ཨ་པ་རི་མི་ཏཱ་ཨ་ཡུར་ཛྙཱ་ན
སུ་བི་ནི་ཤྩི་ཏ་ཏེ་ཛོ་ར་ཛཱ་ཡ། ཏ་ཐཱ་ག་ཏཱ་ཡ། ཨ་ར་ཧ་ཏེ་སཾ་མྱཀ་སཾ་བུདྡྷཱ་ཡ། ཏདྱ་ཐཱ། ཨོཾ་ས་རྦ་སཾ་སྐཱ་ར་པ་རི་ཤུདྡྷ་དྷརྨ་ཏེ་ག་ག་ན་ས་མུདྒ་ཏེ་སྭ་བྷཱ་བ་བི་ཤུདྡྷེ་མ་ཧཱ་ན
ཡ་པ་རི་ཝཱ་རེ་སྭཱ་ཧཱ། ། །འཇམ་དཔལ་སྔགས་ཀྱི་ཚིག་འདི་གང་ལ་ལ་ཞིག་འབྲི་འམ་འབྲི་རུ་འཇུག་གམ། །

ཀློགས་སམ་བྲིས་ན་ནི། །ཁྱིམ་ན་འདུག་ཀྱང་རུང་སྟེ། །ཚེ་ཟད་པ་ལས་ཀྱང་ལོ་བརྒྱ་ཐུབ་པར་འགྱུར་ཏེ། །དེ་ནས་ཤི་འཕོས་ནས། །དེ་བཞིན་གཤེགས་པ་ཚེ་དཔག་དུ་མྱེད་པའི་སངས་རྒྱས་ཀྱི་ཞིང་འཛིན་གྱི་ཁམས་ན་ཡོན་ཏན་དཔག་དུ་མྱེད་པ་ལ་སྐྱེ་བར་འགྱུར་རོ། །ནམོ་བྷ་ག་བ་ཏེ། ཨ་པ་རི་མི་ཏ། ཨ་ཡུ་རྫཉ་ན་སུ་བི་ནི་ཤྩི་ཏ་ར་ཛ་ཡ། ཏ་ཐཱ་ག་ཏ་ཡ། ཨརྷ་ཏེ་སམྱཀ་སཾ་བུདྡྷཱ་ཡ། ཏདྱ་ཐཱ། ཨོཾ་ས་རྦ་སཾ་སྐཱ་ར་པ་རི་ཤུདྡྷ་དྷརྨ་ཏེ་ག་ག་ན་ས་མུདྒ་ཏེ། སྭ་བྷཱ་བ་བི་ཤུདྡྷེ་མ་ཧཱ་ན་ཡ་པ་རི་བཱ་རེ་སྭཱ་ཧཱ། །ཡང་དེའི་ཚེ་སངས་རྒྱས་བྱེ་བ་ཕྲག་ལྔ་བཅུ་རྩ་ལྔ་འདུས་ནས། དགོངས་པ་གཅིག་དང་། དབྱངས་གཅིག་གིས། ཚེ་དཔག་དུ་མྱེད་པའི་མདོ་འདི་གསུངས་སོ། །ནམོ་བྷ་ག་བ་ཏེ། ཨ་པ་རི་མི་ཏ། ཨ་ཡུ་རྫཉ་ན་སུ་བི་ནི་ཤྩི་ཏ་ར་ཛ་ཡ། ཏ་ཐཱ་ག་ཏ་ཡ། ཨརྷ་ཏེ་སམྱཀ་སཾ་བུདྡྷཱ་ཡ། ཏདྱ་ཐཱ། ཨོཾ་ས་རྦ་སཾ་སྐཱ་ར་པ་རི་ཤུདྡྷ་དྷརྨ་ཏེ་ག་ག་ན་ས་མུདྒ་ཏེ། སྭ་བྷཱ་བ་བི་ཤུདྡྷེ་མ་ཧཱ་ན་ཡ་པ་རི་བཱ་རེ་སྭཱ་ཧཱ། །ཡང་དེའི་ཚེ་སངས་རྒྱས་བྱེ་བ་ཕྲག་བཞི་བཅུ་རྩ་ལྔ་འདུས་ནས། དགོངས་པ་གཅིག་དང་། དབྱངས་གཅིག་གིས། ཚེ་དཔག་དུ་མྱེད་པའི་མདོ་འདི་གསུངས་སོ། །ནམོ་བྷ་ག་བ་ཏེ། ཨ་པ་རི་མི་ཏ། ཨ་ཡུ་རྫཉ་ན་སུ་བི་ནི་ཤྩི་ཏ་ར་ཛ་ཡ། ཏ་ཐཱ་ག་ཏ་ཡ། ཨརྷ་ཏེ་སམྱཀ་སཾ་བུདྡྷཱ་ཡ། ཏདྱ་ཐཱ། ཨོཾ་ས་རྦ་སཾ་སྐཱ་ར་པ་རི་ཤུདྡྷ་དྷརྨ་ཏེ་ག་ག་ན་ས་མུདྒ་ཏེ། སྭ་བྷཱ་བ་བི་ཤུདྡྷེ་མ་ཧཱ་ན་ཡ་པ་རི་བཱ་རེ་སྭཱ་ཧཱ། །ཡང་དེའི་ཚེ་སངས་རྒྱས་བྱེ་བ་ཕྲག་སུམ་ཅུ་རྩ་དྲུག་འདུས་ནས། དགོངས་པ་གཅིག་དང་། དབྱངས་གཅིག་གིས། ཚེ་དཔག་དུ་མྱེད་པའི་མདོ་འདི་གསུངས་སོ། །ནམོ་བྷ་ག་བ་ཏེ། ཨ་པ་རི་མི་ཏ། ཨ་ཡུ་རྫཉ་ན་སུ་བི་ནི་ཤྩི་ཏ་ར་ཛ་ཡ། ཏ་ཐཱ་ག་ཏ་ཡ། ཨརྷ་ཏེ་སམྱཀ་སཾ་བུདྡྷཱ་ཡ། ཏདྱ་ཐཱ། ཨོཾ་ས་རྦ་སཾ་སྐཱ་ར་པ་རི་ཤུདྡྷ་དྷརྨ་ཏེ་ག་ག་ན་ས་མུདྒ་ཏེ། སྭ་བྷཱ་བ་བི་ཤུདྡྷེ་མ་ཧཱ་ན་ཡ་པ་རི་བཱ་རེ་སྭཱ་ཧཱ། །ཡང་དེའི་ཚེ་སངས་རྒྱས་བྱེ་བ་ཕྲག་ཉི་ཤུ་རྩ་ལྔ་འདུས་ནས། དགོངས་པ་གཅིག་དང་། དབྱངས་གཅིག་གིས། ཚེ་དཔག་དུ་མྱེད་པའི་མདོ་འདི་གསུངས་སོ། །ནམོ་བྷ་ག་བ་ཏེ། ཨ་པ་རི་མི་ཏ། ཨ་ཡུ་རྫཉ་ན་སུ་བི་ནི་ཤྩི་ཏ་ར་ཛ་ཡ། ཏ་ཐཱ་ག་ཏ་ཡ། ཨརྷ་ཏེ་སམྱཀ་སཾ་བུདྡྷཱ་ཡ། ཏདྱ་ཐཱ། ཨོཾ་ས་རྦ་སཾ་སྐཱ་ར་པ་རི་ཤུདྡྷ་དྷརྨ་ཏེ་ག་ག་ན་ས་མུདྒ་ཏེ། སྭ་བྷཱ་བ་བི་ཤུདྡྷེ་མ་ཧཱ་ན་ཡ་པ་རི་བཱ་རེ་སྭཱ་ཧཱ། །ཡང་དེའི་ཚེ་སངས་རྒྱས་བྱེ་བ་ཕྲག་གང་གཱའི་ཀླུང་གི་བྱེ་མ་སྙེད་ཀྱིས། །དགོངས་པ་གཅིག་དང་། དབྱངས་གཅིག་གིས། ཚེ་དཔག་དུ་མྱེད་པའི་མདོ་འདི་གསུངས་སོ། །ནམོ་བྷ་ག་བ་ཏེ། ཨ་པ་རི་མི་ཏ། ཨ་ཡུ་རྫཉ་ན་སུ་བི་ནི་ཤྩི་ཏ་ར་ཛ་ཡ། ཏ་ཐཱ་ག་ཏ་ཡ། ཨརྷ་ཏེ་སམྱཀ་སཾ་བུདྡྷཱ་ཡ། ཏདྱ་ཐཱ། ཨོཾ་ས་རྦ་སཾ་སྐཱ་ར་པ་རི་ཤུདྡྷ་དྷརྨ་ཏེ་ག་ག་ན་ས་མུདྒ་ཏེ། སྭ་བྷཱ་བ་བི་ཤུདྡྷེ་མ་ཧཱ་ན་ཡ་པ་རི་བཱ་རེ་སྭཱ་ཧཱ། ། གང་ལ་ལ་ཞིག་ཚེ་དཔག་དུ་མྱེད་པའི་མདོ་འདི་བྲིས་ཤིང་

ན་ཡིན་ནོ་ཆོས་ཀྱི་ཕུང་པོ་སྟོང་ཕྲག་བརྒྱད་ཅུ་རྩ་བཞི་བྲིས་ཤིང་བཞེངས་པར་འགྱུར་རོ། །ན་མོ་བྷ་ག་བ་ཏེ། ཨ་པ་རི་མི་ཏ་ཨ་ཡུ
རྫྙཱ་ན་སུ་བི་ནི་ཤྩི་ཏ་ཏེ་ཛོ་ར་ཛ་ཡ་ཏ་ཐཱ་ག་ཏ་ཡ་ཨརྷ་ཏེ་ས་མྱཀ་སཾ་བུདྡྷ་ཡ་ཏདྱ་ཐཱ། ཨོཾ་སརྦ་སཾ་སྐཱ་ར་པ་རི་ཤུདྡྷ་དྷརྨ་ཏེ་ག་ག་ན་ས་མུདྒ་ཏེ་སྭ་བྷ་བ
བི་ཤུདྡྷེ་མ་ཧཱ་ན་ཡ་པ་རི་བཱ་རེ་སྭཱ་ཧཱ། །གང་ཞིག་ཚེ་དཔག་དུ་མྱེད་པའི་མདོ་འདི་འབྲི་འམ་འབྲིར་བཅུག་ན། དེ་སེམས་ཅན་
དམྱལ་བ་དང་། དུད་འགྲོའི་སྐྱེ་གནས་དང་། གཤིན་རྗེའི་འཇིག་རྟེན་དང་། མི་ཁོམ་པའི་གནས་རྣམས་སུ་ཡང་ནམ་ཡང་སྐྱེ་བར་མི་འགྱུར་རོ། །སྐྱེ་བ་སྐྱེ་བ
ཐམས་ཅད་དུ་ཚེ་རབས་དྲན་པར་འགྱུར་རོ། །ན་མོ་བྷ་ག་བ་ཏེ། ཨ་པ་རི་མི་ཏ་ཨ་ཡུ
རྫྙཱ་ན་སུ་བི་ནི་ཤྩི་ཏ་ཏེ་ཛོ་ར་ཛ་ཡ་ཏ་ཐཱ་ག་ཏ་ཡ་ཨརྷ་ཏེ་ས་མྱཀ་སཾ་བུདྡྷ་ཡ་ཏདྱ་ཐཱ། ཨོཾ་སརྦ་སཾ་སྐཱ་ར་པ་རི་ཤུདྡྷ་དྷརྨ་ཏེ་ག་ག་ན་ས་མུདྒ་ཏེ་སྭ་བྷ་བ
བི་ཤུདྡྷེ་མ་ཧཱ་ན་ཡ་པ་རི་བཱ་རེ་སྭཱ་ཧཱ། །གང་ཞིག་ཚེ་དཔག་དུ་མྱེད་པའི་མདོ་འདི་འབྲི་འམ་འབྲིར་བཅུག་ན། དེ་ཆོས་ཀྱི་ཕུང་པོ་
སྟོང་ཕྲག་བརྒྱད་ཅུ་རྩ་བཞི་བྲིས་པར་འགྱུར་རོ། །ན་མོ་བྷ་ག་བ་ཏེ། ཨ་པ་རི་མི་ཏ། ཨ་ཡུ་རྫྙཱ་ན་སུ་བི་ནི་ཤྩི་ཏ་ཏེ་ཛོ་ར་ཛ་ཡ
ཏ་ཐཱ་ག་ཏ་ཡ་ཨརྷ་ཏེ་ས་མྱཀ་སཾ་བུདྡྷ་ཡ། ཏདྱ་ཐཱ། ཨོཾ་སརྦ་སཾ་སྐཱ་ར་པ་རི་ཤུདྡྷ་དྷརྨ་ཏེ་ག་ག་ན་ས་མུདྒ་ཏེ་སྭ་བྷ་བ་བི་ཤུདྡྷེ་མ་ཧཱ་ན་ཡ་པ་རི
བཱ་རེ་སྭཱ་ཧཱ། །གང་ཞིག་ཚེ་དཔག་དུ་མྱེད་པའི་མདོ་འདི་འབྲི་འམ་འབྲིར་བཅུག་ན། དེ་མཚམས་མེད་པ་ལྔ་ཡོངས་སུ་བྱང་བར
འགྱུར་རོ། །ན་མོ་བྷ་ག་བ་ཏེ། ཨ་པ་རི་མི་ཏ་ཨ་ཡུ་རྫྙཱ་ན་སུ་བི་ནི་ཤྩི་ཏ་ཏེ་ཛོ་ར་ཛ་ཡ་ཏ་ཐཱ་ག་ཏ་ཡ་ཨརྷ་ཏེ་ས་མྱཀ་སཾ་བུདྡྷ་ཡ། ཏདྱ་ཐཱ། ཨོཾ། སརྦ་སཾ་སྐཱ་ར་པ་རི་ཤུ
དྡྷ་དྷརྨ་ཏེ་ག་ག་ན་ས་མུདྒ་ཏེ་སྭ་བྷ་བ་བི་ཤུདྡྷེ་མ་ཧཱ་ན་ཡ་པ་རི་བཱ་རེ་སྭཱ་ཧཱ། །གང་ཞིག་ཚེ་དཔག་དུ་མྱེད་པའི་མདོ་འདི་འབྲི་
འམ་འབྲིར་བཅུག་ན། དེ་ལ་སྡིག་པ་རི་རབ་ཙམ་ཡང་ཡོངས་སུ་བྱང་བར་འགྱུར་རོ། །ན་མོ་བྷ་ག་བ་ཏེ། ཨ་པ་རི་མི་ཏ། ཨ་ཡུ་རྫྙཱ་ན་སུ་བི
ནི་ཤྩི་ཏ་ཏེ་ཛོ་ར་ཛ་ཡ་ཏ་ཐཱ་ག་ཏ་ཡ་ཨརྷ་ཏེ་ས་མྱཀ་སཾ་བུདྡྷ་ཡ། ཏདྱ་ཐཱ། ཨོཾ། སརྦ་སཾ་སྐཱ་ར་པ་རི་ཤུདྡྷ་དྷརྨ་ཏེ་ག་ག་ན་ས་མུདྒ་ཏེ། སྭ་བྷ་བ་བི་ཤུདྡྷེ་མ་ཧཱ་ན
ཡ་པ་རི་བཱ་རེ་སྭཱ་ཧཱ། །གང་ཞིག་ཚེ་དཔག་དུ་མྱེད་པའི་མདོ་འདི་འབྲི་འམ་འབྲིར་བཅུག་ན། དེ་ལ་བདུད་དང་བདུད་ཀྱི་རིས་ཀྱི་ལྷ་དང་གནོད་སྦྱིན
དང་། སྲིན་པོས་གླགས་བལྟ་བར་མི་རྙེད་པར་འགྱུར་རོ། །ན་མོ་བྷ་ག་བ་ཏེ། ཨ་པ་རི་མི་ཏ། ཨ་ཡུ་རྫྙཱ་ན། སུ་བི་ནི་ཤྩི་ཏ
ཏེ་ཛོ་ར་ཛ་ཡ་ཏ་ཐཱ་ག་ཏ་ཡ་ཨརྷ་ཏེ་ས་མྱཀ་སཾ་བུདྡྷ་ཡ། ཏདྱ་ཐཱ། ཨོཾ། སརྦ་སཾ་སྐཱ་ར་པ་རི་ཤུདྡྷ་དྷརྨ་ཏེ་ག་ག་ན་ས་མུདྒ་ཏེ་སྭ་བྷ་བ་བི་ཤུདྡྷེ་མ་ཧཱ་ན་ཡ་པ་རི་བཱ་རེ
སྭཱ་ཧཱ། །གང་ཞིག་ཚེ་དཔག་དུ་མྱེད་པའི་མདོ་འདི་འབྲི་འམ་འབྲིར་བཅུག་ན། དེ་འཆི་བའི་དུས་ཀྱི་ཚེ་སངས་རྒྱས་བྱེ་བ་ཕྲག་དགུ་བཅུ་རྩ་དགུ
མངོན་སུམ་དུ་སྟོན་པར་མཛད་དོ། །སངས་རྒྱས་སྟོང་ཕྲག་ཞིག་ཀྱང་ལག་པ་བརྐྱང་བར་འགྱུར་རོ། །ན་མོ་བྷ་ག་བ་ཏེ། ཨ་པ་རི་མི་ཏ། ཨ་ཡུ
སངས་རྒྱས་ཀྱི་ཞིང་ནས། སངས་རྒྱས་ཀྱི་ཞིང་དུ
ཀྱི་ཞིང་དུ་འགྲོ་བར་འགྱུར་རོ། །དེ་ལ་ཐེ་ཚོམ་དང་ཡིད་གཉིས་[illegible]། །

ཀ་ཙ་ན་སུ་བི་ནི་ཤྩི་ཏ་ཏེ་ཛོ་ར་ཛཱ་ཡ་ཏ་ཐཱ་ག་ཏཱ་ཡ་ཨརྷ་ཏེ་སམྱཀ་སཾ་བུདྡྷཱ་ཡ་ཏདྱ་ཐཱ། ཨོཾ་སརྦ་སཾ་སྐཱ་ར་པ་རི་ཤུདྡྷ་དྷརྨ་ཏེ་ག་ག་ན་ས་མུད་ག

ཏེ། སྭ་བྷཱ་བ་བི་ཤུདྡྷེ་མ་ཧཱ་ན་ཡ་པ་རི་བཱ་རེ་སྭཱ་ཧཱ། །གང་ཞིག་ཚེ་དཔག་ཏུ་མྱེད་པའི་མདོ་འདི་ཡི་གེར་འབྲི་འམ་འབྲིར་བཅུག་ནས

རྒྱལ་པོ་ཆེན་པོ་བཞི་བཞིས་རྗེས་སུ་འབྲང་ཞིང་བསྲུང་བ་དང་བསྐྱབ་པ་དང་སྲུང་བར་འགྱུར་རོ། །

ན་མོ་བྷ་ག་བ་ཏེ། ཨ་པ་རི་མི་ཏ། ཨཱ་ཡུརྫྙཱ་ན། སུ་བི་ནི་ཤྩི་ཏ་ཏེ་ཛོ་ར་ཛཱ་ཡ། ཏ་ཐཱ་ག་ཏཱ་ཡ། ཨརྷ་ཏེ་སམྱཀ་སཾ་བུདྡྷཱ་ཡ། ཏདྱ་ཐཱ། ཨོཾ་སརྦ་སཾ་སྐཱ་ར

པ་རི་ཤུདྡྷ་དྷརྨ་ཏེ། ག་ག་ན་ས་མུད་ག་ཏེ། སྭ་བྷཱ་བ་བི་ཤུདྡྷེ། མ་ཧཱ་ན་ཡ་པ་རི་བཱ་རེ་སྭཱ་ཧཱ། །གང་ཞིག་ཚེ

དཔག་ཏུ་མྱེད་པའི་མདོ་འདི་འབྲི་འམ་འབྲིར་བཅུག་ན། དེ་ནི་ཚེ་འཕོས་ནས་ཚེ་དཔག་ཏུ་མྱེད་པའི་སངས་རྒྱས

ཀྱི་ཞིང་འཇིག་རྟེན་གྱི་ཁམས་བདེ་བ་ཅན་དུ་སྐྱེ་བར་འགྱུར་རོ། །ན་མོ་བྷ་ག་བ་ཏེ། ཨ་པ་རི་མི་ཏ། ཨཱ་ཡུརྫྙཱ

ན། སུ་བི་ནི་ཤྩི་ཏ་ཏེ་ཛོ་ར་ཛཱ་ཡ། ཏ་ཐཱ་ག་ཏཱ་ཡ། ཨརྷ་ཏེ་སམྱཀ་སཾ་བུདྡྷཱ་ཡ། ཏདྱ་ཐཱ། ཨོཾ་སརྦ་སཾ་སྐཱ་ར་པ་རི་ཤུདྡྷ་དྷརྨ

ཏེ། ག་ག་ན་ས་མུད་ག་ཏེ། སྭ་བྷཱ་བ་བི་ཤུདྡྷེ། མ་ཧཱ་ན་ཡ་པ་རི་བཱ་རེ་སྭཱ་ཧཱ། །སངས་རྒྱས་ཀྱི་ཞིང་ཐམས་ཅད་དུ

འདི་ལ་བར་འགྱུར་བ་ཕྱི་མི་ཕྱོགས་པ་དེ་ཡང་མཐོང་བར་འགྱུར་རོ། །ཕྱོགས་ལྡན་ལ་བར་འགྱུར་རོ།

གང་ལ་ལ་ཞིག་རྒྱལ་པོ་ཆེ་ཞིག་བཞུགས་ས་ཐམས་ཅད་དུ། དེ་དག་ཐམས་ཅད་ཀྱིས་ཕྱག་འཚལ་བར

འགྱུར་བ་དེ་ཐམས་ཅད། །རྒྱལ་བ་ཐམས་ཅད་ཡང་དག་པར་རྫོགས་པའི་བྱང་ཆུབ་ཏུ་མངོན་པར་རྫོགས

པར་འཚང་རྒྱ་བར་འགྱུར་རོ། །ན་མོ་བྷ་ག་བ་ཏེ། ཨ་པ་རི་མི་ཏ། ཨཱ་ཡུརྫྙཱ་ན། སུ་བི་ནི་ཤྩི་ཏ་ཏེ་ཛོ་ར་ཛཱ་ཡ

ཏ་ཐཱ་ག་ཏཱ་ཡ། ཨརྷ་ཏེ་སམྱཀ་སཾ་བུདྡྷཱ་ཡ། ཏདྱ་ཐཱ། ཨོཾ་སརྦ་སཾ་སྐཱ་ར་པ་རི་ཤུདྡྷ་དྷརྨ་ཏེ། ག་ག་ན་ས་མུད་ག་ཏེ། སྭ་བྷཱ་བ་བི་ཤུདྡྷེ། མ་ཧཱ་ན་ཡ་པ་རི་བཱ

རེ་སྭཱ་ཧཱ། །གང་ཞིག་ཚེ་དཔག་ཏུ་མྱེད་པའི་མདོ་འདི་འབྲི་འམ་འབྲིར་བཅུག་ན། དེ་ནི་ཕྱིས་མི་ཡི་ཡུལ་ན་མ

ལུས་པ་ལ་སྐྱེ་བར་འགྱུར་རོ། །ན་མོ་བྷ་ག་བ་ཏེ། ཨ་པ་རི་མི་ཏ། ཨཱ་ཡུརྫྙཱ་ན། སུ་བི་ནི་ཤྩི་ཏ་ཏེ་ཛོ་ར་ཛཱ་ཡ་ཏ་ཐཱ་ག་ཏཱ

ཡ། ཨརྷ་ཏེ་སམྱཀ་སཾ་བུདྡྷཱ་ཡ། ཏདྱ་ཐཱ། ཨོཾ་སརྦ་སཾ་སྐཱ་ར་པ་རི་ཤུདྡྷ་དྷརྨ་ཏེ། ག་ག་ན་ས་མུད་ག་ཏེ། སྭ་བྷཱ་བ་བི་ཤུདྡྷེ། མ་ཧཱ་ན

ཡ་པ་རི་བཱ་རེ་སྭཱ་ཧཱ། །གང་ལ་ལ་ཞིག་ཆོས་ཀྱི་རྣམ་གྲངས་འདི་ལ་ཡི་གེ་གཅིག་ཙམ་ཡང་ཐོས་པ་དེ་ལ་ཡང་

རྒྱལ་བ་བཞིན་ནོ། །དེ་ནི་སངས་རྒྱས་ཀྱི་ཞིང་ཆེན་པོ་ཐམས་ཅད་ལ་སྐྱེ་བར་འགྱུར་ཏེ་ཚེ་ཡང་རིང་བར་འགྱུར་རོ། །ན་མོ

ཆེ་ན་སྣ་བདུན་ཀྱིས་ཡོངས་སུ་བཀང་སྟེ་སྦྱིན་པ་བྱིན་པ་བས་ཀྱང་བསོད་ནམས་མང་བར་འགྱུར་རོ། །ན་མོ་བྷ་ག་བ་ཏེ། ཨ་པ་རི་མི་ཏ། ཨཱ་ཡུར་ཛྙཱ་ན་སུ་བི་ནི་ཤྩི

ཏ་ཏེ་ཛོ་རཱ་ཛ་ཡ། ཏ་ཐཱ་ག་ཏཱ་ཡ། ཨརྷ་ཏེ་སམྱཀ་སཾ་བུདྡྷཱ་ཡ། ཏདྱ་ཐཱ། ཨོཾ། སརྦ་སཾ་སྐཱ་ར་པ་རི་ཤུདྡྷ་དྷརྨ་ཏེ་ག་ག་ན་ས་མུད་ག་ཏེ། སྭ་བྷཱ་བ་བི་ཤུདྡྷེ་མ་ཧཱ་ན་ཡ

པ་རི་བ་རེ་སྭཱ་ཧཱ། །གང་ལ་ལ་ཞིག་ཆོས་ཀྱི་རྣམ་གྲངས་འདི་ལ་མཆོད་པ་བྱེད་པར་འགྱུར་བ་དེས། །དམ་པའི་ཆོས་ཐམས་ཅད

དག་ལ་ཅིང་བ་པ་མཆོད་པ་བྱས་པར་འགྱུར་རོ། །ན་མོ་བྷ་ག་བ་ཏེ། ཨ་པ་རི་མི་ཏ། ཨཱ་ཡུར་ཛྙཱ་ན་སུ་བི་ནི་ཤྩི་ཏ་ར་ཛ་ཡ། ཏ་ཐཱ་ག་ཏཱ་ཡ

ཨརྷ་ཏེ་ས་མྱཀ་སཾ་བུདྡྷཱ་ཡ། ཏདྱ་ཐཱ། ཨོཾ། སརྦ་སཾ་སྐཱ་ར་པ་རི་ཤུདྡྷ་དྷརྨ་ཏེ་ག་ག་ན་ས་མུད་ག་ཏེ། སྭ་བྷཱ་བ་བི་ཤུདྡྷེ་མ་ཧཱ་ན་ཡ་པ་རི་བ་རེ་སྭཱ་ཧཱ།

འདི་ལྟ་སྟེ་དཔེར་ན་བཞིན་གཤེགས་པ་རྣམ་པར་གཟིགས་དང་། གཙུག་ཏོར་ཅན་དང་། ཐམས་ཅད་སྐྱོབ་དང་། འཁོར་བ་འཇིག་པ་དང་། གསེར

ཐུབ་པ་དང་། འོད་སྲུངས་དང་། ཤཱཀྱ་ཐུབ་པ་ལ། །རིན་པོ་ཆེ་སྣ་བདུན་གྱིས་མཆོད་པ་རྣམས

ཀྱིས། །མཆོད་པར་བྱས་པའི་བསོད་ནམས་ཀྱི་ཕུང་པོ་ནི་ཚད་གཟུང་དུ་རུང་གི། །ཚེ་དཔག་དུ་མེད་པའི་མདོ་འདིའི

བསོད་ནམས་ཀྱི་ཕུང་པོ་ནི་ཚད་གཟུང་བར་མི་ནུས་སོ། །ན་མོ་བྷ་ག་བ་ཏེ། ཨ་པ་རི་མི་ཏ། ཨཱ་ཡུར་ཛྙཱ་ན་སུ་བི་ནི་ཤྩི་ཏ

ར་ཛ་ཡ། ཏ་ཐཱ་ག་ཏཱ་ཡ། ཨརྷ་ཏེ་སམྱཀ་སཾ་བུདྡྷཱ་ཡ། ཏདྱ་ཐཱ། ཨོཾ། སརྦ་སཾ་སྐཱ་ར་པ་རི་ཤུདྡྷ་དྷརྨ་ཏེ། ག་ག་ན་ས་མུད་ག་ཏེ། སྭ་བྷཱ་བ་བི་ཤུདྡྷེ་མ་ཧཱ་ན

ཡ་པ་རི་བ་རེ་སྭཱ་ཧཱ། །འདི་ལྟ་སྟེ་རྒྱ་མཚོ་ཆེན་པོ་བཞིན་དུ་ཆུས་ཡོངས་སུ་གང་བ་ལས་ཐིགས་པ་རེ་རེ་ནས་བགྲང་བར་ནུས

ཀྱི། །ཚེ་དཔག་དུ་མེད་པའི་མདོ་འདིའི་བསོད་ནམས་ཀྱི་ཕུང་པོ་ནི་ཚད་གཟུང་བར་མི་ནུས་སོ། །ན་མོ་བྷ་ག་བ་ཏེ།

ཨ་པ་རི་མི་ཏ། ཨཱ་ཡུར་ཛྙཱ་ན་སུ་བི་ནི་ཤྩི་ཏ་ར་ཛ་ཡ། ཏ་ཐཱ་ག་ཏཱ་ཡ། ཨརྷ་ཏེ་སམྱཀ་སཾ་བུདྡྷཱ་ཡ། ཨོཾ། སརྦ་སཾ་སྐཱ་ར་པ་རི་ཤུདྡྷ་དྷརྨ་ཏེ

ག་ག་ན་ས་མུད་ག་ཏེ། སྭ་བྷཱ་བ་བི་ཤུདྡྷེ་མ་ཧཱ་ན་ཡ་པ་རི་བ་རེ་སྭཱ་ཧཱ། །གང་ཞིག་ཚེ་དཔག་དུ་མེད་པའི་མདོ་འདི་ཡི་གེ

འབྲི་འམ་མཆོད་པ་བྱེད་པར་འགྱུར་བ་དེས་ཕྱོགས་བཅུའི་སངས་རྒྱས་ཀྱི་ཞིང་ཐམས་ཅད་དུ་བཅོམ་ལྡན་འདས་དེ་བཞིན་གཤེགས

པ་ཐམས་ཅད་ལ་ཕྱག་བྱས་པ་དང་མཆོད་པ་བྱས་པ་ཡིན་ནོ། །ན་མོ་བྷ་ག་བ་ཏེ། ཨ་པ་རི་མི་ཏ། ཨཱ་ཡུར་ཛྙཱ་ན་སུ་བི

ནི་ཤྩི་ཏ། ར་ཛ་ཡ། ཏ་ཐཱ་ག་ཏཱ་ཡ། ཨརྷ་ཏེ་སམྱཀ་སཾ་བུདྡྷཱ་ཡ། ཨོཾ། སརྦ་སཾ་སྐཱ་ར་པ་རི་ཤུདྡྷེ་མ་ཧཱ་ན་ཡ་པ་རི་བ་རེ་སྭཱ་ཧཱ། །

ཐུབ་པ་འདི་སྐད་ཅེས་བཀའ་སྩལ་ནས། ལྷ་དང་མི་དང་ལྷ་མ་ཡིན་དང་དྲི་ཟར་བཅས་པའི་འཇིག་རྟེན་ཡི་རངས་ཏེ། བཅོམ་ལྡན་འདས་ཀྱིས་གསུངས་པ་ལ་མངོན་པར་བསྟོད་དོ། །

ཚེ་དང་ཡེ་ཤེས་དཔག་དུ་མེད་པ་ཞེས་བྱ་བ་ཐེག་པ་ཆེན་པོའི་མདོ་རྫོགས་སོ། །

ཚུལ་ཁྲིམས་ཀྱི་མཐུ་སྟོབས་ཀྱིས་ནི་སངས་རྒྱས་ཡང་དག་འཕགས། །མི་ཡི་སེང་གེ་ཚུལ་ཁྲིམས་མཐུ་སྟོབས
རྟོགས་པར་འགྱུར། །སྙིང་རྗེ་ཅན་གྱི་གྲོང་ཁྱེར་དུ་ནི་འདི་གྲགས་པ། །ཚུལ་ཁྲིམས་སྟོབས་ཀྱི་སྒྲ་ནི་གྲགས་པར་
འགྱུར། །བཟོད་པ་ཡི་མཐུ་སྟོབས་ཀྱིས་ནི་སངས་རྒྱས་ཡང་དག་འཕགས། །མི་ཡི་སེང་གེ་ཚུལ་ཁྲིམས
བཟོད་པའི་སྟོབས་རྟོགས་པར་འགྱུར། །བརྩོན་འགྲུས་མཐུ་སྟོབས་ཀྱིས་ནི་སངས་རྒྱས་ཡང་དག་འཕགས། །
མི་ཡི་སེང་གེ་བརྩོན་འགྲུས་མཐུ་སྟོབས་རྟོགས་པར་འགྱུར། །སྙིང་རྗེ་ཅན་གྱི་གྲོང་ཁྱེར་དུ་ནི་འདི་གྲགས་པ། །བརྩོན་འགྲུས
སྟོབས་ཀྱི་སྒྲ་ནི་གྲགས་པར་འགྱུར། །བསམ་གཏན་མཐུ་སྟོབས་ཀྱིས་ནི་སངས་རྒྱས་ཡང་དག
འཕགས། །མི་ཡི་སེང་གེ་བསམ་གཏན་སྟོབས་རྟོགས་པར་འགྱུར། །སྙིང་རྗེ་ཅན་གྱི་གྲོང་ཁྱེར་དུ་ནི་འདི་གྲགས
པ། །བསམ་གཏན་སྟོབས་ཀྱི་སྒྲ་ནི་གྲགས་པར་འགྱུར། །ཤེས་རབ་མཐུ་སྟོབས་ཀྱིས་ནི་སངས་རྒྱས་ཡང་དག
འཕགས། །མི་ཡི་སེང་གེ་ཤེས་རབ་སྟོབས་རྟོགས་པར་འགྱུར། །སྙིང་རྗེ་ཅན་གྱི་གྲོང་ཁྱེར་དུ་ནི་འདི་
གྲགས་པ། །ཤེས་རབ་སྟོབས་ཀྱི་སྒྲ་ནི་གྲགས་པར་འགྱུར། །ནམོ་བྷ་ག་ཝ་ཏེ། ཨ་པ་རི
མི་ཏཱ། ཨ་ཡུ་རྫྙ་ན། སུ་བི་ནི་ཤྩི་ཏཱ། ཏེ་ཛོ་ར་ཛ་ཡ། ཏ་ཐཱ་ག་ཏ་ཡ། ཨརྷ་ཏེ་སམྱཀ་སམ་བུདྡྷཱ་ཡ། ཏདྱ་ཐཱ། ཨོཾ་སརྦ་སཾ་སྐཱ་ར་པ་རི་ཤུདྡྷ
དྷ་ར་མ་ཏེ་ག་ག་ན་ས་མུད་ག་ཏེ། སྭ་བྷ་བ་བི་ཤུདྡྷེ། མ་ཧཱ་ན་ཡ་པ་རི་ཝཱ་རེ་སྭཱ་ཧཱ། །བཅོམ་ལྡན་འདས
ཀྱིས་དེ་སྐད་ཅེས་བཀའ་སྩལ་ནས། ཡི་རངས་ཏེ། །ལྷ་དང་དགེ་སློང་དེ་དག་དང་བྱང་ཆུབ་སེམས་དཔའ་དང་
ཡོངས་སུ་ ... ཐམས་ཅད་དང་ལྡན་པའི་འཁོར་དང་ལྷ་དང་མི་དང་ལྷ་མ་ཡིན་དང་དྲི་ཟར་བཅས་པའི་འཇིག་རྟེན་ཡི་རངས་ཏེ། །བཅོམ་ལྡན་འདས་ཀྱིས
གསུངས་པ་ལ་མངོན་པར་བསྟོད་དོ། །

༄། །ཚེ་དཔག་ཏུ་མེད་པ་ཞེས་བྱ་བ་ཐེག་པ་ཆེན་པོའི་མདོ་རྫོགས་སོ། །

།ཙམ་ལུང་ཞིམ།

༄། །རྒྱ་གར་སྐད་དུ། ཨ་པ་རི་མི་ཏཱ་ཨ་ཡུར་ན་མ་མ་ཧཱ་ཡཱ་ན་སཱུ་ཏྲ། །
བོད་སྐད་དུ། ཚེ་དཔག་དུ་མྱེད་པ་ཞེས་བྱ་བ་ཐེག་པ་ཆེན་པོའི་མདོ། །སངས་རྒྱས་དང་། བྱང་ཆུབ་སེམས་དཔའ་ཐམས
ཅད་ལ་ཕྱག་འཚལ་ལོ། །འདི་སྐད་བདག་གིས་ཐོས་པ་དུས་གཅིག་ན། བཅོམ་ལྡན་འདས་མཉན་དུ་ཡོད་ཅིང་
ན་ཟས་སྦྱིན་གྱི་ཀུན་དགའ་ར་བ་ན། དགེ་སློང་གི་དགེ་འདུན་ཆེན་པོ་དགེ་སློང་སྟོང་ཉིས་བརྒྱ་ལྔ་བཅུ་དང་ཐབས
ཅིག་དང་། བྱང་ཆུབ་སེམས་དཔའ་སེམས་དཔའ་ཆེན་པོ་རབ་དུ་མང་པོ་དང་ཐབས་གཅིག་དུ
བཞུགས་སོ། །དེ་ནས་བཅོམ་ལྡན་འདས་ཀྱིས་འཇམ་དཔལ་གཞོན་ནུར་གྱུར་པ་ལ་བཀའ་སྩལ་པ།
འཇམ་དཔལ་སྟེང་གི་ཕྱོགས་ན་ཡོན་ཏན་དཔག་དུ་མྱེད་པ་བསགས་པ་ཞེས་བྱ་བ
ཞིག་ཡོད་དེ། དེ་ན་དེ་བཞིན་གཤེགས་པ་ཚེ་དཔག་དུ་མྱེད་པ་ཡེ་ཤེས་རྣམ་པར་ངེས་པའི
སངས་རྒྱས་ཀྱི་རྒྱལ་པོ་ཞེས་བྱ་བ་བཞུགས་ཏེ་འཚོ་ཞིང་གཞེས་ཏེ། སེམས་ཅན་རྣམས་ལ་ཆོས་ཀྱང་སྟོན་ཏོ།
།འཇམ་དཔལ་གཞོན་ནུར་གྱུར་པ་ཉོན་ཅིག །འཛམ་བུའི་གླིང་གི་མི་རྣམས་ནི་ཚེ་ཐུང་སྟེ།
ལོ་བརྒྱ་ཙམ་དུ་ཟད་དོ། །ཕལ་ཆེར་དུས་མ་ཡིན་པར་འཆི་བ་ཡང་མང་ངོ་།
འཇམ་དཔལ་སེམས་ཅན་གང་དག་དེ་བཞིན་གཤེགས་པ་ཚེ་དཔག་དུ་མྱེད་པའི་ཡོན་ཏན་གྱི་རྣམ་གྲངས་འདི་
འབྲི་བ་དང་། འབྲིར་འཇུག་པ་དང་། ཀློག་པ་དང་། མིང་ཙམ་ཐོས་པ་དང་། ཡི་གེར་བྲིས་ཏེ་ཁྱིམ་
ན་བཞག་ནས། མེ་ཏོག་དང་། བདུག་པ་དང་། དྲི་དང་། ཕྲེང་བས་མཆོད་ན། དེ་དག་ཚེ་ཟད་པ་ཡང་
ཚེ་ལོ་བརྒྱར་འཕེལ་བར་འགྱུར་རོ། །འཇམ་དཔལ་སེམས་ཅན་གང་དག་དེ་བཞིན་གཤེགས་པ་ཚེ་དཔག་དུ་མྱེད་
པ་ཡེ་ཤེས་རྣམ་པར་ངེས་པའི་གཟི་བརྗིད་ཀྱི་རྒྱལ་པོའི་མཚན་བརྒྱ་རྩ་བརྒྱད་ཐོས་པ་དེ་དག་ཀྱང་
ཚེ་འཕེལ་བར་འགྱུར་རོ། །འཇམ་དཔལ་དེ་ལྟ་བས་ན་རིགས་ཀྱི་བུ་འམ་རིགས་ཀྱི་བུ་མོ་
ཚེ་རིང་བ་འདོད་པ་རྣམས་ཀྱིས། དེ་བཞིན་གཤེགས་པ་ཚེ་དཔག་དུ་མྱེད་པའི་མཚན་བརྒྱ་རྩ་བརྒྱད་པོ་
འདི་ཐོས་པ་འམ། ཡི་གེར་བྲིས་ཏེ་འཆང་ངམ། ཀློག་ན་ཡོན་ཏན་དེ་དག་ཐོབ་པར་འགྱུར་རོ། །

ནམོ་བྷ་ག་བ་ཏེ། ཨ་པ་རི་མི་ཏ། ཨ་ཡུ་ཛྙཱ་ན་སུ་བི་ནི་ཤྩི་ཏ། ཏེ་ཛོ་ར་ཛཱ་ཡ། ཏ་ཐཱ་ག་ཏཱ་ཡ། ཨརྷ་ཏེ་སམྱཀ་སམ་བུདྡྷཱ་ཡ། ཏདྱ་ཐཱ། ཨོཾ་
སརྦ་སཾ་སྐཱ་ར། པ་རི་ཤུདྡྷ་དྷརྨ་ཏེ། ག་ག་ན་ས་མུད་ག་ཏེ། སྭ་བྷཱ་བ་བི་ཤུདྡྷེ། མ་ཧཱ་ན་ཡ། པ་རི་བཱ་རེ་སྭཱ་ཧཱ། །
འཇམ་དཔལ་ལ་སོགས་ཀྱི་ཚིག་འདི་དག་གང་ལ་ལ་ཞིག་འབྲི་འམ་འབྲི་རུ་བཅུག་སྟེ། ཁྱིམ་ན་འཆང་བ་དེ་ཚེ
ཟད་པ་ལས་ལོ་བརྒྱར་ཐུབ་པར་འགྱུར་རོ། །དེ་ནས་ཤི་ནི་འཕོས་ནས་ཀྱང་དེ་བཞིན་གཤེགས་པ། ཚེ་དཔག་དུ་མྱེད་པའི་སངས་རྒྱས་ཀྱི་ཞིང་
འཇིག་རྟེན་གྱི་ཁམས་ཡོན་ཏན་དཔག་དུ་མྱེད་པ་ལ་སྐྱེས་པའི་སྐྱེ་བར་འགྱུར་རོ། །ནམོ་བྷ་ག་བ་ཏེ། ཨ་པ་རི་མི་ཏ། ཨ་ཡུ
ཛྙཱ་ན། སུ་བི་ནི་ཤྩི་ཏ། ཏེ་ཛོ་ར་ཛཱ་ཡ། ཏ་ཐཱ་ག་ཏཱ་ཡ། ཨརྷ་ཏེ་སམྱཀ་སམ་བུདྡྷཱ་ཡ། ཏདྱ་ཐཱ། ཨོཾ་སརྦ་སཾ་སྐཱ་ར་པ་རི་ཤུདྡྷ་དྷརྨ་ཏེ། ག་ག་ན་ས་མུད་ག་ཏེ། སྭ་བྷཱ་བ
བི་ཤུདྡྷེ། མ་ཧཱ་ན་ཡ། པ་རི་བཱ་རེ་སྭཱ་ཧཱ། །ཡང་དེའི་ཚེ་སངས་རྒྱས་བྱེ་བ་ཕྲག་དགུ་བཅུ་རྩ་དགུས་ཐུགས་གཅིག་དང
ཚིག་གཅིག་གིས་ཚེ་དཔག་དུ་མྱེད་པའི་མདོ་འདི་གསུངས་སོ། །ན་མོ་བྷ་ག་བ་ཏེ། ཨ་པ་རི་མི་ཏ། ཨ་ཡུ་ཛྙཱ་ན་སུ་བི་ནི
ཤྩི་ཏ། ཏེ་ཛོ་ར་ཛཱ་ཡ། ཏ་ཐཱ་ག་ཏཱ་ཡ། ཨརྷ་ཏེ་སམྱཀ་སམ་བུདྡྷཱ་ཡ། ཏདྱ་ཐཱ། ཨོཾ་སརྦ་སཾ་སྐཱ་ར། པ་རི་ཤུདྡྷ་དྷརྨ་ཏེ། ག་ག་ན་ས་མུད་ག་ཏེ། སྭ་བྷཱ་བ
བི་ཤུདྡྷེ། མ་ཧཱ་ན་ཡ། པ་རི་བཱ་རེ་སྭཱ་ཧཱ། །ཡང་དེའི་ཚེ་སངས་རྒྱས་བྱེ་བ་ཕྲག་བརྒྱད་ཅུ་རྩ་བཞི་ཐུགས་གཅིག
དང་ཚིག་གཅིག་གིས་ཚེ་དཔག་དུ་མྱེད་པའི་མདོ་འདི་གསུངས་སོ། །ན་མོ་བྷ་ག་བ་ཏེ། ཨ་པ་རི་མི་ཏ། ཨ་ཡུ
ཛྙཱ་ན་སུ་བི་ནི་ཤྩི་ཏ། ཏེ་ཛོ་ར་ཛཱ་ཡ། ཏ་ཐཱ་ག་ཏཱ་ཡ། ཨརྷ་ཏེ་སམྱཀ་སམ་བུདྡྷཱ་ཡ། ཏདྱ་ཐཱ། ཨོཾ་སརྦ་སཾ་སྐཱ་ར། པ་རི་ཤུདྡྷ་དྷརྨ་ཏེ། ག་ག་ན་ས་མུ
ད་ག་ཏེ། སྭ་བྷཱ་བ་བི་ཤུདྡྷེ། མ་ཧཱ་ན་ཡ། པ་རི་བཱ་རེ་སྭཱ་ཧཱ། །ཡང་དེའི་ཚེ་སངས་རྒྱས་བྱེ་བ་ཕྲག
བདུན་ཅུ་རྩ་བདུན་གྱིས་ཐུགས་གཅིག་དང་ཚིག་གཅིག་གིས་ཚེ་དཔག་དུ་མྱེད་པའི་མདོ་འདི་གསུངས
སོ། །ན་མོ་བྷ་ག་བ་ཏེ། ཨ་པ་རི་མི་ཏ། ཨ་ཡུ་ཛྙཱ་ན་སུ་བི་ནི་ཤྩི་ཏ། ཏེ་ཛོ་ར་ཛཱ་ཡ། ཏ་ཐཱ་ག་ཏཱ་ཡ། ཨརྷ་ཏེ་སམྱཀ་སམ་བུདྡྷཱ་ཡ། ཏདྱ་ཐཱ། ཨོཾ་སརྦ་སཾ་སྐཱ་ར། པ་རི་ཤུདྡྷ་དྷརྨ་ཏེ། ག་ག་ན་ས
མུད་ག་ཏེ། སྭ་བྷཱ་བ་བི་ཤུདྡྷེ། མ་ཧཱ་ན་ཡ། པ་རི་བཱ་རེ་སྭཱ་ཧཱ། །ཡང་དེའི
ཚེ་སངས་རྒྱས་བྱེ་བ་ཕྲག་དྲུག་ཅུ་རྩ་དྲུག་གིས་ཐུགས་གཅིག་དང་ཚིག་གཅིག་གིས་ཚེ་དཔག་དུ་མྱེད་པའི
མདོ་འདི་གསུངས་སོ། །ན་མོ་བྷ་ག་བ་ཏེ། ཨ་པ་རི་མི་ཏ། ཨ་ཡུ་ཛྙཱ་ན་སུ་བི་ནི་ཤྩི་ཏ། ཏེ་ཛོ་ར་ཛཱ་ཡ། ཏ་ཐཱ་ག་ཏཱ་ཡ།
ཨརྷ་ཏེ་སམྱཀ་སམ་བུདྡྷཱ་ཡ། ཏདྱ་ཐཱ། ཨོཾ་སརྦ་སཾ་སྐཱ་ར། པ་རི་ཤུདྡྷ་དྷརྨ་ཏེ། ག་ག་ན་ས་མུད་ག་ཏེ། སྭ་བྷཱ་བ་བི་ཤུདྡྷེ། མ་ཧཱ་ན་ཡ།
ཤ།། པ་རི་བཱ་རེ་སྭཱ་ཧཱ། །ཡང་དེའི་ཚེ་སངས་རྒྱས་བྱེ་བ་ཕྲག་གང་གཱའི་ཀླུང་གི་བྱེ་མ་སྙེད་ཀྱིས། ཐུགས

རར་བུ་ཐྭ་ཨོམ་
་སྭ་ཧཱ། །
་མ་ཏ་ཚང་བ་དེ་ཚེ
པ་ཏན་ཉ་སུ་ཀྱི་ཤིང་
པ་རི་མི་ཏ། ཨ་ཡུ
མུ་དགའ་ཏེ། སྭ་བྷ་
ག་ཅིག་དང་། འབྱུམ
ཉྩི་ཏ། ར་ཛ་

པ་གཅིག་དང་། འབྱེམས་པ་གཅིག་གིས་ཚེ་དཔག་དུ་མྱེད་པའི་མདོ་འདི་གསུངས་སོ། །
ན་མོ་བ་ག་བ་ཏེ། ཨ་པ་རི་མི་ཏ། ཨ་ཡུ་ཛྙཱ་ན། སུ་བི་ནི་ཤྩི་ཏ། ར་ཛ་ཡ། ཏ་ཐ་ག་ཏ་ཡ། ཨརྷ་ཏེ་
བུ་དྷ་ཡ། ཨོཾ་ས་ར་བ། སང་སྐཱ་ར་པ་རི་ཤུདྡྷ། དྷརྨ་ཏེ། ག་ག་ན་ས་མུ་དྒ་ཏེ། སྭ་བྷ་བ་བི་ཤུད
དྷེ། མ་ཧ་ན་ཡ། པ་རི་བ་རེ་སྭཱ་ཧཱ། །གང་ཞིག་ཚེ་དཔག་དུ་མྱེད་པའི་མདོ་འདི་འབྲི་འམ་འཆུག་ན།
ཚེས་བྱུང་བ་ལ་ལོ་བརྒྱའ་ཐུབ་པར་འགྱུར་ཏེ། ཚེ་ཡང་ནི་ཐར་འཕེལ་བར་འགྱུར་རོ། །
ན་མོ་བ་ག་བ་ཏེ། ཨ་པ་རི་མི་ཏ། ཨ་ཡུ་ཛྙཱ་ན། སུ་བི་ནི་ཤྩི་ཏ། ར་ཛ་ཡ། ཏ་ཐ་ག་ཏ་ཡ། ཨརྷ་ཏེ་བུ་དྷ་
ཨོཾ་ས་ར་བ། སང་སྐཱ་ར་པ་རི་ཤུདྡྷ། དྷརྨ་ཏེ། ག་ག་ན་ས་མུ་དྒ་ཏེ། སྭ་བྷ་བ་བི་ཤུདྡྷེ། མ་
ཧ་ན་ཡ། པ་རི་བ་རེ་སྭཱ་ཧཱ། །གང་ཞིག་ཚེ་དཔག་དུ་མྱེད་པའི་མདོ་འདི་འབྲི་འམ་འཆུག་
ན། དེ་སེམས་ཅན་དམྱལ་བ་དང་། བྱོལ་སོང་གི་སྐྱེ་གནས་དང་། གཤིན་རྗེའི་འཇིག་རྟེན་
དུ་ཡང་སྐྱེ་བར་འགྱུར་རོ། །ནམ་དུ་ཡང་མི་ཁོམ་པར་སྐྱེ་འགྱུར་ཏེ། །གང་དང་གང་དུ་སྐྱེ་
བའི་སྐྱེ་བ་ཐམས་ཅད་དུ་སྐྱེ་བ་དྲན་པར་འགྱུར་རོ། །ན་མོ་བ་ག་བ་ཏེ། ཨ་པ་རི་མི་ཏ། ཨ་ཡུ་
ཛྙཱ་ན། སུ་བི་ནི་ཤྩི་ཏ། ར་ཛ་ཡ། ཏ་ཐ་ག་ཏ་ཡ། ཨརྷ་ཏེ་བུ་དྷ་ཡ། ཨོཾ་ས་ར་བ། སང་སྐཱ་ར། པ་རི་ཤུདྡྷ། དྷརྨ་
མ་ཏེ། ག་ག་ན་ས་མུ་དྒ་ཏེ། སྭ་བྷ་བ་བི་ཤུདྡྷེ། མ་ཧཱ་ན་ཡ་པ་རི་བཱ་རེ་སྭཱ་ཧཱ། །གང་ལ་ལ་
ཞིག་ཚེ་དཔག་དུ་མྱེད་པའི་མདོ་འདི་འབྲི་འམ་འཆུག་ན། དེས་ཆོས་ཀྱི་ཕུང་པོ་སྟོང་ཕྲག་
བརྒྱད་ཁྲི་བཞི་འབྲིར་འཆུག་པར་འགྱུར་རོ། །ན་མོ་བ་ག་བ་ཏེ། ཨ་པ་རི་མི་ཏ། ཨ་ཡུ་ཛྙཱ་
ན། སུ་བི་ནི་ཤྩི་ཏ། ར་ཛ་ཡ། ཏ་ཐ་ག་ཏ་ཡ། ཨརྷ་ཏེ་བུ་དྷ། ཨོཾ་ས་ར་བ། སང་སྐཱ་ར་པ་རི་ཤུདྡྷ། དྷརྨ་ཏེ།
ག་ག་ན་ས་མུ་དྒ་ཏེ། སྭ་བྷ་བ་བི་ཤུདྡྷེ། མ་ཧཱ་ན་ཡ་པ་རི་བ་རེ་སྭཱ་ཧཱ། །གང་ཞིག་
ཚེ་དཔག་དུ་མྱེད་པའི་མདོ་འདི་འབྲི་འཆུག་ན། དེ་ནི་མཆོད་རྟེན་བྱེད་པ་ལ་ཡོང་མ་སུ་
བྱང་བར་འགྱུར་རོ། །ན་མོ་བ་ག་བ་ཏེ། ཨ་པ་རི་མི་ཏ། ཨ་ཡུ་ཛྙཱ་ན། སུ་བི་ནི་ཤྩི་ཏ།
ར་ཛ་ཡ། ཏ་ཐ་ག་ཏ་ཡ། ཨརྷ་ཏེ། བུ་དྷ། ཨོཾ་ས་ར་བ། སང་སྐཱ་ར། པ་རི་ཤུདྡྷ། དྷརྨ་ཏེ།

ག་ག་ན་ས་མུ་དྒ་ཏེ། སྭ་བྷ་བ་བི་ཤུད་དྷེ། མ་ཧ་ན་ཡ་པ་རི་བ་རེ་སྭཱ་ཧཱ། །གང་ཞིག་ཚེ་དཔག་དུ་མྱེད་

པའི་མདོ་འདི་འབྲི་འམ་འབྲི་རུ་བཅུག་ན། དེའི་སྡིག་གི་ཕུང་པོ་རི་རབ་ཙམ་ཡང་ཡོངས་སུ་བྱང་བར་འགྱུར་རོ། །

ན་མོ་བ་ག་བ་ཏེ། ཨ་པ་རི་མི་ཏ། ཨ་ཡུ་རྗྙ་ན། སུ་བི་ནི་ཤྩི་ཏ། ཏེ་ཛོ་ར་ཛ་ཡ། ཏ་ཐཱ་ག་ཏ་ཡ། ཏདྱ་ཐཱ། ཨོཾ་སརྦ་

སཾ་སྐཱ་ར་པ་རི་ཤུད་དྷ་དྷརྨ་ཏེ། མ་ཧ་ན་ཡ། པ་རི་བ་རེ་སྭཱ་ཧཱ། །གང་ཞིག་ཚེ་དཔག་དུ་མྱེད་པའི་མདོ་

འདི་འབྲི་འམ་འབྲི་རུ་བཅུག་ན། དེ་ལ་བདུད་དང་། བདུད་ཀྱི་རིགས་ཀྱི་ལྷ་དང་། གནོད་སྦྱིན་དང་། སྲིན་པོ་ཡིས་གླགས་བལྟས་ཀྱང་

གླགས་རྙེད་པར་འགྱུར་རོ། །ན་མོ་བ་ག་བ་ཏེ། ཨ་པ་རི་མི་ཏ། ཨ་ཡུ་རྗྙ་ན། སུ་བི་ནི་ཤྩི་ཏ། ཏེ་ཛོ་ར་ཛ་

ཡ། ཏ་ཐཱ་ག་ཏ་ཡ། ཏདྱ་ཐཱ། ཨོཾ་སརྦ་སཾ་སྐཱ་ར་པ་རི་ཤུད་དྷེ། དྷརྨ་ཏེ་ག་ག་ན་ས་མུ་དྒ་ཏེ།

སྭ་བྷ་བ་བི་ཤུད་དྷེ། མ་ཧ་ན་ཡ་པ་རི་བ་རེ་སྭཱ་ཧཱ། །གང་ཞིག་ཚེ་དཔག་དུ་མྱེད་པའི་མདོ་འདི་འབྲི་འམ་འབྲི་རུ་བཅུག་ན

དེའི་འཆི་བའི་དུས་ཀྱི་ཚེ། སངས་རྒྱས་བྱེ་བ་ཕྲག་བརྒྱ་དགུ་བཅུ་རྩ་དགུ་མངོན་སུམ་དུ་ཉེ་བར་

པར་མཛད་དེ། སངས་རྒྱས་སྟོང་གིས་ལག་པ་རྐྱོང་བར་འགྱུར་རོ། །སངས་རྒྱས་ཀྱི་ཞིང་ནས་སངས་རྒྱས་ཀྱི

ཞིང་དུ་འགྲོ་བ་ར་མཆོད་པར་འགྱུར་རོ། །འདི་ལ་ཐེ་ཚོམ་མ་ཟ་ཞིག ཡིད་གཉིས་མ་བྱེད་ཅིག། །

ན་མོ་བ་ག་བ་ཏེ། ཨ་པ་རི་མི་ཏ། ཨ་ཡུ་རྗྙ་ན། སུ་བི་ནི་ཤྩི་ཏ། ཏེ་ཛོ་ར་ཛ་ཡ། ཏ་ཐཱ་ག་ཏ་ཡ། ཏདྱ་ཐཱ། ཨོཾ་སརྦ་སཾ་སྐཱ་

ར་པ་རི་ཤུད་དྷེ། དྷརྨ་ཏེ་ག་ག་ན་ས་མུ་དྒ་ཏེ། སྭ་བྷ་བ་བི་ཤུད་དྷེ། མ་ཧ་ན་ཡ་པ་རི་བ་རེ་སྭཱ་ཧཱ། །གང་ཞིག་ཚེ

དཔག་དུ་མྱེད་པའི་མདོ་འདི་འབྲི་འམ་འབྲི་རུ་བཅུག་ན། རྒྱལ་པོ་ཆེན་པོ་བཞི་རེ་རེ་ཕྱི་བཞིན་འབྲང་ཞིང་སྲུང་བ་དང་། བསྐྱབ

པ་དང་། སྦེད་པ་བྱེད་པར་འགྱུར་རོ། །ན་མོ་བ་ག་བ་ཏེ། ཨ་པ་རི་མི་ཏ། ཨ་ཡུ་རྗྙ་ན། སུ་བི་ནི་ཤྩི་ཏ། ཏེ་ཛོ་ར་ཛ་ཡ

ཏ་ཐཱ་ག་ཏ་ཡ། ཏདྱ་ཐཱ། ཨོཾ་སརྦ་སཾ་སྐཱ་ར་པ་རི་ཤུད་དྷ་དྷརྨ་ཏེ་ག་ག་ན་ས་མུ་དྒ་ཏེ། མ་ཧ་ན་ཡ

པ་རི་བ་རེ་སྭཱ་ཧཱ། །གང་ཞིག་ཚེ་དཔག་དུ་མྱེད་པའི་མདོ་འདི་འབྲི་འམ་འབྲི་རུ་བཅུག་ན། དེ་ནི་བཞིན་གཤེགས་པ

ཚེ་དཔག་དུ་མྱེད་པའི་སངས་རྒྱས་ཀྱི་ཞིང་གི་འཇིག་རྟེན་གྱི་ཁམས་བདེ་བ་ཅན་དུ་སྐྱེ་བར་འགྱུར་རོ། །

ན་མོ་བ་ག་བ་ཏེ། ཨ་པ་རི་མི་ཏ། ཨ་ཡུ་རྗྙ་ན། སུ་བི་ནི་ཤྩི་ཏ། ཏེ་ཛོ་ར་ཛ་ཡ། ཏ་ཐཱ་ག་ཏ་ཡ། ཏདྱ་ཐཱ། ཨོཾ་སརྦ

སཾ་སྐཱ་ར་པ་རི་ཤུད་དྷེ། དྷརྨ་ཏེ་ག་ག་ན་ས་མུ་དྒ་ཏེ། སྭ་བྷ་བ་བི་ཤུད་དྷེ། མ་ཧ་ན་ཡ་པ་རི་བ་རེ་སྭཱ་ཧཱ། །

ས་ཕྱོགས་གང་དུ་མདོ་སྡེ་དཀོན་མཆོག་འདི་འབྲི་བར་འགྱུར་བའི་ས་ཕྱོགས་དེ་ཡང་མཆོད་རྟེན་

དུ་འགྱུར་ཏེ། ཕྱག་འཚལ་བར་འགྱུར་རོ། །ན་མོ་བྷ་ག་བ་ཏེ། ཨ་པ་རི་མི་ཏ། ཨ་ཡུ་རྫྙཱ་ན། སུ་བི་ནི་ཤྩི་ཏ།

[illegible]

ར་ཛ་ཡ། ཏ་ཐཱ་ག་ཏ་ཡ། ཨར་ཧ་ཏེ་སམྱཀ་སཾ་བུད་དྷཱ་ཡ། ཏད་ཡ་ཐཱ། ཨོཾ་སརྦ་སཾ་སྐཱ་ར། པ་རི་ཤུད་དྷ་དྷརྨ་ཏེ། ག་ག་ན་ས་མུད་ག་ཏེ།

སྭ་བྷཱ་བ་བི་ཤུད་དྷེ། མ་ཧཱ་ན་ཡ། པ་རི་བ་རེ་སྭཱ་ཧཱ། །གང་ཞིག་ཚེ་དཔག་དུ་མྱེད་པའི་མདོ་འདི་འབྲི་བ་འཆང་ན།

དེ་ཕྱིར་སྐྱེད་ཀྱི་རིང་ཡི་དྭགས་སུ་ཡང་མྱི་སྐྱེ་བར་འགྱུར་རོ། །ན་མོ་བྷ་ག་བ་ཏེ། ཨ་པ་རི་མི་ཏ། ཨ་ཡུ་རྫྙཱ་ན། སུ་བི་ནི་ཤྩི་ཏ།

ར་ཛ་ཡ། ཏ་ཐཱ་ག་ཏ་ཡ། ཨར་ཧ་ཏེ་སམྱཀ་སཾ་བུད་དྷཱ་ཡ། ཏད་ཡ་ཐཱ། ཨོཾ་སརྦ་སཾ་སྐཱ་ར། པ་རི་ཤུད་དྷ་དྷརྨ་ཏེ། ག་ག་ན་ས་མུད་ག་ཏེ། སྭ་བྷཱ་བ

བི་ཤུད་དྷེ། མ་ཧཱ་ན་ཡ་པ་རི་བ་རེ་སྭཱ་ཧཱ། །གང་ལ་ལ་ཞིག་གིས་རྣམ་གྲངས་འདི་ཕྱིར་ཞབ་ལ་ཀ་ཡི་གེ་འབྲག

ཞིག་སྦྱིན་པ་བྱིན་ན། དེ་སྟོང་གསུམ་གྱི་སྟོང་ཆེན་པོའི་འཇིག་རྟེན་གྱི་ཁམས་རིན་པོ་ཆེ་སྣ་བདུན་གྱི་

ཡོངས་སུ་བཀང་སྟེ་སྦྱིན་པ་བྱིན་པར་འགྱུར་རོ། །ན་མོ་བྷ་ག་བ་ཏེ། ཨ་པ་རི་མི་ཏ། ཨ་ཡུ་རྫྙཱ་ན། སུ་བི་ནི་ཤྩི་ཏ་ཏེ་ཛོ་

ར་ཛ་ཡ། ཏ་ཐཱ་ག་ཏ་ཡ། ཨར་ཧ་ཏེ་སམྱཀ་སཾ་བུད་དྷཱ་ཡ། ཏད་ཡ་ཐཱ། ཨོཾ་སརྦ་སཾ་སྐཱ་ར། པ་རི་ཤུད་དྷ་དྷརྨ་ཏེ། ག་ག་ན་ས་མུད་ག་ཏེ། སྭ་བྷཱ་བ་བི་ཤུད་དྷེ།

མ་ཧཱ་ན་ཡ་པ་རི་བ་རེ་སྭཱ་ཧཱ། །གང་ལ་ལ་ཞིག་ཆོས་ཀྱི་རྣམ་གྲངས་འདི་ལ་མཆོད་པར་བྱེད་པར་འགྱུར་

བ་དེས་ནི་དམ་པའི་ཆོས་ཐམས་ཅད་ཕྱག་བྱས་པར་མཆོད་པར་འགྱུར་རོ། །ན་མོ་བྷ་ག་བ་ཏེ། ཨ་པ་རི་མི་ཏ། ཨ་ཡུ་

རྫྙཱ་ན་སུ་བི་ནི་ཤྩི་ཏ། ར་ཛ་ཡ། ཏ་ཐཱ་ག་ཏ་ཡ། ཨར་ཧ་ཏེ་སམྱཀ་སཾ་བུད་དྷཱ་ཡ། ཏད་ཡ་ཐཱ། ཨོཾ་སརྦ་སཾ་སྐཱ་ར། པ་རི་ཤུད་དྷ་དྷརྨ་ཏེ། ག་ག་ན་ས་མུད་ག

ཏེ། སྭ་བྷཱ་བ་བི་ཤུད་དྷེ། མ་ཧཱ་ན་ཡ་པ་རི་བ་རེ་སྭཱ་ཧཱ། །དཔེར་ན་ཇི་ལྟར་དེ་བཞིན་གཤེགས་པ་རྣམ་པར་གཟིགས་དང་།

གཙུག་ཏོར་ཅན་དང་། ཐམས་ཅད་སྐྱོབ་དང་། འཁོར་བ་འཇིག་དང་། གསེར་ཐུབ་དང་།

འོད་སྲུང་དང་། ཤཱཀྱ་ཐུབ་པ་ལ་སོགས་པ་དེ་བཞིན་གཤེགས་པ་ཆེན་པོ་རྣམས་ཀྱིས། །མཆོད་པར་

བྱས་པའི་བསོད་ནམས་ཀྱི་ཕུང་པོའི་ཚད་ནི་བགྲང་བར་ནུས་ཀྱི། ཚེ་དཔག་དུ་མྱེད་པའི་མདོ་བསོད་

ནམས་ཀྱི་ཕུང་པོའི་ཚད་ནི་བགྲང་བར་མི་ནུས་སོ། །ན་མོ་བྷ་ག་བ་ཏེ། ཨ་པ་རི་མི་ཏ། ཨ་ཡུ་རྫྙཱ་

ན་སུ་བི་ནི་ཤྩི་ཏ། ར་ཛ་ཡ། ཏ་ཐཱ་ག་ཏ་ཡ། ཨར་ཧ་ཏེ་སམྱཀ་སཾ་བུད་དྷཱ་ཡ། ཏད་ཡ་ཐཱ། ཨོཾ་སརྦ་སཾ་སྐཱ་ར། པ་རི་ཤུད་དྷ་དྷརྨ་ཏེ། ག་ག་ན་ས་མུ

དྒ་ཏེ། སྭ་བྷཱ་བ་བི་ཤུད་དྷེ། མ་ཧཱ་ན་ཡ་པ་རི་བ་རེ་སྭཱ་ཧཱ། །དཔེར་ན་རི་རབ་རྒྱལ་མཆོག་ཆེན་པོ་ཞིང་ལ

རྒྱ་མཚོ་ཡོངས་སུ་ཚད་གཟུང་བའི་ཕྱིར་ཕྱེ་མ་རེ་རེ་ནས་བགྲང་བར་ནུས་ཀྱི། ཚེ་དཔག་དུ་མྱེད་པའི་མདོ་འདི་འབྲི་ཞིང་ཉམས་སུ་ཀློག་པའི་ཕྱུར་
པོ་ཏི་ཚད་ཉིད་བཟུང་བར་མི་ནུས་སོ། །ན་མོ་བྷ་ག་བ་ཏེ། ཨ་པ་རི་མི་ཏ། ཨ་ཡུ་ཛྙཱ་ན་སུ་བི་ནི་ཤྩི་ཏ་ཏེ་ཛོ་རཱ་ཛ་ཡ། ཏ་ཐཱ་ག་ཏ་ཡ།
ཨརྷ་ཏེ་སམྱཀ་སམ་བུདྡྷཱ་ཡ། ཏདྱ་ཐཱ། ཨོཾ་སཾ་སྐཱ་ར་པ་རི་ཤུདྡྷ་དྷརྨ་ཏེ། ག་ག་ན་ས་མུད་ག་ཏེ། སྭ་བྷཱ་བ་བི་ཤུདྡྷེ། མ་ཧཱ་ན་ཡ་པ་རི་བཱ་རེ་སྭཱ་ཧཱ།
གང་ཞིག་ཚེ་དཔག་དུ་མྱེད་པའི་མདོ་འདི་ལ་ཕྱག་འཚལ་ཏམ། མཆོད་པར་བྱེད་པ་ན། ཕྱོགས་བཅུའི་སངས་རྒྱས་ཀྱི་ཞིང་
ཁམས་ཐམས་ཅད་དུ་དེ་བཞིན་གཤེགས་པ་ཐམས་ཅད་ལ་ཕྱག་འཚལ་བ་དང་། མཆོད་པ་བྱས་པར་འགྱུར་རོ། །ན་མོ་བྷ་ག་བ་ཏེ།
ཨ་པ་རི་མི་ཏ། ཨ་ཡུ་ཛྙཱ་ན་སུ་བི་ནི་ཤྩི་ཏ། ཏེ་ཛོ་རཱ་ཛ་ཡ། ཏ་ཐཱ་ག་ཏཱ་ཡ། ཨརྷ་ཏེ་སམྱཀ་སམ་བུདྡྷཱ་ཡ། ཏདྱ་ཐཱ། ཨོཾ་སཾ་སྐཱ་ར་པ་རི་ཤུདྡྷ་དྷརྨ་ཏེ།
ག་ག་ན་ས་མུད་ག་ཏེ། སྭ་བྷཱ་བ་བི་ཤུདྡྷེ། མ་ཧཱ་ན་ཡ་པ་རི་བཱ་རེ་སྭཱ་ཧཱ། །སྦྱིན་པའི་སྟོབས་ཀྱིས་སངས་རྒྱས་ཡང་དག་འཕགས།
མྱི་ཡི་སེང་གེ་སྦྱིན་པའི་སྟོབས་རྟོགས་ན། སྙིང་རྗེ་ཅན་གྱི་གྲོང་ཁྱེར་དུ་ཡང་འཇུག་པ་ལ། སྦྱིན་པའི་སྟོབས་ཀྱི་སྒྲ་ནི་གྲགས་པར་
འགྱུར། །ཚུལ་ཁྲིམས་སྟོབས་ཀྱིས་སངས་རྒྱས་ཡང་དག་འཕགས། མྱི་ཡི་སེང་གེ་ཚུལ་ཁྲིམས་སྟོབས་
རྟོགས་ཀྱིས། སྙིང་རྗེ་ཅན་གྱི་གྲོང་ཁྱེར་དུ་ཡང་འཇུག་པ་ལ། ཚུལ་ཁྲིམས་སྟོབས་ཀྱི་སྒྲ་ནི་གྲགས་པར་འགྱུར། །བཟོད་པའི་སྟོབས་ཀྱིས་སངས་རྒྱས་ཡང་
དག་འཕགས། མྱི་ཡི་སེང་གེ་བཟོད་པའི་སྟོབས་རྟོགས་ཀྱིས། སྙིང་རྗེ་ཅན་གྱི་གྲོང་ཁྱེར་དུ་ཡང་འཇུག་པ་ལ། བཟོད་པའི་སྟོབས་ཀྱི་
སྒྲ་ནི་གྲགས་པར་འགྱུར། །བརྩོན་འགྲུས་སྟོབས་ཀྱིས་སངས་རྒྱས་ཡང་དག་འཕགས། མྱི་ཡི་སེང་གེ་བརྩོན་འགྲུས་སྟོབས་རྟོགས་ཀྱིས།
སྙིང་རྗེ་ཅན་གྱི་གྲོང་ཁྱེར་དུ་ཡང་འཇུག་པ་ལ། བརྩོན་འགྲུས་སྟོབས་ཀྱི་སྒྲ་ནི་གྲགས་པར་འགྱུར། །བསམ་གཏན་སྟོབས་ཀྱིས་སངས་རྒྱས་
ཡང་དག་འཕགས། མྱི་ཡི་སེང་གེ་བསམ་གཏན་སྟོབས་རྟོགས་ཀྱིས། སྙིང་རྗེ་ཅན་གྱི་གྲོང་ཁྱེར་དུ་ཡང་འཇུག་པ་ལ། བསམ་གཏན་སྟོབས་ཀྱི་སྒྲ་ནི་གྲགས་
པར་འགྱུར། །ཤེས་རབ་སྟོབས་ཀྱིས་སངས་རྒྱས་ཡང་དག་འཕགས། མྱི་ཡི་སེང་གེ་ཤེས་རབ་སྟོབས་རྟོགས་ཀྱིས། སྙིང་རྗེ་ཅན་གྱི་གྲོང་ཁྱེར་དུ་ཡང་
འཇུག་པ་ལ། ཤེས་རབ་སྟོབས་ཀྱི་སྒྲ་ནི་གྲགས་པར་འགྱུར། །ན་མོ་བྷ་ག་བ་ཏེ། ཨ་པ་རི་མི་ཏ། ཨ་ཡུ་ཛྙཱ་ན་
སུ་བི་ནི་ཤྩི་ཏ། ཏེ་ཛོ་རཱ་ཛ་ཡ། ཏ་ཐཱ་ག་ཏཱ་ཡ། ཨརྷ་ཏེ་སམྱཀ་སམ་བུདྡྷཱ་ཡ། ཏདྱ་ཐཱ། ཨོཾ་སཾ་སྐཱ་ར་པ་རི་ཤུདྡྷ་དྷརྨ་ཏེ། ག་ག་ན་ས་མུད་ག་ཏེ། སྭ་བྷཱ་བ་བི་ཤུདྡྷེ། མ་ཧཱ་ན་ཡ།
པ་རི་བཱ་རེ་སྭཱ་ཧཱ། །བཅོམ་ལྡན་འདས་ཀྱིས་དེ་སྐད་ཅེས་བཀའ་སྩལ་ནས། འཇམ་དཔལ་གཞོན་ནུར་གྱུར་པ་དང་། ལྷ་དང་། མྱི་དང་། ལྷ་
མ་ཡིན་དང་། དྲི་ཟ་བཅས་པའི་འཇིག་རྟེན་ཡི་རངས་ཏེ། བཅོམ་ལྡན་འདས་ཀྱིས་གསུངས་པ་ལ་མངོན་པར་
བསྟོད་དོ། །　　　　བམ་ཚེ་བཞེར་བྲིས།། །

伍倫 55 號　王十三娘造梵文大隨求陀羅尼經咒

伍倫 56 號　五十二娘造梵文大隨求陀羅尼經咒

尊母已終亡云何生子我言長者卿於尒時
都不見問母命脩短但問所懷為是男女諸
佛如來發言无二是故當知定必得子是時
死屍火燒腹裂子從中出端坐火中猶如鴛
鴦處蓮華臺六師見已復作是言然我瞿曇
善為幻術長者見已心復歡喜呵責六師若
言幻者汝何不作我於尒時尋告耆婆汝往

伍倫 57 號　大般涅槃經卷三十

衆行
餘家
白佛佛言
自令已去
應如是說戒若比丘先受請食前食後至餘
家不囑授餘比丘除特因緣波逸提是中時
者病時也如是世尊與比丘結戒時諸比丘
作衣時到或須大釜或須小釜或須瓶或須
斤須甕須斧或須盂或須瓫須小椀或須鉢
須縄或須衣懸或須伊庭延陁須毛毾諸比
丘皆畏慎不敢入城恐犯不囑授入村佛言
自令已去聽比丘作衣時不囑授入村自令
已去當如是說戒若比丘先受請已前食後
食諸餘家不囑授餘比丘除餘特波逸提
時者病時作衣時如是世尊與比丘
諸比丘施衣時到或有已得施
當求索彼畏慎不敢入
自令已去聽

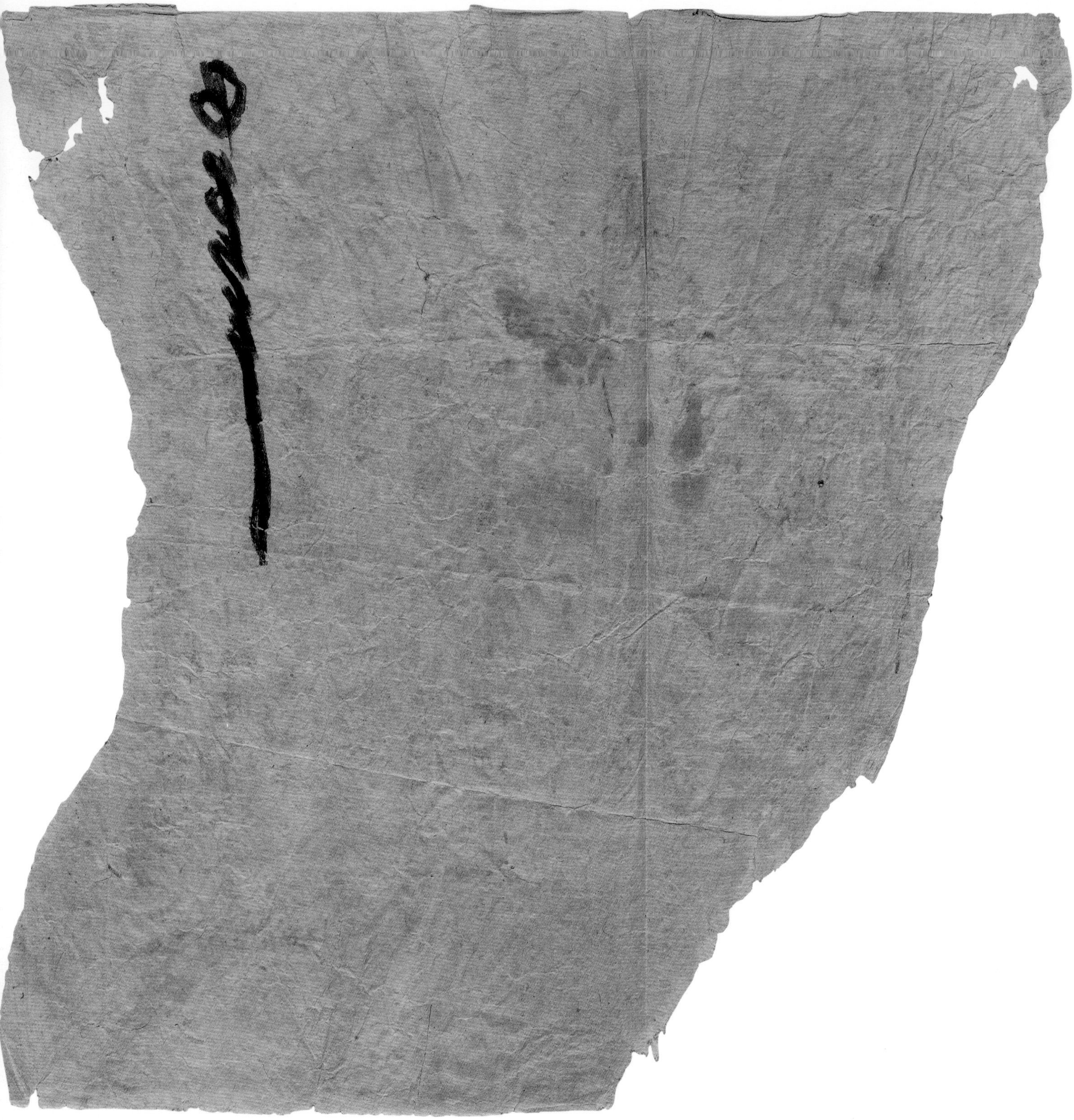

伍倫 58 號　四分律卷十五（背）

故則无繫縛无繫
故則无有死无有死故則名
故涅槃名常師子吼言世尊何等
十相佛言善男子若有比丘時時
三種相者則斷十相時時修集三昧定
時修集智慧之相時時修集捨相是名
師子吼言世尊云何名為定慧捨相定
是三昧者一切衆生皆有三昧云何方言修
集三昧若心在一境則名三昧若更餘緣則
不名三昧如其不定非一切智非一切智云
何名定若以一行得三昧者其餘諸行亦非
三昧若非三昧則非一切智若非一切智云

伍倫 59 號　大般涅槃經卷三十　59-1

三昧若非三昧則非一切智若非一切智云
何名三昧慧捨二相亦復如是

大般涅槃經卷三十

伍倫 59 號　大般涅槃經卷三十　59-2

摩訶薩即耳鼻舌身意觸若我若無我增語
非菩薩摩訶薩耶世尊若眼觸我無我若耳
鼻舌身意觸我無我尚畢竟不可得性非有
故況有眼觸我無我增語及耳鼻舌身意觸
我無我增語此增語既非有如何可言即眼
觸若我若無我增語是菩薩摩訶薩即耳鼻
舌身意觸若我若無我增語是菩薩摩訶薩
善現汝復觀何義言即眼觸若淨若不淨增
語非菩薩摩訶薩即耳鼻舌身意觸若淨若
不淨增語非菩薩摩訶薩耶世尊若眼觸淨
不淨若耳鼻舌身意觸淨不淨尚畢竟不可
得性非有故況有眼觸淨不淨增語及耳鼻

得性非有故況有眼觸淨不淨增語及耳鼻舌身意觸淨不淨增語此增語既非有如何可言即眼觸若淨若不淨增語是菩薩摩訶薩即耳鼻舌身意觸若淨若不淨增語是菩薩摩訶薩善現汝復觀何義言即眼觸若空若不空增語非菩薩摩訶薩即耳鼻舌身意觸若空若不空增語非菩薩摩訶薩耶世尊若眼觸空不空若耳鼻舌身意觸空不空尚畢竟不可得性非有故況有眼觸空不空增語及耳鼻舌身意觸空不空增語此增語既非有如何可言即眼觸若空若不空增語是菩薩摩訶薩即耳鼻舌身意觸若空若不空

菩薩摩訶薩即耳鼻舌身意觸若空若不空
增語是菩薩摩訶薩善現汝復觀何義言即
眼觸若有相若無相增語非菩薩摩訶薩即
耳鼻舌身意觸若有相若無相增語非菩薩
摩訶薩耶世尊若眼觸有相無相若耳鼻舌
身意觸有相無相尚畢竟不可得性非有故
況有眼觸有相無相增語及耳鼻舌身意觸
有相無相增語此增語既非有如何可言即
眼觸若有相若無相增語是菩薩摩訶薩即
耳鼻舌身意觸若有相若無相增語是菩薩
摩訶薩善現汝復觀何義言即眼觸若有願
若無願增語非菩薩摩訶薩即耳鼻舌身意

若無願增語非菩薩摩訶薩即耳鼻舌身意
觸若有願若無願增語非菩薩摩訶薩耶世
尊若眼觸有願無願若耳鼻舌身意觸有願
無願尚畢竟不可得性非有故況有眼觸有

佛此夜滅度 如薪盡火滅
分布諸舍利 而起無量塔
比丘比丘尼 其數如恒沙
倍復加精進 以求無上道
是妙光法師 奉持佛法藏
八十小劫中 廣宣法華經
是諸八王子 妙光所開化
堅固無上道 當見無數佛
供養諸佛已 隨順行大道
相繼得成佛 轉次而授記
最後天中天 號曰燃燈佛
諸仙之導師 度脫無量眾

伍倫 61 號　法華經序品

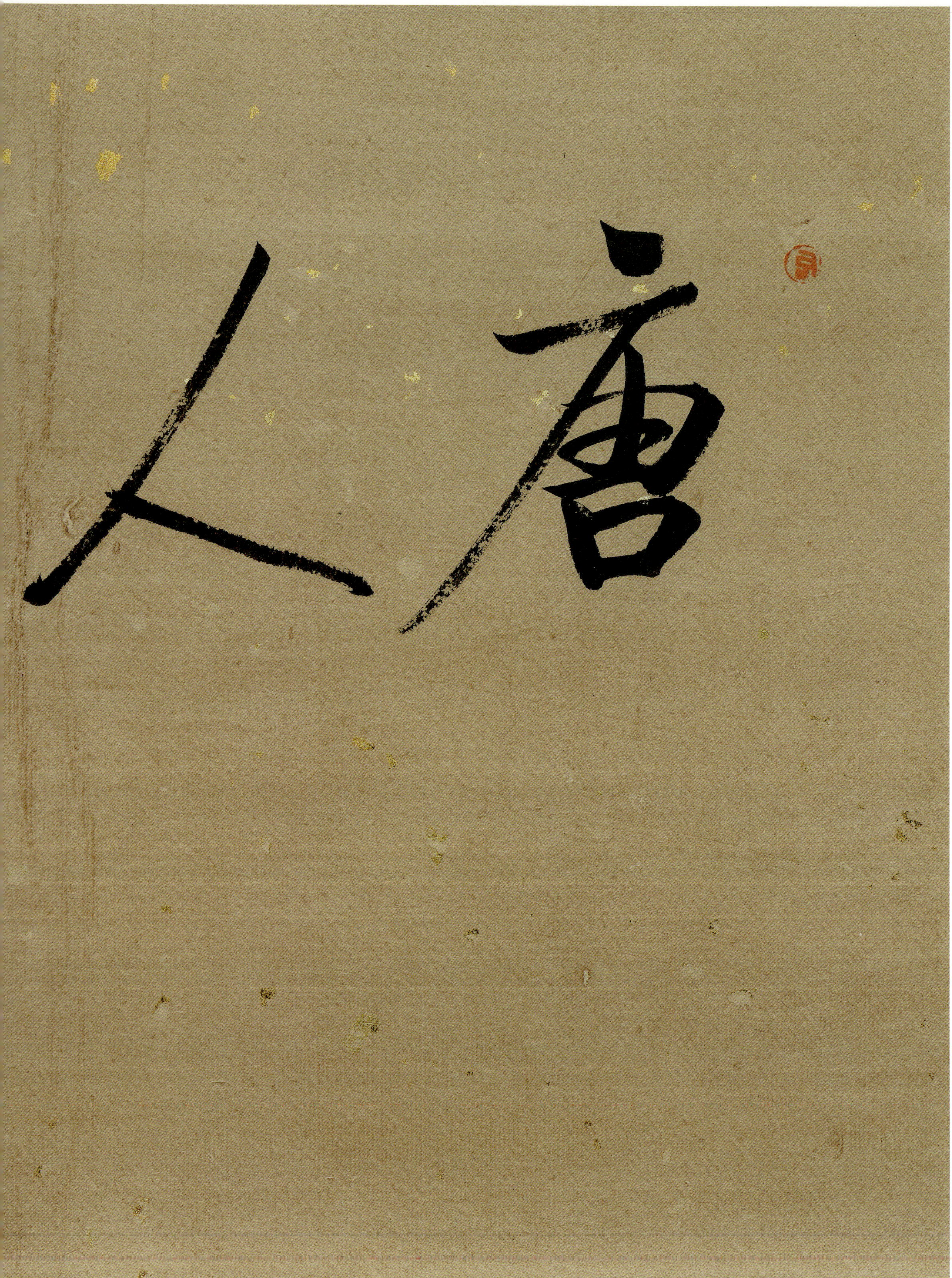
唐人

寫

金

伍倫 62 號　金剛般若波羅蜜經　62–2

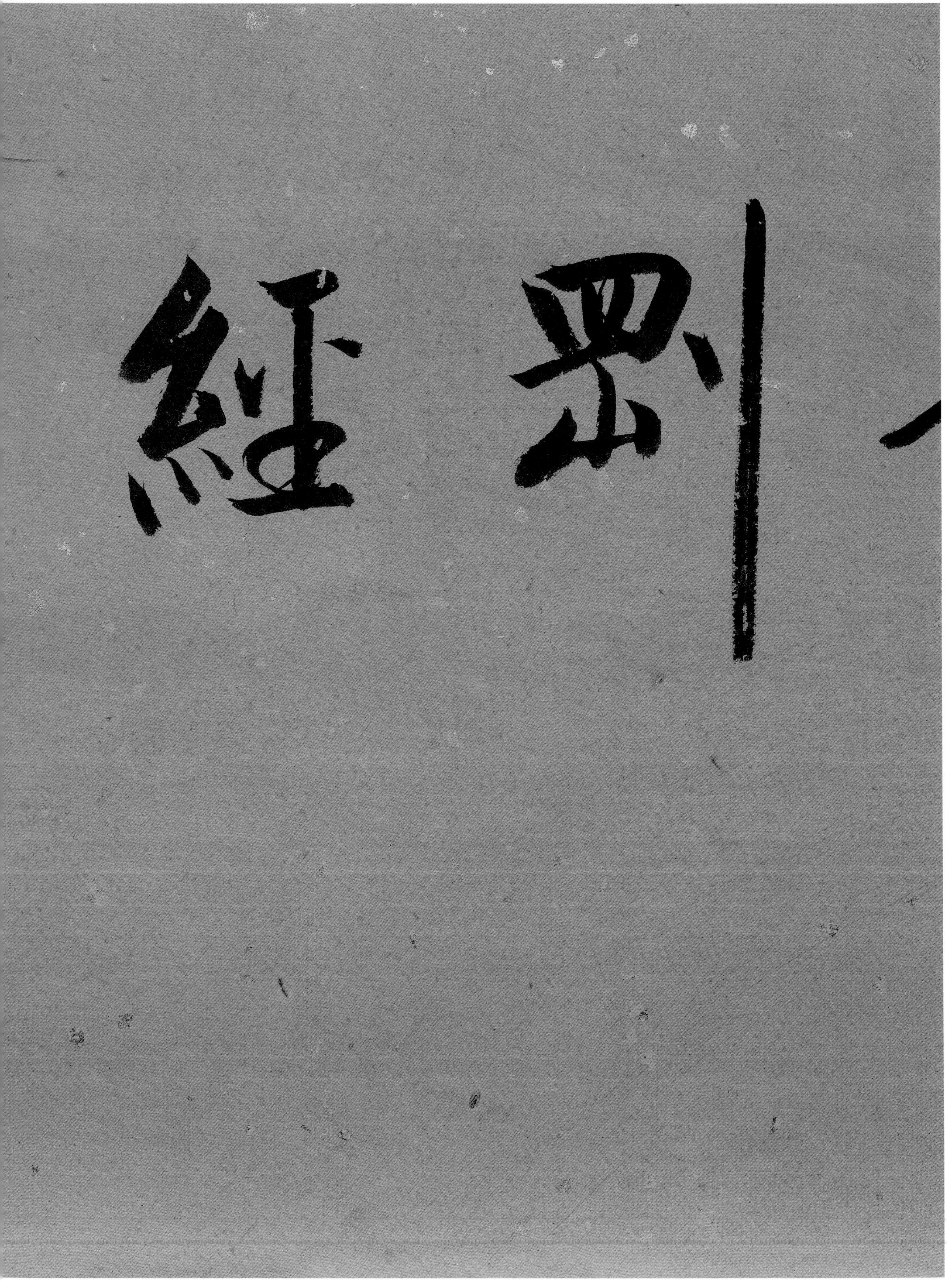

伍倫 62 號　金剛般若波羅蜜經　62-3

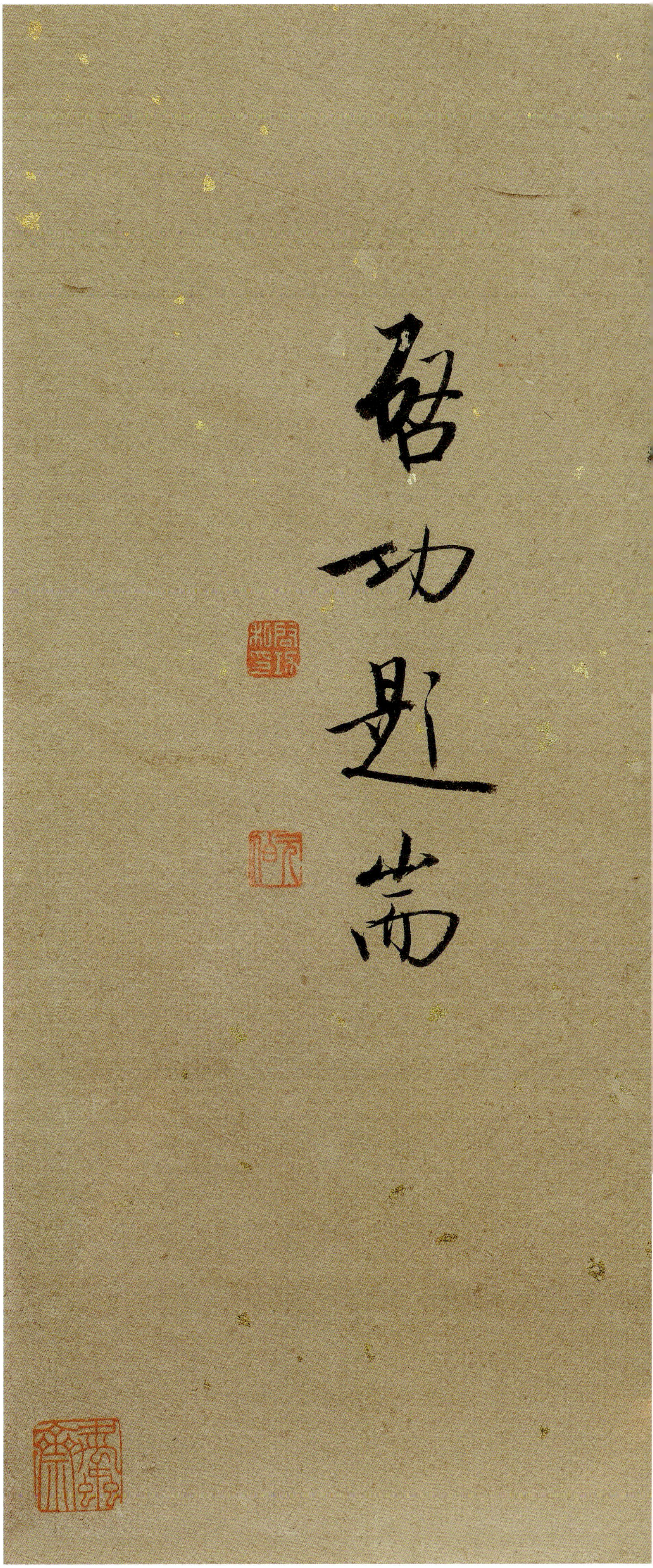

伍倫 62 號　金剛般若波羅蜜經　62–4

辱波羅蜜如来説非忍辱波羅蜜何以故須
菩提如我昔為歌利王割截身體我於尒時
无我相无人相无衆生相无壽者相何以故
我於往昔節節支解時若有我相人相衆生
相壽者相應生瞋恨須菩提又念過去於五
百世作忍辱仙人於尒所世无我相无人相
无衆生相无壽者相
是故須菩提菩薩應離一切相發阿耨多羅
三藐三菩提心不應住色生心不應住聲香
味觸法生心應生无所住心若心有住則為
非住是故佛説菩薩心不應住色布施須菩

非住是故佛說菩薩心不應住色布施須菩
提菩薩為利益一切衆生應如是布施如来
說一切諸相即是非相又說一切衆生則非
衆生須菩提如来是真語者實語者如語者
不誑語者不異語者須菩提如来所得法此法
无實无虛須菩提若菩薩心住於法而行布
施如人入闇則无所見若菩薩心不住法而
行布施如人有目日光明照見種種色須菩
提當来之世若有善男子善女人能於此經
受持讀誦則為如来以佛智慧悉知是人悉
見是人皆得成就无量无邊功德

受持讀誦則爲如来以佛智慧悉知是人悉
見是人皆得成就无量无邊功德
須菩提若有善男子善女人初日分以恒河
沙等身布施中日分復以恒河沙等身布施
後日分亦以恒河沙等身布施如是无量百
千万億劫以身布施若復有人聞此經典信
心不逆其福勝彼何况書寫受讀誦爲人
解說須菩提以要言之是經有不可思議不
可稱量无邊功德如来爲發大乘者說爲發
冣上乘者說若有人能受持讀誦廣爲人說
如来悉知是人悉見是人皆得成就不可量

㝡上乘者說若有人能受持讀誦廣為人說
如來悉知是人悉見是人皆得成就不可量
不可稱无有邊不可思議功德如是人等則
為荷擔如來阿耨多羅三藐三菩提何以故
須菩提若樂小法者著我見人見衆生見壽
者見則於此經不能聽受讀誦為人解說須
菩提在在處處若有此經一切世間天人阿
脩羅所應供養當知此處則為是塔皆應恭
敬作礼圍繞以諸華香而散其處復次須菩
提若善男子善女人受持讀誦此經若為人
輕賤是人先世罪業應墮惡道以今世人輕

提若善男子善女人受持讀誦此經若爲人
輕賤是人先世罪業應墮惡道以今世人輕
賤故先世罪業則爲消滅當得阿耨多羅三
藐三菩提須菩提我念過去无量阿僧祇劫
於然燈佛前得值八百四千万億那由他諸
佛悉皆供養承事无空過者若復有人於
後末世能受持讀誦此經所得功德於我所供
養諸佛功德百分不及一千万億分乃至筭
數譬喻所不能及須菩提若善男子善女人
於後末世有受持讀誦此經所得功德我若
具說者或有人聞心則狂亂狐疑不信須菩

具說者或有人聞心則狂亂狐疑不信須菩
提當知是經義不可思議果報亦不可思議
尒時須菩提白佛言世尊善男子善女人發
阿耨多羅三藐三菩提心云何應住云何降
伏其心佛告須菩提善男子善女人發阿耨
多羅三藐三菩提當生如是心我應滅度
一切衆生滅度一切衆生已而无有一衆生
實滅度者何以故若菩薩有我相人相衆生
相壽者相則非菩薩所以者何須菩提實
无有法發阿耨多羅三藐三菩提者須菩提於
意云何如來於然燈佛所有法得阿耨多羅

无有法發阿耨多羅三藐三菩提者須菩提於
意云何如来於然燈佛所有法得阿耨多羅
三藐三菩提不不也世尊如我解佛所説義
佛於然燈佛所无有法得阿耨多羅三藐三
菩提佛言如是如是須菩提實无有法如来
得阿耨多羅三藐三菩提須菩提若有法如
来得阿耨多羅三藐三菩提然燈佛則不与
我受記汝於来世當得作佛号釋迦牟尼以
實无有法得阿耨多羅三藐三菩提是故然
燈佛与我受記作是言汝於来世當得作佛
号釋迦牟尼何以故如来者即諸法如義若

燈佛与我受記作是言汝於来世當得作佛
号釋迦牟尼何以故如来者即諸法如義若
有人言如来得阿耨多羅三藐三菩提須菩
提實无有法佛得阿耨多羅三藐三菩提須
菩提如来所得阿耨多羅三藐三菩提於是
中无實无虚是故如来說一切法皆是佛法
須菩提所言一切法者即非一切法是故名
一切法須菩提譬如有人身長大須菩提言
世尊如来說人身長大則為非大身是名大
須菩提菩薩亦如是若作是言我當滅度无
量衆生則不名菩薩何以故須菩提无有法

量衆生則不名菩薩何以故須菩提无有法
名為菩薩是故佛說一切法无我无人无衆
生无壽者須菩提若菩薩作是言我當莊嚴
佛土是不名菩薩何以故如來說莊嚴佛土者即
非莊嚴是名莊嚴須菩提若菩薩通達
无我法者如來說名真是菩薩
須菩提於意云何如來有肉眼不如是世尊
如來有肉眼須菩提於意云何如來有天眼
不如是世尊如來有天眼須菩提於意云何
如來有慧眼不如是世尊如來有慧眼須菩

如来有慧眼不如是世尊如来有慧眼須菩
提於意云何如来有法眼不如是世尊如来
有法眼須菩提於意云何如来有佛眼不如
是世尊如来有佛眼
須菩提於意云何恒河中所有沙佛說是沙
不如是世尊如来說是沙須菩提於意云何
如一恒河中所有沙有如是等恒河是諸恒
河所有沙數佛世界如是寧為多不甚多世
尊佛告須菩提尒所國土中所有衆生若干
種心如来悉知何以故如来說諸心皆為非

種心如来悉知何以故如来説諸心皆為非
心是名為心所以者何須菩提過去心不可
得現在心不可得未来心不可得
須菩提於意云何若有人滿三千大千世界
七寶以用布施是人以是因縁得福多不如
是世尊此人以此因縁得福甚多須菩提若
福徳有實如来不説得福徳多以福徳无故
如来説得福徳多
須菩提於意云何佛可以具足色身見不不
世世尊如来不應以色身見何以故如来説

也世尊如来不應以色身見何以故如来說
具足色身即非具足身是名具足色身須
菩提於意云何如来可以具足諸相見不不
也世尊如来不應以具足諸相見何以故如
来說諸相具足即非具足是名諸相具足
須菩提汝勿謂如来作是念我當有所說法
莫作是念何以故若人言如来有所說法即
為謗佛不能解我所說故須菩提說法者无
法可說是名說法
須菩提白佛言世尊佛得阿耨多羅三藐三
菩提為无所得耶如是如是須菩提我於阿

菩提爲无所得耶如是如是須菩提我於阿
耨多羅三藐三菩提乃至无有少法可得是
名阿耨多羅三藐三菩提
復次須菩提是法平等无有高下是名阿耨
多羅三藐三菩提以无我无人无衆生无壽
者脩一切善法則得阿耨多羅三藐三菩提
須菩提所言善法者如来說非善法是名善
法須菩提若三千大千世界中所有諸須弥
山王如是等七寶聚有人持用布施若人以此
般若波羅蜜經乃至四句偈等受持爲他人
說於前福德百分不及一百千万億分乃至

般若波羅蜜經乃至四句偈等受持為他人
說於前福德百分不及一百千万億分乃至
筭數譬喻所不能及
須菩提於意云何汝等勿謂如來作是念我
當度衆生須菩提莫作是念何以故實无有
衆生如來度者若有衆生如來度者如來則
有我人衆生壽者須菩提如來說有我者則
非有我而凡夫之人以為有我須菩提凡夫
者如來說則非凡夫
須菩提於意云何可以三十二相觀如來不
須菩提言如是如是以三十二相觀如來

須菩提於意云何可以三十二相觀如來不
須菩提言如是如是以三十二相觀如来
佛言須菩提若以三十二相觀如来者轉輪
聖王則是如来須菩提白佛言世尊如我解佛
所説義不應以三十二相觀如来尒時世尊
而説偈言
若以色見我　以音聲求我　是人行耶道　不能見如来
須菩提汝若作是念如来不以具足相故得
阿耨多羅三藐三菩提須菩提莫作是念如
来不以具足相故得阿耨多羅三藐三菩提
須菩提汝若作是念發阿耨多羅三藐三菩

来不以具是相故得阿耨多羅三藐三菩提
須菩提汝若作是念發阿耨多羅三藐三菩
提者説諸法斷滅相莫作是念何以故發阿
耨多羅三藐三菩提者於法不説斷滅相
須菩提若菩薩以滿恒河沙等世界七寳布
施若復有人知一切法无我得成於忍此菩
薩勝前菩薩所得功德須菩提以諸菩薩不
受福德故須菩提白佛言世尊云何菩薩不
受福德須菩提菩薩所作福德不應貪着是
故説不受福德

故説不受福德
湏菩提若有人言如来若来若去若坐若卧
是人不解我所説義何以故如来者无所從
来亦无所去故名如来
湏菩提若善男子善女人以三千大千世界
碎為微塵於意云何是微塵衆寧為多不甚
多世尊何以故若微塵衆實有者佛則不説
是微塵衆所以者何佛説微塵衆則非微
塵衆是名微塵衆世尊如来所説三千大千
世界則非世界是名世界何以故若世界實

世界則非世界是名世界何以故若世界實
有者則是一合相如來說一合相則非一合相
是名一合相須菩提一合相者則是不可說
但凡夫之人貪著其事
須菩提若人言佛說我見人見衆生見壽者
見須菩提於意云何是人解我所說義不世
尊是人不解如來所說義何以故世尊說我
見人見衆生見壽者見即非我見人見衆生
見壽者見是名我見人見衆生見壽者見須
菩提發阿耨多羅三藐三菩提心者於一切
法應如是知如是見如是信解不生法相

菩提發阿耨多羅三藐三菩提心者於一切
法應如是知如是見如是信解不生法相須
菩提所言法相者如来說即非法相是名法相
須菩提若有人以滿无量阿僧祇世界七寶
持用布施若有善男子善女人發菩薩心者
持於此經乃至四句偈等受持讀誦為人演
說其福勝彼云何為人演說不取於相如如
不動何以故
一切有為法　如夢幻泡影　如露亦如電　應作如是觀
佛說是經已長老須菩提及諸比丘比丘尼

佛說是經已長老須菩提及諸比丘比丘尼
優婆塞優婆夷一切世間天人阿脩羅聞佛
所說皆大歡喜信受奉行

金剛般若波羅蜜經一卷

我願常事佛隨願得出家常脩淨梵行世世度衆生
空法式淨我願然如何發願已至歸命礼三寶弟子范光暉共養

金剛般若波羅蜜經一卷

我願常事佛隨願得出家常脩淨梵行世世度衆生

空法界淨我願亦如何數願已至歸命礼三寶弟子范光暉共卷

有二和雜不和雜與餘聚集者眼與耳等名餘聚集
與能所造不相雜故名雜和　所言俱者元差別義也
又依遍滿不出量釋等文也　如文可知依等境界者從八地已
上諸菩薩所觀之境唯餘能見　不過大種處量者意云
所造依止能造大種量大所造亦大等也　援猶依也遍也
二大義者即依義下至偈終也　即依義者即前遍滿義
也　複說大種者言四大形體寬廣故名為大也　其性大故等
者水遍一處等　為種生故能救所造色也

二釋四生　一卵生　二總問　總別問　別答　餘三准上
二胎生　三濕生　四化生
三釋六依持分六　一建立依分三　一標　二釋　三結
餘五依上　二藏覆依　三豐稔依　四安隱依

餘五衣上 二藏覆依 三豐饒依 四安隱依
五日月依 六食依
四釋七攝受事分二 一問 二答 牒七攝事 四句遮立
一業繫縛因 二資養因 三他樂因 四生樂因 与
四三句隨次配釋
五釋十資身具分二 一問 二答 牒十資具 三異門遮
立 第一異門者次第受用故 第二異門者
一任持資具 二所攝資具 与二八句隨次配釋
第三異門者 一俱生具 二引來具 三所欲資具 對治所
乎立二一十句當如是知 六釋繫隨厶二 一問 二答 牒八 二法遮
立 一自作 二教他 七一句隨次配之
七釋三業事分二 一問 二答 牒三法 三事遮立
一三業是立 一攻守護事 二武爭事 三 三句隨次

七釋三世事分二一問二答此三法三事建立
一言說事二取与呼喚事三賊淨事三句隨次
八釋三世事語言分二一問二答分三一釋法言二釋非
法言三釋餘言　九釋廿二種發憤分二一問二答　此廿
法依二建立　一因果變異　二因變異因果變異分三
一從求未得境所生二得已從守護生三守護時從損
奪所生与四四十句隨次而配　二因變異有二　一意業
二身業　三語業　二二句隨次配釋
言有十種愛欲者此如何殷二摩說者彼經云仏告給
孤長者言有十種愛欲　云何為十　此中有一愛欲
之者以其非法不審觀察而求資具自不安

伍倫 63 號　瑜伽師地論開釋分門記卷二、卷三科分　63-3

〻者以其非法不審觀察而求資具自不安
樂沒情受用亦不施与父母男女奴婢量僕親
戚眷屬沙门婆羅门亦不希求妄果異熟
增上生受是名受欲〻者初 復次或有一類受欲
〻者以其非法而求資具自亦受用亦施父母
乃至眷屬不施沙门婆羅门希求上生是
名第二 復次或有一類受欲〻者以其非法而求資
具自亦受用乃至亦施眷屬沙门婆羅门
自不受用 二与眷屬 三与非法
希求上生是名第三 以其非法法与非法亦有三
者一自不能受用二令他受用三施与勝人令求上勝法也
種 審觀察亦有三種 非彼資具其无染
无著无有過〻觀其過失是名第十
者此云須更也
者就須更也

无著无有滔醉翫其過失是名第十

一彈指頃有六十三刹那（者此云須臾也）一百廿刹那成一刹怛那（者放須臾也）

六十怛刹那成臘縛（者此云一吸也）三十臘縛成一目呼剌多（者一息也）

三十目呼剌多成日夜 三十日夜成一月 十二月為一

年 年中有冬夏等名 名為時

十釋六十四種有情之數分三 一問 二答 三輪王差

果 與六十四種有情之數於三建立 一堪可（為）雜

染淨品 二能入雜染及以淨品 三一向能入淨品

差別 第一堪可為染淨品分四 一由五趣 二四住

三種五類 四作業 五四三三隨次配之 第二能入

雜染及以淨品分五 一依止依 二所作 三受行

雜染及以淨品分五　一依止依　二所作　三受行
四果　五攝　二三三二二隨次配釋　第三一向能入淨品
差別分二　一律儀差別　有七隨次七句配之　二律儀
最勝差別分五　一善品差別　二敬田差別　三於
其正教預蓋差別　四證教差別　五得人身已
證得世間及出世間最勝差別　十九六十二隨次配釋
十一釋八依分三　初問　次標　後釋分八論文自顯
十二釋四種人分三　初問　次標後釋　十三釋四威儀其
義易了故此不明　十四釋六種活命分三　一問
二答　此六活命依二建立　一極大劬勞　二中劬勞
三十二句隨次配釋

壬二十二句隨次配釋

十五釋六種守護分二 一問 二荅此六守護以三建立 一所守護 二守護何 三所為護伴 四一一配釋

十六釋七種苦分二 一問 二荅 此七種苦以三建立 一從自生 二從他起 三從不知足發 四二一隨此配釋

十七釋七慢分二 一問 二荅此七種慢依六建立 一他卑 二他中 三他勝上 四無我 五尊貴 六惡法 此中慢過慢卑慢与勝上合餘五隨次配釋

十八釋七種憍分二 一問 二荅此七種憍以五建立 一与觀病相違 二与觀老相違 三觀死相違

觀病相違 二与觀老相違 三觀死相違
四觀生相違 五觀內外攝法相違
廿前四隨次後三和五相合
十九釋四種言說分三 初問 次標 後釋 於中四論文自明
廿釋衆多言說句分三 初問 次標 後釋 此衆多言說
句謂諸菩薩化利有情故建立也
大門分二 一攝一切法 二化利有情門分二 一外道 二餘
化外道分三 一外道所有作用自他等耶所繫者顯
非真實 二聽許切惡及其世法令不貪著
三於堅如智等所有一切順解脫分勸修證得
四觸及過失順世之法退捨不示不授持等勸令遠離
五七例之句善不善解言論不明而有 九教令善解

五十例六句若不善解三論不明而有 九教命章解 有七

六顯決定義 有十五 十一十二二十六七十五句隨次配釋

二 第所離分二 一在家二出家 化利在家分三 一顯加行作業 有五 有十二

二明劬勞營求 三示營求過失 十一五十一句隨次配釋

第二化出家分三 一增上戒學 二增上心學 三上慧學 有九 二十二

以九二十二二十二句隨次配釋 又菩薩化利在家更

立三十三句 此分爲二 一顯營求過 二明此生過 三示他世 十五 十 有八

過 以十五十八句隨次配釋

第三明意地攝相 大門分 一總標二解釋分九 一色聚集 二相應 三世相

四明四相 明 五緣慮相 六三性相 七差別相 八功德

事相 九明九明事相 初色聚集分三 一總標 二廣釋 三結 總有五問 有五答 論安自明 標釋結 廣釋分二 分四 一問二答 三徵四答

一略問略答 二廣釋此分四 一破救廣 二顯無差別分

事相 九明九明事相 初色聚集分三 一總標 二廣釋 廣釋分二 三結

一略問略答 此有五問有五答 二廣釋此分四 一破微塵 諸染自相 標釋結 分四 一因二答 三徵四答 二顯無差別分

三 一釋 二無差別 三明所造住因

三攝色集 四顯明聲等聚集之相

二明廣釋分三 一破微塵分二 一破塵分四 一明生起因

二答難 三徵 四答結 二明不相離分三 一釋 二不相

離 二喻顯 三明所依住因 分二 一住因 二大義 三前攝色集

三離明聲等聚之相

國大德三藏法師法成譯

八轉聲頌

譬感花林有樹 其樹被風飄 以樹摧鳥倒 為樹故為水

從樹感花蔌 是樹枝甚低 於樹鳥作巢 咄咄樹端麻

第一顯本事 第二知是業 第三作作者 第四為何施

第五從何來 第六由增上 第七是住處 第八是呼詞

八轉聲頌一卷

約界攝

八轉聲頌一卷

二明攝色集分二 一約相攝分二 一標 二釋 第二約不

攝第一約相攝分二 [illegible]

相離分二 一標 二分科 三釋 四異門論文自顯

約界攝

二約界攝論文自顯

三明雜聲亦取亦相 第三約不相離攝分四 一標

二徵 三釋 分四 有四異門論文自顯 四結

一明聲聚不相 二明分別風 三明空界 [illegible] 四明色聚小大 [illegible] 六明一切色聚 [illegible] 七明造色二種流轉

八略攝色聚之相

三雜明聲等聚之相分八 一明聲聚相分二 一界有二相

分二 一相續 二不相續

有 二分別風分二 一標 二釋 三異門 三明空界分二 一標 二釋

分二 一明觸色 二釋明色 四明色聚小大因 分三 一標 二釋 三結 五明纏中

所說四大住相分二 一明他大堅等相分二 一標 二釋 分 六二明

有二異門 初門

堅 二明堅攝 三明近攝 四明執受 五非執受 二別餘二界

六无執受 第二異門論文可見

六明一切色聚悉有能造住 分二 一標 二釋 七明造色二種流轉分二

一標 二釋分三 一釋長養 二釋等流 三釋異熟

八略攝色聚之相分二 一標 二釋

八明攝色聚之相分二 一標 二釋

一依地建立 二明心及心所生起緣 三釋能生作意 四明建立剎那 五明心及心所作用 六明通行別境能相 七通行別境作業

大門末二明相應品分二 一物標 二解釋分七 一依地建立

循分五論文自顯 二明心及心所生起緣三 一標 二釋

分二 一釋根分三 一問 二答 二境現前分三 一問 二

答 三明障 三釋能生作意分二 一問 二答 分二

分二 一標 二釋

一標 二釋分四 一釋欲力分二 一問 二答

二釋念力分二 一問 二答 三釋境力分二 問 答 四釋數

習力分二 問答 三結文可見

三明心及心所云何作雜染清淨理趣之相分二 一標 二釋

[illegible]

分三 一明生 二明亂不亂 三明分別境

分二 一明意識云何分別境 二明云何雜染清淨生起 三結

分二 一明雜染 二明

四明建立一剎那相分二 一標 二釋分二

分二 一問 二答

分二 一過去 二現在

二明相似不相似

分二 一問 二答分三 一依境

分二 一 兩答

本

二明緣境差別 五明心及心所作用分三 一物明識諸作

二明緣境差別 ○第三明心及心所作用 分三 一物明識諸作 分二 一過去 二現在

用 二明作意用 三明五遍行用 四物決

○六明遍行別義兩體相 分二 一弁遍行 二明體有五問答論文

未六名皆去 此著彼亦著 不著彼亦著 前著現名思

自明 二釋別境所境體相有五問答論文自顯 ○七明遍行別

境所作之業 分二 一弁遍行他業 有五問答論文自顯

二明別境作業 有五問答論文自明

○大門第三明三世相 分二 一標有問有答 二解釋 分三 一釋過

去 二釋未來 三釋現在 ○大門第四明四相 分三 初標有問有答

次釋 分四 一明生 二明老 分二 一釋體 二善異 分二 一標 二釋 三明住

四明無常 後結文可見 ○大門第五明四緣相 分四 一標

二解釋 分四 一明因緣 二明等無間緣 三明所緣 四增上

緣 分二 一依根 二依善不善性 三建立 分四 一立一因緣 二立

等無間緣 三立所緣 四立增上緣

伍倫 63 號　瑜伽師地論開釋分門記卷二、卷三科分　63–13

等无間緣　三立所緣緣　四立增上緣

四明獨相分二　一因緣　二餘三緣

　　　　　　　　　　　　四大門第六明三性相

分二　一簡　二辨釋分三　○一明善總　二明善體　分十

一无罪善　二生得加行善　三自性等善　四順福等善

五施性等善　六善色等善　七□□等善　八恭敬等善

九方便等善　十有五果門　一有依等善　二九地等善

三十善道善　四无學十善　五福生等善

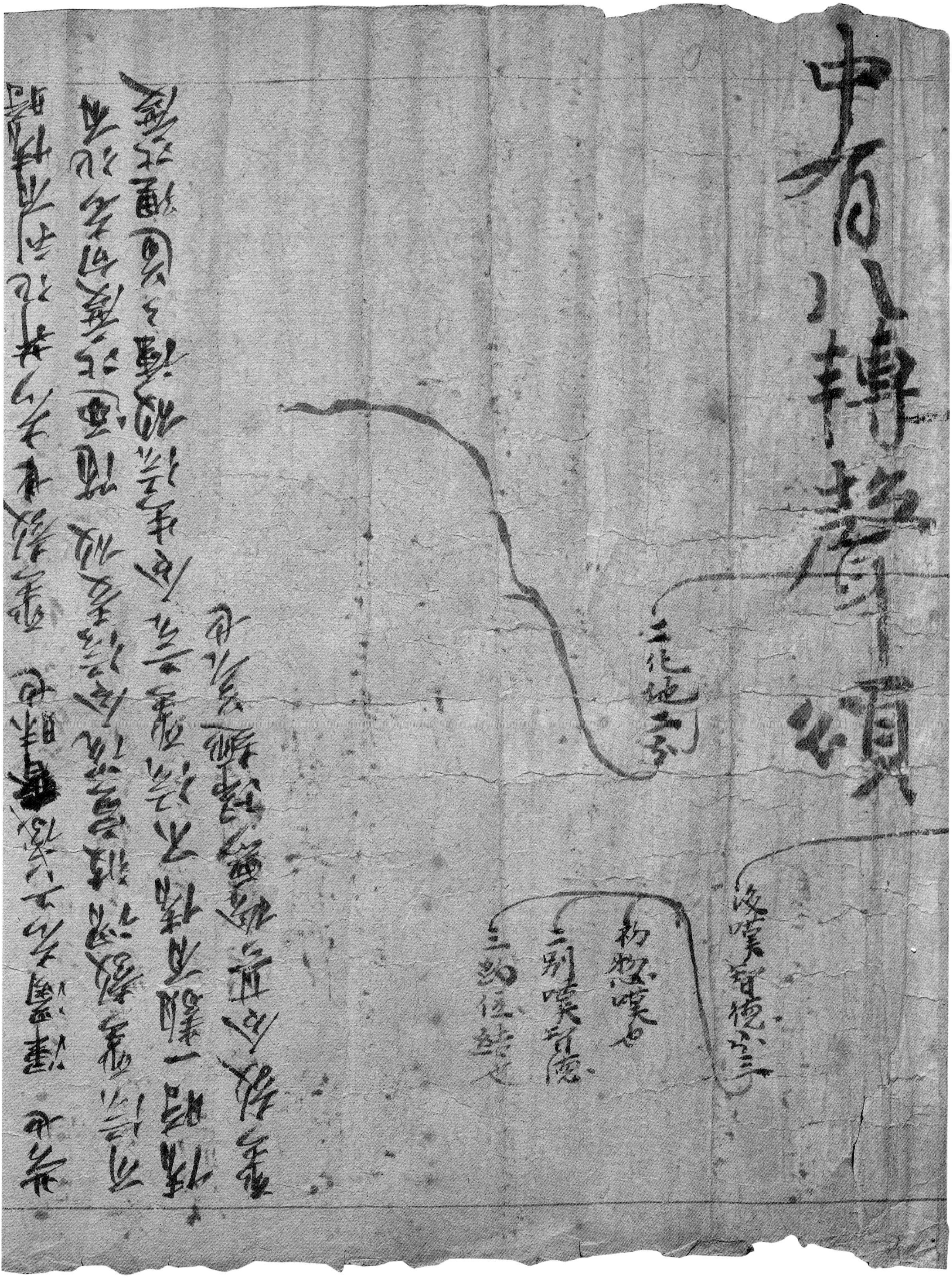

伍倫 63 號　瑜伽師地論開釋分門記卷二、卷三科分（背）　63–15

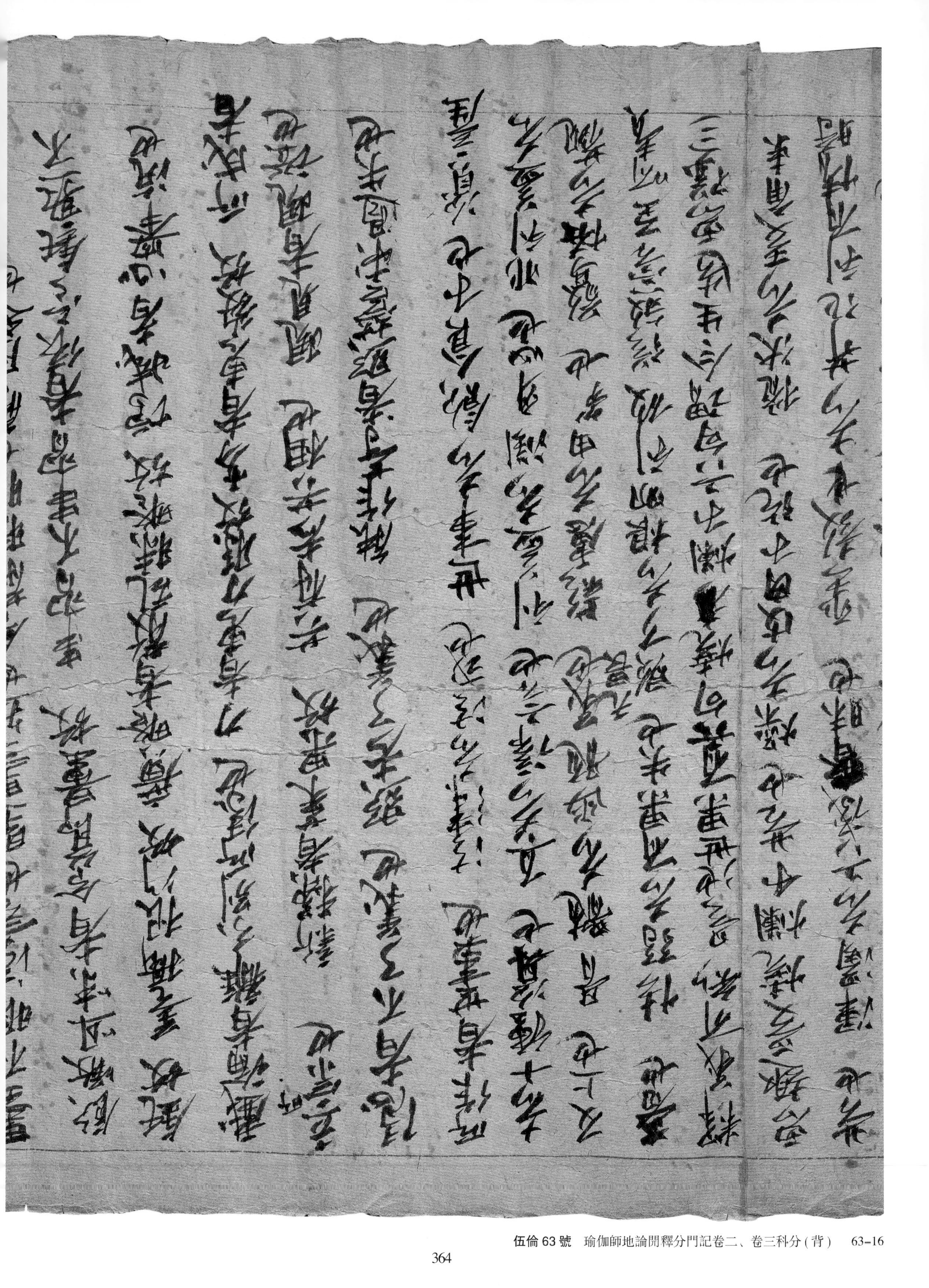

伍倫 63 號　瑜伽師地論開釋分門記卷二、卷三科分（背）　63–16

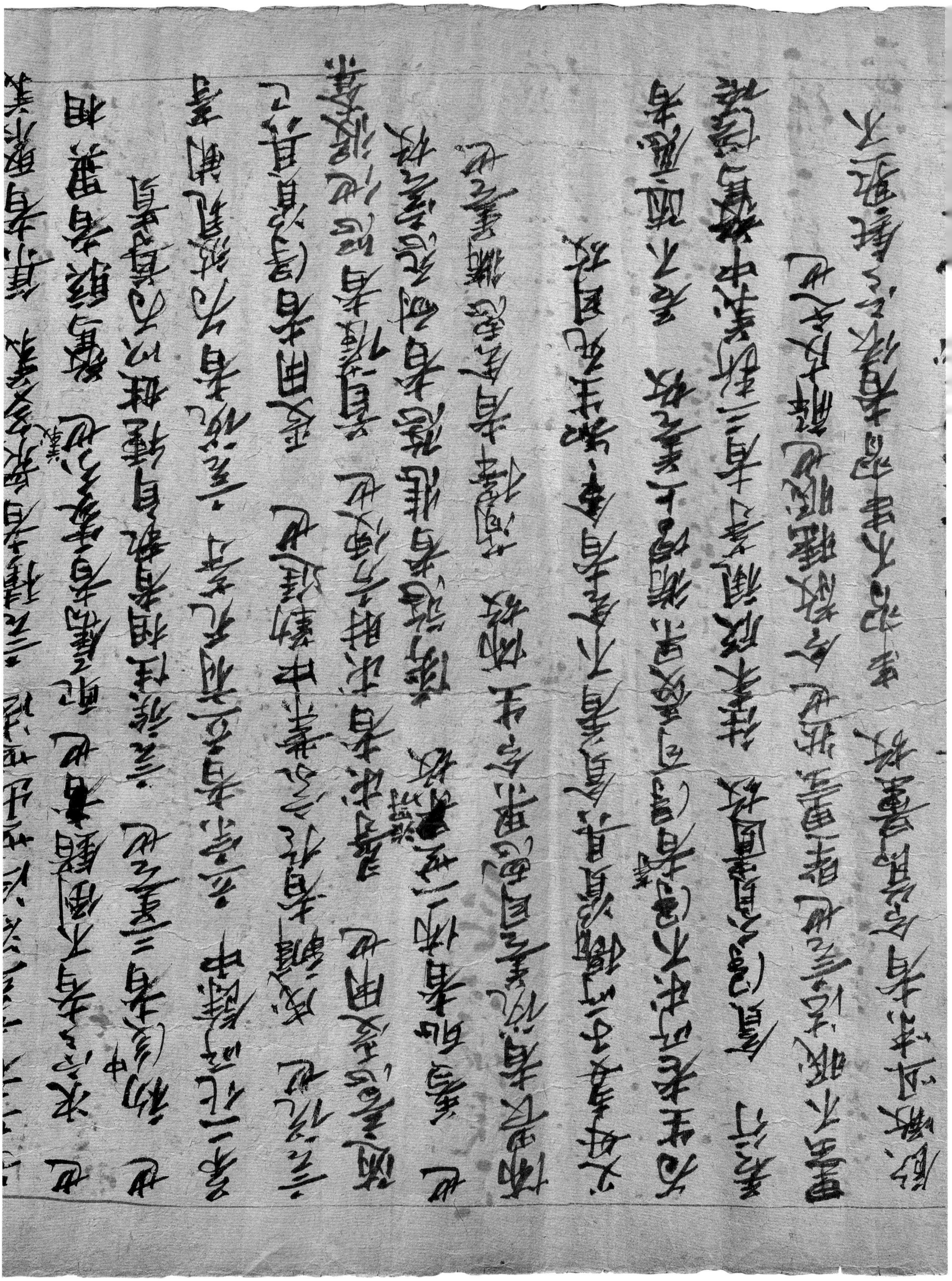

伍倫 63 號　瑜伽師地論開釋分門記卷二、卷三科分（背）　63–17

靜息者謂除亂相故
標相皆先標後示其相
表了者謂表諸法空无我理令彼了知　悅朗者謂摸滑也
安立者安立染淨世出世法　言積者衆多義　集者聚義
也　決定者不倒錯者也　所屬者屬(義)也　驚駭者異相

小乘小婆沙北佛及律宗俱立極微三世實有亦不變易　心外別有
極微於破色乖中當无極微生乎　意云內外色法皆是識中種
子所變不似內外示之極微生者不應道理　若從自種生
時乃或大等者　此中意云同外諸色法皆從識中自種為因生其色
聚為果　或細者如芥子　中者如七金山　大者如妙高須彌量等
但由覺慧下至非極微也　慧於諸色中而有二種　一般剩可於般若
也　二種云者依審云假虛於意思度患心中取其後者
分析諸色乃至假立為極微等者　此中意云於色相續分析亭
不可分析假立極微非道理而於非真如實有　二云色聚有方分
極微亦有方分等者　方謂東西南北四方等也　分者色之大小亦有
分假也　極微既是色法　若圓其體色有方分者應可分析便有

尒假也 極微既是色法 若同其麁色有方分者 應可分析便有
處故不名真實 若有无方分 便空現能生麁色 不應道里
故知道理有方分 非極微者無方分 故故无真實也 何以故者
第三釋由極微邪是尒 乃至非極微者 乃至意云 自既體无 云何
更生諸極微也 是故極微非有分者 第四結文也 第十不相離
所謂大種極微乃至於離根等者 此約外色大種雖无五根亦有色
香等四塵不相捨離 於有根處等者 約內有情大種等 說既云
有根是極微成故 與大種同處不相離也

第一問一切法生皆從自種而起等者 此中意說 若內外諸法
從一我種生者 何假大種而生造色 第二問 造色依彼
者此中意說 既從自種生造色者 何故造色不依自種而
依大種耶 第三問等 彼所建 所建立者 法中意說
若從自種建立所造 所建者何故所造不依種立
而假大種而建耶 第四問云 彼所任持者 法中意說

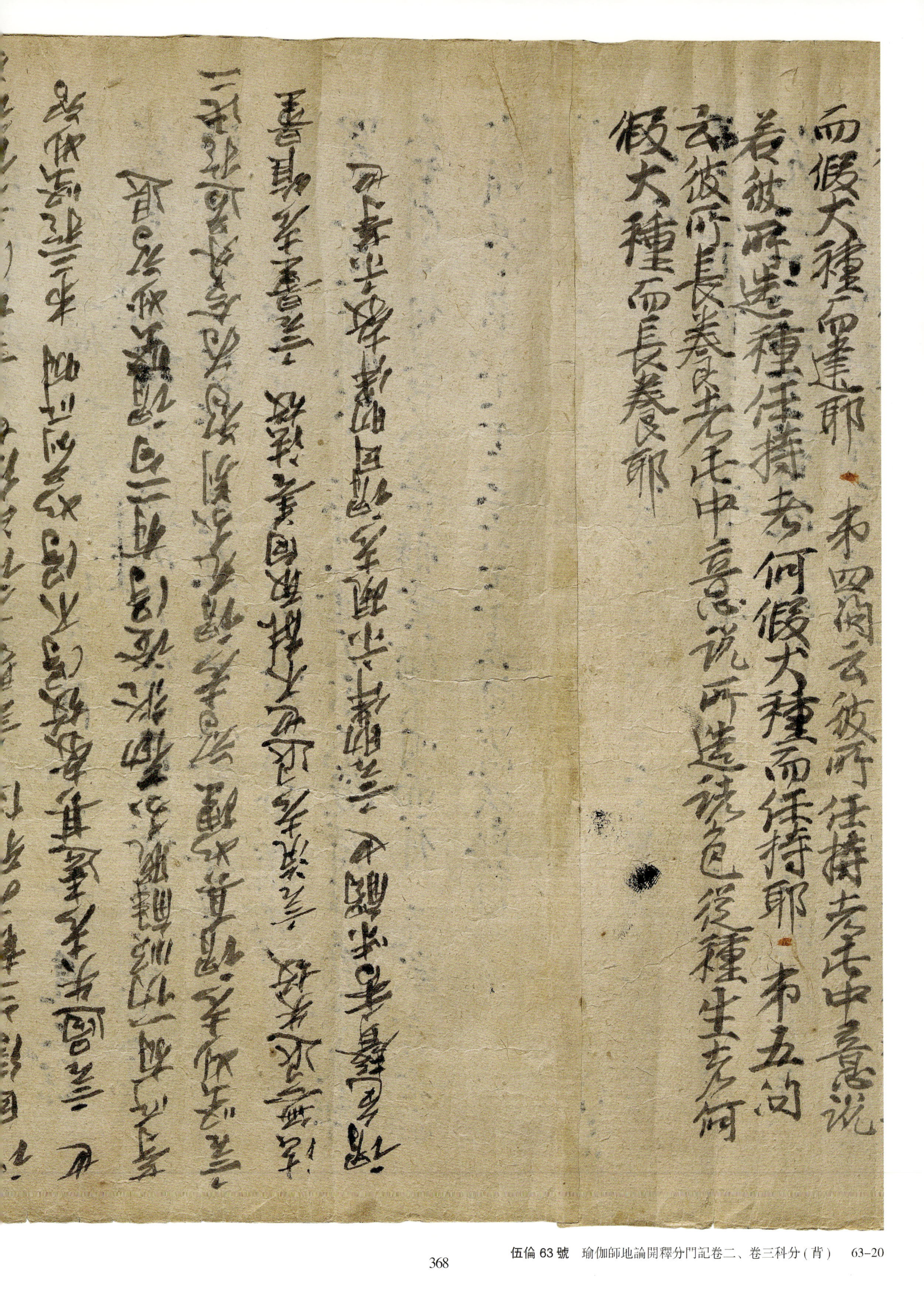

而假大種而還耶　第四問云彼所任持者於中意說
若彼所造種任持者何假大種而任持耶　第五問
云彼所長養者於中意說所造諸色從種生者何
假大種而長養耶

謂地者世間出世間地下靈（心行近果履所依持也）二相對謂根境對　法有情對　自性

差別對　自性者謂共相　差別者謂自相　衆非其實

言用作者謂現顯解　自他者彼我之所有无可知依彼教中共相答

所謂受食與與謂饒施　言近住者謂彼塵勝住等　言邪住者

謂因緣生執有邪住　言聽者謂補緣也　言功德者依彼教

也　言過失者違其教彼得不得如其所明　第三能堅妙智

傍生者水陸空飛三種也　鬼三種者　一内障針[illegible]咽

外障内不障經劫不聞漿水之名變膿自服河等内外障

者外猛火等内針咽是也

伍倫 63 號　瑜伽師地論開釋分門記卷二、卷三科分（背）　63–24

發憤者輕賤語二

三𠀤事語言者含咲先言也等　談論言更出世法等

護捐慶賀慰勞等三事也

三我起作者有種〻事中更相弥息也

方便作業　庫藏作業等者為其己身父母妻子及童僕

業此生樂故

方便作業 庫藏作業事者為其己身父母妻子及童僕
業此生樂故
六福業事者為其己身父母妻子及童僕等他世樂故備其福也
他生勝福業也 方便作業與庫藏事
此生事業也
八數隨行者數常也 隨行者世間之人常隨次作十種業也
散覆者禪積等也 易集者尖盛儀也
属彼勤劬者即上六句是也 八属彼者彼上事起言說也
那落迦種者謂无始來藏識之中含藏識為上十惡業種速尖定能生
地獄趣故名為種也 言果者謂現受地獄果也
及那那落迦受業者就地獄中復造地獄細者是亦云順也
四生者 化生樂處 溼生樂香 胎卵男女相擾愛也
言具足六欲諸天趣論也
化生之中言或復不具者謂地獄趣論也 言天那迦金翅

四生者 化生樂生處 濕生樂香 胎藏卵男女相摩愛也

言具足云文者此説天趣論也

化生三中言或復不具者此説地獄趣論也 言天那九全者

極微有方分者歟

謂大種極微者大種是四種也 極微是清淨大四是也

万億種衆生来至佛所而聽法如来于時觀
是衆生諸根利鈍精進懈怠随其所堪而為
説法種種无量皆令歡喜快得善利是諸衆
生聞是法已現世安隱後生善處以道受樂
亦得聞法既聞法已離諸障礙於諸法中任
力所能漸得入道如彼大雲雨於一切卉木
叢林及諸藥草如其種性具足蒙潤各得
生長如来説法一相一味所謂解脫相離相滅
相究竟至於一切種智其有衆生聞如来法
若持讀誦如説脩行所得功德不自覺知所
以者何唯有如来知此衆生種相體性念何
事思何事脩何事云何念云何思云何脩以

伍倫 64 號　妙法蓮華經卷三　64-1

事思何事脩何事云何念云何思云何脩以
何法念以何法思以何法脩以何法得何法
衆生住於種種之地唯有如来如實見之
明了无㝵如彼卉木藂林諸藥草而不自知
上中下性如来知是一相一味之法所謂解
脫相離相滅相究竟涅槃常寂滅相終歸於
空佛知是已觀衆生心欲而將護之是故不
即為說一切種智汝等迦葉甚為希有能知
如来隨宜說法能信能受所以者何諸佛世
尊隨宜說法難解難知尒時世尊欲重宣
此義而說偈言

伍倫 64 號　妙法蓮華經卷三　64-2

此義而說偈言
破有法王　出現世間　隨衆生欲　種種說法
如來尊重　智慧深遠　久嘿斯要　不務速說
有智若聞　則能信解　无智疑悔　則為永失
是故迦葉　隨力為說　以種種緣　令得正見
迦葉當知　譬如大雲　起於世間　遍覆一切
惠雲含潤　電光晃曜　雷聲遠震　令衆悅豫
日光掩蔽　地上清涼　靉靆垂布　如可承攬
其雨普等　四方俱下　流澍无量　率土充洽
山川險谷　幽邃所生　卉木藥草　大小諸樹
百穀苗稼　甘蔗蒲桃　雨之所潤　无不豊足

百穀苗稼 甘蔗蒲桃 雨之所潤 无不豐足
乾地普洽 藥木並茂 其雲所出 一味之水
草木叢林 隨分受潤 一切諸樹 上中下等
稱其大小 各得生長 根莖枝葉 華菓光色
一雨所及 皆得鮮澤 如其體相 性分大小
所潤是一 而各滋茂 佛亦如是 出現於世
譬如大雲 普覆一切 既出于世 為諸衆生
分別演說 諸法之實 大聖世尊 於諸天人
一切衆中 而宣是言 我為如來 兩足之尊
出于世間 猶如大雲 充潤一切 枯槁衆生
皆令離苦 得安隱樂 世間之樂 及涅槃樂
諸天人衆 一心善聽 皆應到此 覲无上尊

伍倫 64 號　妙法蓮華經卷三　64-4

皆令離苦　得安隱樂　世間之樂　及涅槃樂
諸天人衆　一心善聽　皆應到此　覲无上尊
我爲世尊　无能及者　安隱衆生　故現於世
爲大衆說　甘露淨法　其法一味　解脫涅槃
以一妙音　演暢斯義　常爲大乘　而作因緣
我觀一切　普皆平等　无有彼此　愛憎之心
我无貪著　亦无限礙　恒爲一切　平等說法
如爲一人　衆多亦然　常演說法　曾无他事
去來坐立　終不疲猒　充足世間　如雨普潤
貴賤上下　持戒毀戒　威儀具足　及不具足
正見邪見　利根鈍根　等雨法雨　而无懈惓
一切衆生　聞我法者　隨力所受

正見邪見　利根鈍根　等雨法雨　而无懈惓
一切衆生　聞我法者　隨力所受　住於諸地
或處人天　轉輪聖王　釋梵諸王　是小藥草
知无漏法　能得涅槃　起六神通　及得三明
獨處山林　常行禪定　得緣覺證　是中藥草
求世尊處　我當作佛　行精進定　是上藥草
又諸佛子　專心佛道　常行慈悲　自知作佛
決定无疑　是名小樹　安住神通　轉不退輪
度无量億　百千衆生　如是菩薩　名為大樹
佛平等說　如一味雨　隨衆生性　所受不同
如彼草木　所稟各異　佛以此喻　方便開示

伍倫 64 號　妙法蓮華經卷三　64–6

如彼草木　所稟各異　佛以此喻　方便開示
種種言辭　演說一法　扵佛智慧　如海一渧
我雨法雨　充滿世間　一味之法　隨力脩行
如彼叢林　藥草諸樹　隨其大小　漸增茂好
諸佛之法　常以一味　令諸世間　普得具足
漸次脩行　皆得道果　聲聞緣覺　處扵山林
住冣後身　聞法得果　是名藥草　各得增長
若諸菩薩　智慧堅固　了達三界　求冣上乘
是名小樹　而得增長　復有住禪　得神通力
聞諸法空　心大歡喜　放无數光　度諸衆生
是名大樹　而得增長　如是迦葉　佛所說法

是名大樹　而得增長　如是迦葉　佛所說法
譬如大雲　以一味雨　潤於人華　各得成實
迦葉當知　以諸因緣　種種譬喻　開示佛道
是我方便　諸佛亦然　今為汝等　說最實事
諸聲聞眾　皆非滅度　汝等所行　是菩薩道
漸漸修學　悉當成佛
妙法蓮華經授記品第六
爾時世尊說是偈已告諸大眾唱如是言我
此弟子摩訶迦葉於未來世當得奉覲三百
万億諸佛世尊供養恭敬尊重讚歎廣宣
諸佛无量大法於最後身得成為佛名曰光明

伍倫 64 號　妙法蓮華經卷三　64–8

諸佛无量大法於冣後身得成為佛名曰光明
如來應供正遍知明行足善逝世間解无上士
調御丈夫天人師佛世尊國名光德劫名
大莊嚴佛壽十二小劫正法住世二十小劫
像法亦住二十小劫國界嚴飾无諸穢惡瓦
礫荊棘便利不淨其土平正无有高下坑坎
堆阜瑠璃為地寶樹行列黃金為繩以界道
側散諸寶華周遍清淨其國菩薩无量千億
諸聲聞衆亦復无數无有魔事雖有魔及
魔民皆護佛法尒時世尊欲重宣此義而說
偈言

爾時世尊欲重宣此義而說

偈言

告諸比丘　我以佛眼　見是迦葉　於未來世

過无數劫　當得作佛　而於來世　供養奉覲

三百万億　諸佛世尊　為佛智慧　淨脩梵行

供養最上　二足尊已　脩習一切　无上之慧

於最後身　得成為佛　其土清淨　瑠璃為地

多諸寶樹　行列道側　金繩界道　見者歡喜

常出好香　散衆名華　種種奇妙　以為莊嚴

其地平正　无有丘坑　諸菩薩衆　不可稱計

其心調柔　逮大神通　奉持諸佛　大乘經典

諸聲聞衆　无漏後身　法王之子　亦不可計

乃以天眼　不能數知　其佛當壽

諸聲聞衆　无漏後身　法王之子　亦不可計
乃以天眼　不能數知　其佛當壽　十二小劫
正法住世　二十小劫　像法亦住　二十小劫
光明世尊　其事如是
尒時大目揵連須菩提摩訶迦栴延等皆悉
悚慄一心合掌瞻仰世尊目不暫捨即共同
聲而說偈言
大雄猛世尊　諸釋之法王　哀愍我等故　而賜佛音聲
若知我深心　見爲授記者　如以甘露灑　除熱得清潔
如從飢國來　忽遇大王饍　心猶懷疑懼　未敢即便食
若復得王教　然後乃敢食　我等亦如是　每惟小乘過

若復得王教　然後乃敢食　我等亦如是　每惟小乘過
不知當云何　得佛无上慧　雖聞佛音聲　言我等作佛
心尚懷憂懼　如未敢便食　若蒙佛授記　尒乃快安樂
大雄猛世尊　常欲安世間　願賜我等記　如飢須教食
尒時世尊知諸大弟子心之所念告諸比丘
是須菩提於當來世奉覲三百万億那由他
佛供養恭敬尊重讚歎常脩梵行具菩
薩道於最後身得成為佛号曰名相如來應供
正遍知明行足善逝世間解无上士調御丈夫
天人師佛世尊劫名有寶國名寶生其土平正
頗梨為地寶樹莊嚴无諸丘坑沙礫荊棘便
利之穢寶華覆地周遍清

頗梨為地寶樹莊嚴无諸丘坑沙礫荊棘便
利之穢寶華覆地周遍清淨其土人民皆處
寶臺珍妙樓閣聲聞弟子无量无邊筭數
譬喻所不能知諸菩薩衆无數千万億那由
他佛壽十二小劫正法住世二十小劫像法
亦住二十小劫其佛常處虛空為衆說法
度脫无量菩薩及聲聞衆尒時世尊欲重宣
此義而說偈言

諸比丘衆　今告汝等　皆當一心　聽我所說
我大弟子　須菩提者　當得作佛　号曰名相
當供无數　万億諸佛　隨佛所行　漸具大道

當供无數　万億諸佛　隨佛所行　漸具大道
最後身得　三十二相　端正姝妙　猶如寶山
其佛國土　嚴淨第一　衆生見者　无不愛樂
佛於其中　度无量衆　其佛法中　多諸菩薩
皆悉利根　轉不退輪　彼國常以　菩薩莊嚴
諸聲聞衆　不可稱數　皆得三明　具六神通
住八解脫　有大威德　其佛說法　現於无量
神通變化　不可思議　諸天人民　數如恒沙
皆共合掌　聽受佛語　其佛當壽　十二小劫
正法住世　二十小劫　像法亦住　二十小劫
尒時世尊復告諸比丘衆我今語汝是大迦

伍倫 64 號　妙法蓮華經卷三　64–14

尒時世尊復告諸比丘衆我今語汝是大迦
旃延於當來世以諸供具供養奉八千億
佛恭敬尊重諸佛滅後各起塔廟高千由
旬縱廣正等五百由旬以金銀瑠璃車𤦲馬
瑙真珠玫瑰七寶合成衆華瓔珞塗香末
香燒香繒蓋幢幡供養塔廟過是已後當
復供養二万億佛亦復如是供養是諸佛已具
菩薩道當得作佛号曰閻浮那提金光如來應
供正遍知明行足善逝世間解无上士調御丈
夫天人師佛世尊其土平正頗梨為地寶
樹莊嚴黃金為繩以界道側妙華覆地周
遍清淨見者歡喜无四惡道地獄餓鬼

樹莊嚴黃金為繩以界道側妙華覆地周
遍清淨見者歡喜无四惡道地獄餓鬼畜生阿
脩羅道多有天人諸聲聞眾及諸菩薩无量万
億莊嚴其國佛壽十二小劫正法住世二十小
劫像法亦住二十小劫尒時世尊欲重宣此
義而說偈言

諸比丘眾　皆一心聽　如我所說　真實无異
是迦旃延　當以種種　妙好供具　供養諸佛
諸佛滅後　起七寶塔　亦以華香　供養舍利
其最後身　得佛智慧　成等正覺　國土清淨
度脫无量　万億眾生　皆為十方　之所供養

伍倫 64 號　妙法蓮華經卷三　64–16

度脫无量　万億衆生　皆爲十方　之所供養
佛之光明　无能勝者　其佛号曰　閻浮金光
菩薩聲聞　断一切有　无量无數　莊嚴其國
尒時世尊復告大衆　我今語汝　是大目揵連　當
以種種供具供養八千諸佛　恭敬尊重　諸
佛滅後　各起塔廟　高千由旬　縱廣正等五百
由旬　以金銀瑠璃車渠馬瑙真珠玫瑰七寶
合成　衆華瓔珞　塗香末香燒香　繒蓋幢幡
用供養　過是已後　當復供養二百万億諸佛
亦復如是　當得成佛　号曰多摩羅跋栴檀香
如来應供正遍知明行足善逝世間解无上

如来應供正遍知明行足善逝世間解无上
士調御丈夫天人師佛世尊劫名喜滿國名
意樂其土平正頗梨為地寶樹莊嚴散真珠
華周遍清淨見者歡喜多諸天人菩薩聲聞
其數无量佛壽二十四小劫正法住世四十小
劫像法亦住四十小劫尒時世尊欲重宣此
義而說偈言
我此弟子 大目揵連 捨是身已 得見八千
二百万億 諸佛世尊 為佛道故 供養恭敬
於諸佛所 常脩梵行 於无量劫 奉持佛法
諸佛滅後 起七寶塔 長表金剎 華香伎樂
而以供養 諸佛塔廟 漸漸具足 菩薩道已

伍倫 64 號 妙法蓮華經卷三 64–18

諸佛滅後　起七寶塔　長表金刹　華香伎樂
而以供養　諸佛塔廟　漸漸具足　菩薩道已
於意樂國　而得作佛　号多摩羅　栴檀之香
其佛壽命　二十四劫　常為天人　演說佛道
聲聞无量　如恒河沙　三明六通　有大威德
菩薩无數　志固精進　於佛智慧　皆不退轉
佛滅度後　正法當住　四十八劫　像法亦尒
我諸弟子　威德具足　其數五百　皆當授記
於未來世　咸德成佛　我及汝等　宿世因緣
吾今當說　汝等善聽

起宿世善根饒益我故來生我

雲雷音宿王花智佛佛告妙莊嚴王言如是如是如汝所

言善善男子善女人種善根故世世得善知識能作

佛事示教利喜令入阿耨多羅三藐三菩提大王當

知善知識者是大因緣所謂化導令得見佛發阿

耨多羅三藐三菩提心大王汝見此二子不此二子已

曾供養六十五百万億那由他恒河沙諸佛親覲

恭敬於諸佛所受持法花經愍念邪見眾生令住正見

妙莊嚴王即從虛空中下而白佛言世尊如來甚希有以功

德智慧故頂上肉髻光明顯照其眼長廣而紺青色

眉間毫相白如珂月齒白齊密常有光明脣色赤

伍倫65號　妙法蓮華經卷七（异卷）　65-1

眉間豪相白如軻月齒白齊密常有光明脣色赤
好如頻婆菓尒時妙莊嚴王讚嘆佛如是等无量
百千万億功德已於如來前一心合掌復白佛言世尊
未曾有也如來之法具足成就不可思議微妙功德
教戒所行安隱快善我從今日不復自隨心行不生
邪見憍慢瞋恚諸惡之心說是語已礼佛而出佛告
大眾於意云何妙莊嚴王豈異人乎今花德菩薩是
其淨德夫人今佛前光照莊嚴相菩薩是哀愍妙莊
嚴王及諸眷屬故於彼中生其二子者今藥王菩薩藥
上菩薩是藥王藥上菩薩成就如此諸大功德已於无
量百千万億諸佛所殖眾德本成就不可思議諸善

伍倫 65 號　妙法蓮華經卷七（异卷）　65–2

量百千万億諸佛所殖衆德本成就不可思議諸善
功德若有人識是菩薩名字者一切世間諸天人民
亦應礼拜佛說是妙莊嚴王本事品時八万四
千人遠塵離垢於諸法中得法眼淨

妙法蓮花経普賢菩薩勸發品第廿七

尒時普賢菩薩以自在神通威德名聞與大菩薩無
量無邊不可稱數從東方來所經諸國普皆震動雨寶

伍倫 65 號　妙法蓮華經卷七(异卷)　65–3

1.1 伍倫 64 號

1.3 妙法蓮華經卷三

2.1 335×26.5 厘米；7 紙；共 191 行，行 17 字。

2.2 01：49.2，28；02：49.5，28；03：49.3，28；04：49.4，28；05：49.5，28；06：49.5，28；07：40.5，23。

2.3 卷軸裝。經黄紙。首殘尾全。卷首有等距離水痕。卷面保存良好。

3.1 首殘→大正，0262，09/0019b06
尾全→大正，0262，09/0021c28

8 7—8 世紀。唐寫本。

9.1 楷書。

9.2 卷面有刮改。

10 全卷經近現代裝裱。通卷托裱於黄色絲絹上。

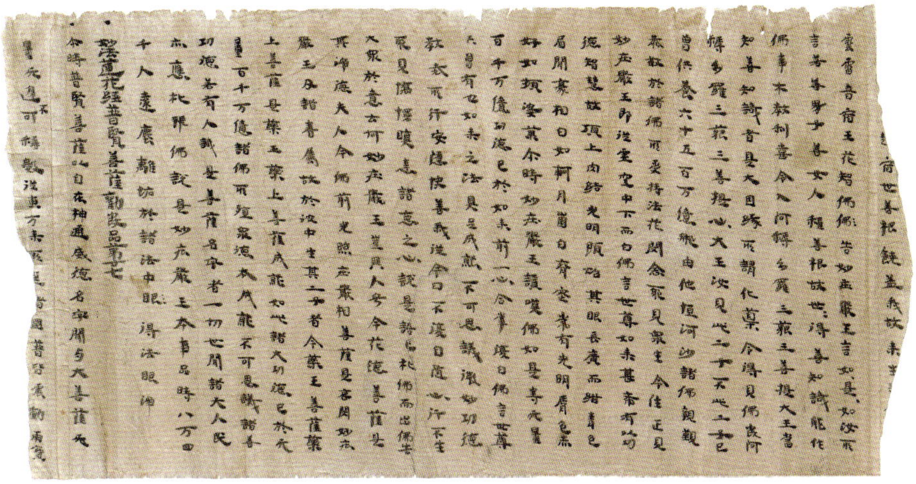

1.1 伍倫 65 號

1.3 妙法蓮華經卷七（异卷）

2.1 47×25 厘米；3 紙；共 27 行，行 20–21 字不等。

2.2 01：2.5，01；02：44.3，25；03：2.5，01。

2.3 單葉裝。首殘尾殘。白麻紙。卷面保存良好。第 1 紙、第 3 紙被不規則撕裂，所遺留的部分極少。通卷項端略有缺損，未傷字。

3.1 首殘→大正，0262，09/0060c05
尾殘→大正，0262，09/0061a06

5 與《大正藏》分品不同。

8 5 世紀。北朝早期寫本。

與衆卷不同。亦 / 一特色也。亦翁識。戊寅蒲節。” 下有 1 枚印章：
正方形陽文朱印，1.5×1.5. 厘米，印文爲 “李家 / 章”。

（正）

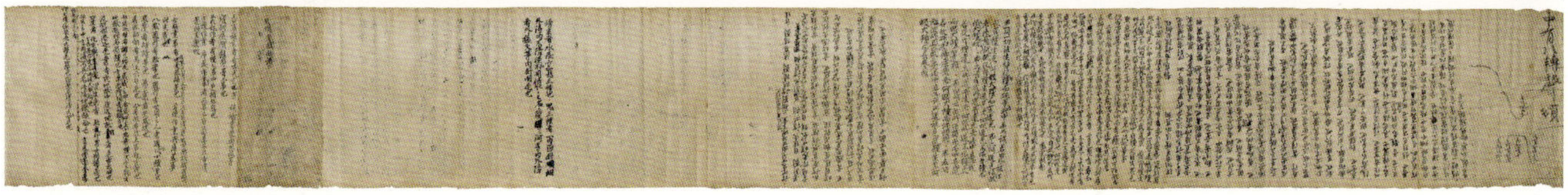

（背）

1.1　伍倫 63 號

1.3　瑜伽師地論開釋分門記卷二、卷三科分

2.1　275.9×30 厘米；10 紙；正面抄寫 147 行，背面抄寫 94 行，共計 241 行。行字不等。

2.2　01：13.5，08；02：8.4，04；03：19.5，11；04：13.8，07；05：23.8，11；06：43.2，22；07：42.9，22；08：43.5，24；09：43.2，24；10：24.4，14。

2.3　卷軸裝。首殘尾殘。白麻紙。第 4 紙色澤略深。無界欄。卷面保存完好。原卷個別部分曾被後人剪開重裝，故次序略有錯落、缺漏。通卷經現代簡單修整，前後接出引首和拖尾。

7.3　背面有用 “楞嚴彎” 勾畫的科分。

8　9—10 世紀。歸義軍統治時期。

9.1　楷書、行書。

9.2　有朱筆、墨筆校改、勾乙、行間加字。

10　接出紺青色底、赭石色紙質護首，淡青色印花箋隔水。卷尾亦接出淡青色和黃色印花箋隔水。
第 8 紙所抄《八轉聲頌》首題、譯者署名下有 1 枚印章：
正方形朱文印章，印文爲 “至德 / 周紹良”。

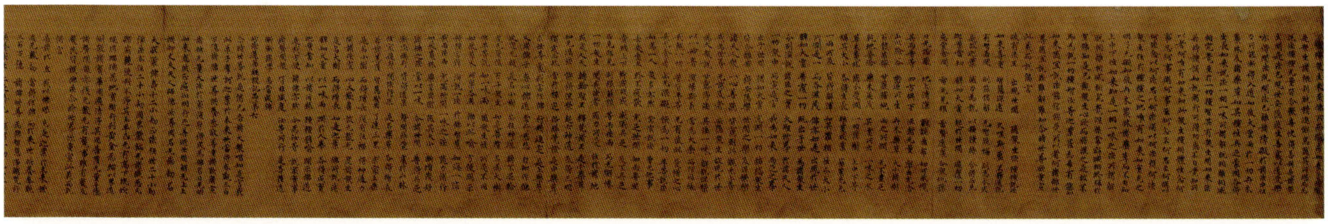

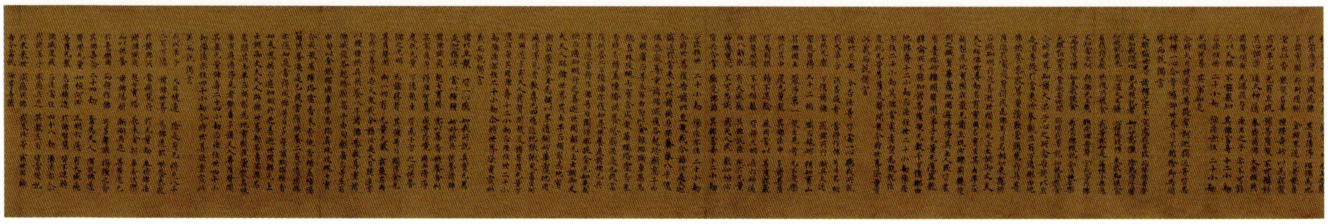

扇面右下方有 1 枚印章：

正方形白文朱印，0.9×0.9 厘米，印文爲“周紹良印”。

周紹良（1917—2005），曾任人民文學出版社古典文學編輯室編輯，中國紅樓夢學會常務理事，中國唐史學會副會長，中國敦煌吐魯番學會語言文學分會會長，國家古籍整理出版規劃小組顧問，文化部文物鑒定委員會委員，中國佛教協會副會長，北京市佛教協會名譽會長。第七、八屆全國政協委員。主要著作有《敦煌變文彙録》《敦煌文學芻議》《敦煌寫本壇經原本》等。

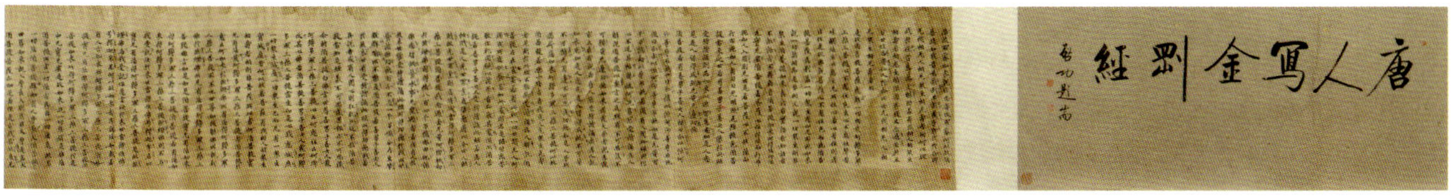

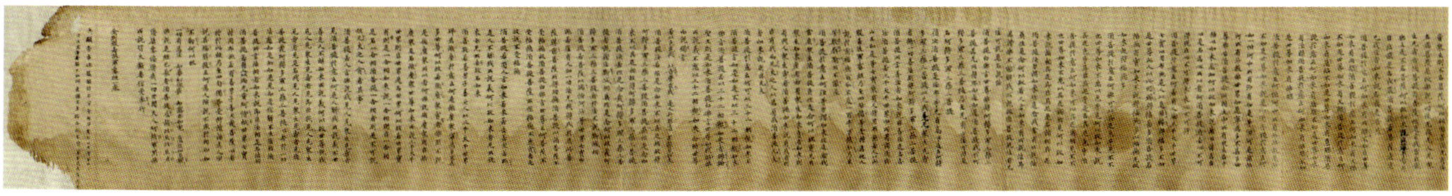

1.1 伍倫 62 號

1.3 金剛般若波羅蜜經

2.1 360.3×27.6 厘米；9 紙；共 181 行，行 17 字。

2.2 01：42.6，22；02：42.4，22；03：42.1，22；04：42.1，22；05：42.5，22；06：42.1，22；07：42.6，22；08：42.5，22；09：23.2，03。

2.3 卷軸裝。首殘尾全。經黄紙。“世”字缺筆。卷面有等距離水痕。有烏絲欄。末紙上端有一處殘破，未傷字。有燕尾。燕尾邊緣有殘損。通卷經現代簡單修整，前後接出引首和拖尾。

3.1 首殘→大正，0235，08/0750b09

尾全→大正，0235，08/0752b30

4.2 金剛般若波羅蜜經一卷（尾）。

7.3 對一些漢文詞語在行間注有藏文（亦即附箋所謂“梵文”），竪向書寫。

8 7—8 世紀。唐寫本。

9.1 楷書。“世”字缺筆。

9.2 有刮改。

10 接出紺青色底、赭石色紙質護首，淡青色印花箋隔水。卷尾亦接出淡青色和黄色印花箋隔水。

引首有啓功題字：“唐人寫金剛經。啓功題耑。”長 65.7 厘米。上有 3 枚印章：

（一）圓形朱文印，直徑 0.8 厘米，印文爲“啓”。

（二）正方形白文印，1×1 厘米，印文爲“啓功私印”。

（三）正方形朱文印，1.1×1.1 厘米，印文爲“元白”。

卷首有 1 枚印章：

正方形朱文印，1.6×1.6 厘米，印文爲“蠹齋”。

卷尾有題記兩行，作：“我願常事佛，隨願得出家。常修净梵行，世世度衆生。/［虚］空法戒（界）净，我願亦如何。發願已，至［心］歸命禮佛寶。弟子范光暉供養。”與經文正文非同一人所書。

附一紙箋，略殘，上書：“金剛般若［波羅蜜］多經一卷。/弟子范光暉供養。/此卷經文旁間有梵字音注，

2.3 卷軸裝。首殘尾殘。經黄紙。卷面上方有等距離水痕。卷面上方邊緣處有蛀孔，上邊有等距離水痕。卷面下方稍有殘損。卷面有水痕。有烏絲欄。

3.1 首殘→大正，0220，05/0143a28

尾殘→大正，0220，05/0143c06

8 9 世紀。吐蕃統治時期寫本。

9.1 楷書。

10 背面鈐印 1 枚印章:

圓形半朱半白文印，直徑 1.4 厘米，印文爲“鄭永固”。

1.1 伍倫 61 號

1.3 法華經序品

2.1 51 × 18 厘米; 割爲 13 條; 共 13 行，行 10 字。

2.2 每條約 10.1 × 1.7 厘米。

2.3 經黄打紙。卷面狀態完好。因割成條裝裱，失去原有的烏絲欄。

3.1 首殘→大正，0262，09/0004b18

尾殘→大正，0262，09/0004b18

8 7—8 世紀。唐寫本。

9.1 楷書。

10 將經卷當中的一段剪成 10 厘米長、1.7 厘米左右寬的條，粘貼成扇面。經現代裝裱，裱紙爲牙白色鳳鳥紋織錦。

扇面左方有製作者題字一行，用墨書於一條與經文同樣的經黄紙上，當取自該段寫經。題字爲: “右敦煌唐經一百二十字。伯褧剪裱。” 下方有 1 枚印章:

正方形白文朱印，印文爲“邵章”。

邵章（1872—1953），近現代藏書家、版本目録學家、書法家。字伯烔、伯絅，亦作伯褧，號倬盦、倬安，又署崇伯。浙江仁和（今杭州）人。歷任翰林院編修、杭州府中學堂、湖北法政學堂及江三省法政學堂監督、奉天提學使、北京法政專門學校校長、北京政府評政院評事兼庭長、代院長等職。富收藏，精研碑帖，工書法，四體皆通，渾厚莊重。清俸所餘，即購書册，家有藏書處“石燈庵”。其詩文亦名重一時，著有《雲淙琴趣詞》《倬庵詩稿》《倬庵文稿》《古錢小録》《邵章遺墨》《雲繆琴曲》等。曾校刊《四庫簡明目録標注》，編著《四庫全書簡明目録標注續録》。

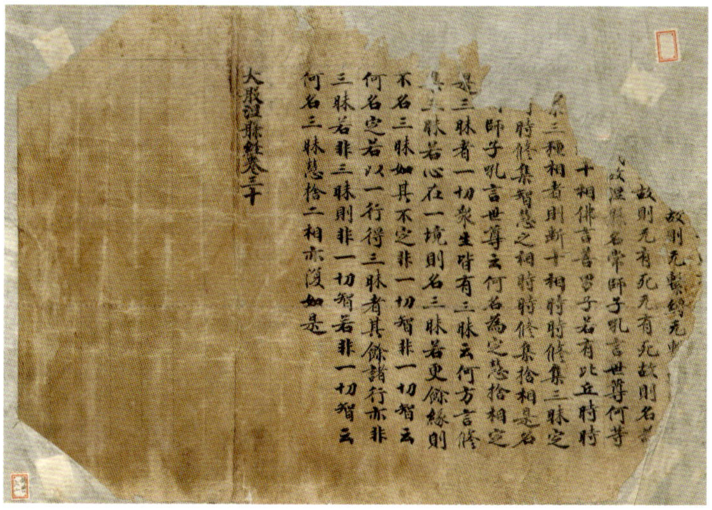

1.1　伍倫 59 號

1.3　大般涅槃經卷三十

2.1　36×25.5 厘米；2 紙；共 14 行，行 17 字。

2.2　01：24.0，14；02：11.3，0。

2.3　單葉裝。經黄紙。首殘尾全。第 1 紙的首部及上部殘缺處呈不規則狀。上下邊有殘損。部分字迹有磨損。有燕尾。有墨欄。

3.1　首殘→大正，0374，12/0546c22

尾缺→大正，0374，12/0546c22

4.2　大般涅槃經卷三十（尾）。

8　7—8 世紀。唐寫本。

9.1　楷書。

10　粘貼在現代紙張上。襯紙左下角、右上角各粘貼一枚紅色號簽，其中左下角的號簽上有現代人鋼筆所寫“佛典 / 六二”四字。

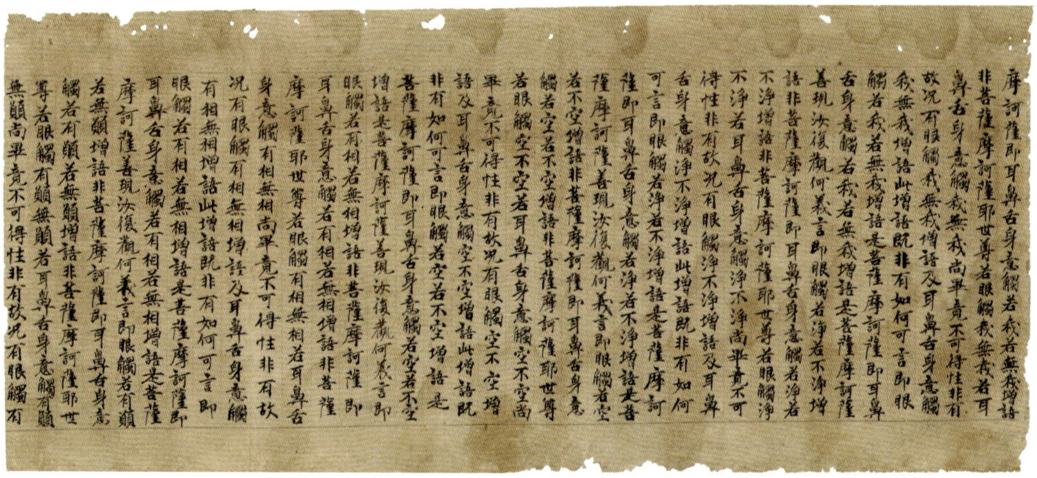

1.1　伍倫 60 號

1.3　大般若波羅蜜經卷二十六

2.1　60×26.5 厘米；2 紙；共 37 行，行 17 字。

2.2　01：46.0，28；02：14.2，09。

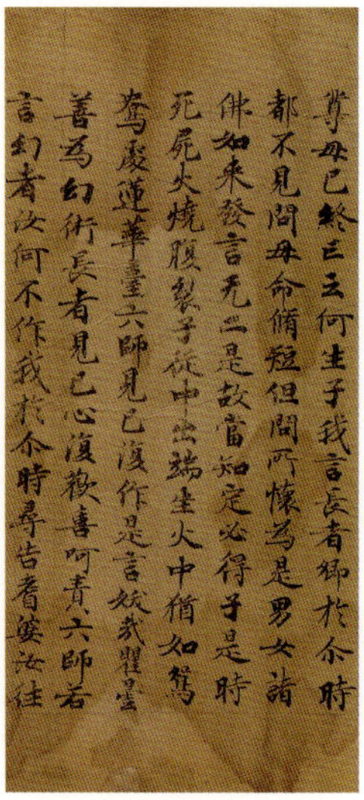

57 號

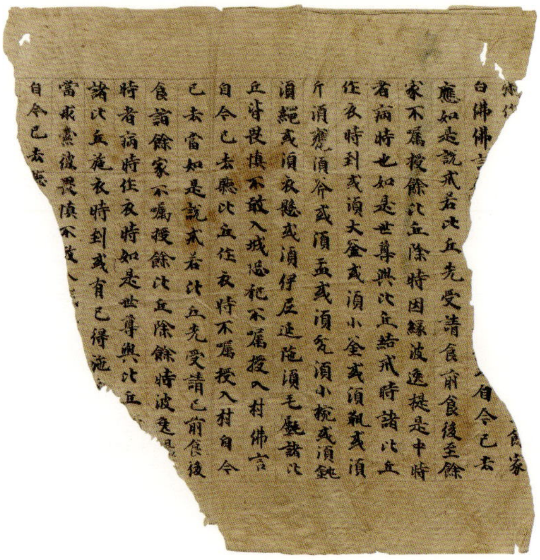

58 號

1.1 伍倫 57 號

1.3 大般涅槃經卷三十

2.1 26×12 厘米；1 紙；共 7 行，行 17 字。

2.2 01：12，07。

2.3 單葉裝。首殘尾殘。經黄打紙，砑光上蠟。字略有磨損。卷面有水痕。有烏絲欄。

3.1 首殘→大正，0374，12/0543b21

尾殘→大正，0374，12/0543b21

8 7—8 世紀。唐寫本。

9.1 楷書。

10 粘貼在現代紙張上。襯紙右上角有現代人鉛筆寫“敦煌經”三字。

1.1 伍倫 58 號

1.3 四分律卷十五

2.1 27×16.5 厘米；1 紙；共 15 行，行 17 字。

2.2 01：16.5，15。

2.3 單葉裝。首殘尾殘。白麻紙。經文前後均被撕去，呈不規則狀。卷面中間略有油漬。卷面因水浸，乾透後而不平整。有烏絲欄。

3.1 首殘→大正，1428，22/0665c09

尾殘→大正，1428，22/ 0665c15

7.3 背面墨書一個回鶻文單詞。

8 6 世紀。南北朝至隋代寫本。

9.1 楷書。

1.1 伍倫 55 號

1.3 **王十三娘造梵文大隨求陀羅尼經咒**

2.1 直徑 29 厘米；1 紙；梵文 22 圈。

2.3 單葉裝。首尾全。白皮紙。卷面有撕裂、缺損，邊緣一側略有水痕。此件刻本陀羅尼經咒爲圓形，以悉曇體梵文 22 圈由圓心以順時針向環繞向外。經咒中心爲大隨求菩薩，頭戴寶冠，結跏趺坐於蓮臺，二臂，右手執金剛杵，左手執蓮花。經咒外圈四周印出菩薩、金剛、各種法器，皆手工填色。

8 8—9 世紀。中唐時期刻本。

9.1 悉曇體梵文。

10 保存在現代錦盒中，襯以藏藍色現代紙張。

1.1 伍倫 56 號

1.3 **五十二娘造梵文大隨求陀羅尼經咒**

2.1 直徑 25 厘米；1 紙；梵文 14 圈。

2.3 單葉裝。首尾全。白皮紙。卷面邊緣有缺損，中部有因折疊形成的缺損，卷面有綠色銅漬。此件刻本陀羅尼經咒爲圓形，以悉曇體梵文 14 圈由圓心閉合環繞向外。經咒中心爲一結跏趺坐的菩薩，坐於蓮臺，有背光，左手執金剛杵，左手撫一跪姿女子頭頂，手工填色。菩薩像左側墨筆書："女弟子五十二娘願所求如意。"

8 8 世紀。盛唐時期刻本。

美國亞利桑那大學加速器質譜實驗室，碳十四分析報告（AA111928）。

The University of Arizona AMS Laboratory, Radiocarbon Analytical Raport（AA111928）

9.1 悉曇體梵文。

10 保存在現代錦盒中，襯以藏藍色現代紙張。

1.1 伍倫 54 號

1.3 藏文大乘無量壽宗要經（甲本）

2.1 31×409 厘米；9 紙；每紙 2 欄，共 18 欄；每欄 19–20 行，共 250 行。

2.2 01：46.5，2 欄；　02：46.0，2 欄；　03：46.0，2 欄；　04：46.5，2 欄；
05：46.0，2 欄；　06：46.5，2 欄；　07：43.0，2 欄；　08：43.0，2 欄；
09：45.5，2 欄。

2.3 卷軸裝。首尾全。白麻紙。有界欄。第 1 紙、第 3 紙卷面有撕裂。卷面稍有油污。上邊有等距離水痕。

2.4 本遺書包括三個文獻：（一）《藏文無量壽綜要經》（甲本），112 行，今編爲伍倫 54 號 1；（二）《藏文無量壽綜要經》（甲本），112 行，今編爲伍倫 54 號 2；（三）《藏文無量壽綜要經》（甲本），121 行，今編爲伍倫 54 號 3。

2.5 本遺書由左至右連續抄寫《藏文無量壽綜要經》（甲本）三部，乃爲吐蕃贊普做功德所抄，原應爲一個整體，今爲便於分析起見，按照體例著録爲三個文獻。

4.1 藏語：無量壽綜要經（首）。

4.2 藏語：無量壽綜要經終（尾）。

8 8—9 世紀。吐蕃統治時期寫本。

9.1 吐蕃文。

9.2 第 2 紙有刮改。末紙有行間校、加字。

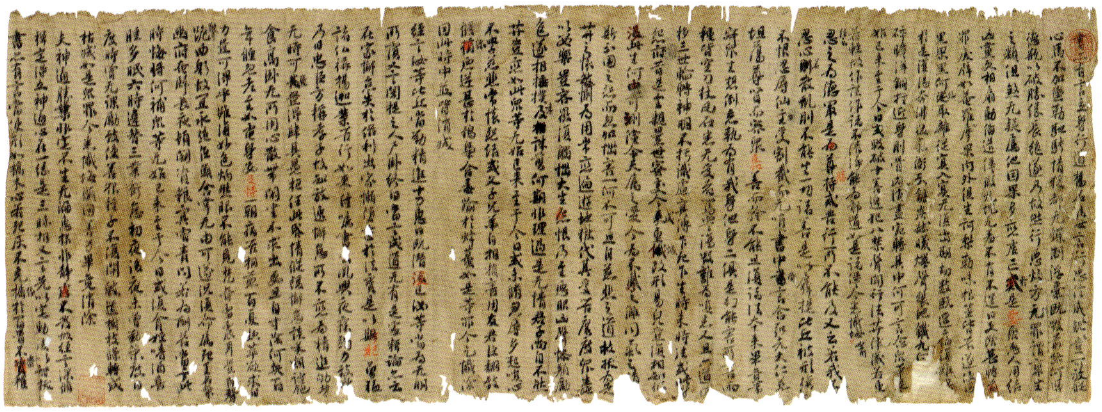

1.1 伍倫 53 號

1.3 諸經要集卷十

2.1 28×78 厘米；2 紙；共 46 行，行 23 字。

2.2 01：39.0，23；　02：39.0，23。

2.3 卷軸裝。首尾均脱。白麻紙。卷面有朱筆行間校、加、改字，墨筆校改。上端有磨損，下端略有缺損，卷面有蟲蛀。背面有現代修補。

3.1 首殘→大正，2123，04/0093c04

尾殘→大正，2123，02/0100a23

5 大致相當於大正藏《諸經要集》卷十“持戒篇第二”“述意緣第一”的開頭部分至“禪定篇第五”“述意緣第一”的開頭部分。

8 8 世紀。唐寫本。

9.1 行書。

9.2 有朱筆行間校、加、改字，墨筆校改。

10 收藏於現代木篋中。

内收 2011 年 1 月 2 日方廣錩《鑒定證明》一張。

卷首有 1 枚印章：

圓形朱文印，2.3×2.3 厘米，印文爲“净行 / 樂壽”。

卷尾有 1 枚印章：

正方形朱文印，1.8×1.8 厘米，印文爲“廣錩 / 審定 / 之印”。

卷首背面有 2 枚印章：

（一）朱文橢圓形騎縫章，尺寸、印文不明。

（二）正方形朱文印，1.8×1.8 厘米，印文爲“廣錩 / 審定 / 之印”。

13 著録：《成賢齋藏敦煌遺書》，第二卷，CXZ012 號，P8–9，中國書店出版社，2014 年。

《世界民間藏中國敦煌文獻》第一輯，上册，CXZ012 號，P162–165，中國書店出版社，2014 年。

1.1 伍倫 51 號

1.3 四分律删補羯磨卷上

2.1 659.9×29.5；14 紙；共 396 行，每行字數不等。

2.2 01：43.4，25； 02：43.0，25； 03：42.3，25； 04：63.5，38； 05：64.0，39；
06：44.0，27； 07：44.0，28； 08：44.3，27； 09：44.0，27； 10：44.2，27；
11：44.2，27； 12：44.2，27； 13：42.9，26； 14：52.0，28。

2.3 卷軸裝。首殘尾全。白麻紙。卷面有水痕。有墨欄。首紙及尾紙有撕裂。卷面有油污。第 1 紙、第 6 紙經現代修補。

3.1 首殘→大正，1808，40/0493c04
尾全→大正，1808，40/0501b05

4.2 四分律删補羯磨卷上（尾）。

8 9—10 世紀。歸義軍時期寫本。

9.1 楷書。

9.2 有刮改、校改。

10 收藏於現代桐木盒中。

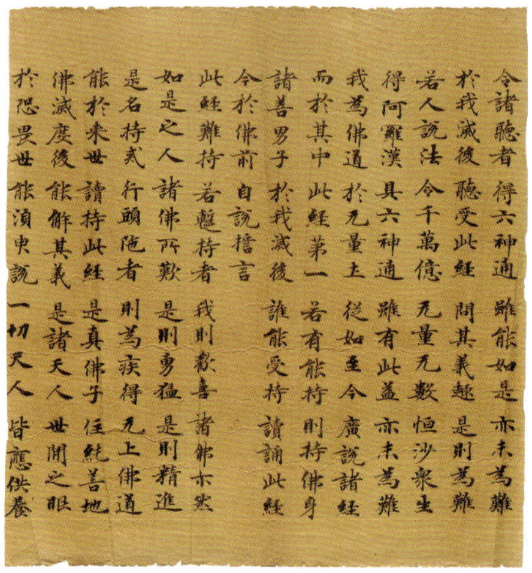

1.1 伍倫 52 號

1.3 妙法蓮華經卷四

2.1 24×25 厘米；1 紙；共 14 行，行 16 字。

2.2 01：24.0，14。

2.3 單葉裝。首尾殘。經黄紙。砑光上蠟。卷面中間略有褶皺。有墨欄。

3.1 首殘→大正，0262，0033c15
尾殘→大正，0262，0033c15

8 7—8 世紀。唐寫本。

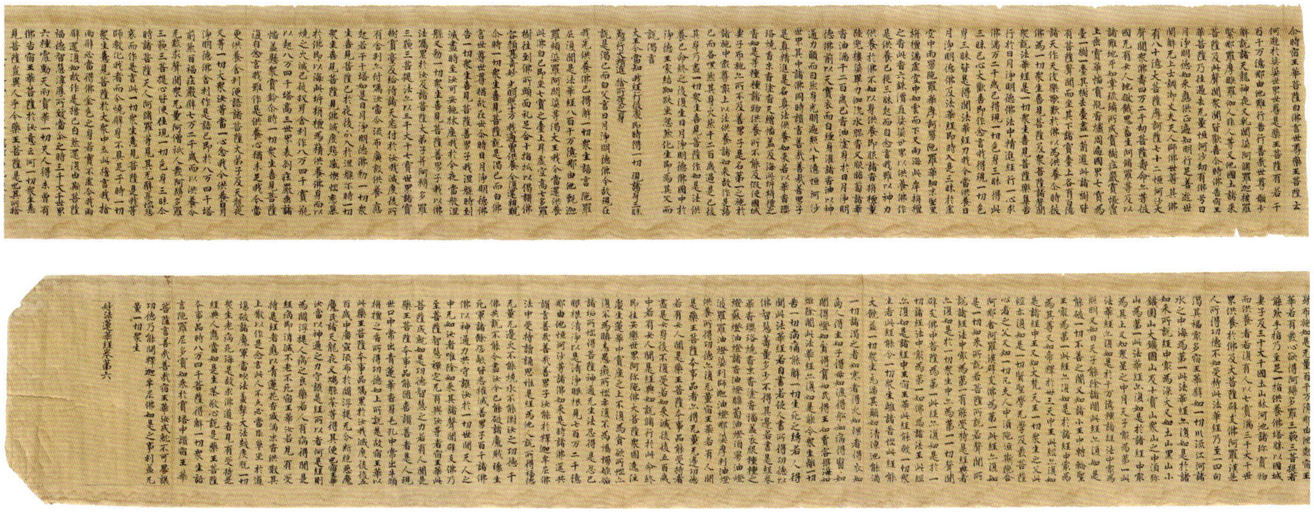

1.1 伍倫 50 號

1.3 妙法蓮華經卷六

2.1 293.3×25.4 厘米；9 紙；共 166 行，每行 17 字。

2.2 01：2.7，01；　02：39.0，23；　03：38.7，23；　04：38.8，23；　05：38.8，23；
06：38.8，23；　07：38.8，23；　08：38.7，23；　09：19.0，04。

2.3 卷軸裝。首殘尾全。經黄紙。卷面保存完好。有燕尾。卷面上下邊有等距離水痕。有墨欄。尾紙有撕裂。

3.1 首殘→大正，0262，09/0053a05
尾全→大正，0262，09/0055a03

4.2 妙法蓮華經卷第六（尾）。

8 9—11 世紀。五代至北宋時期中原寫本。

9.1 楷書。

10 收藏於現代桐木盒中。

第 2 紙末及第 3 紙上方邊緣有油漬。

3.1 首殘→大正，0262，09/0033c15

尾全→大正，0262，09/0036b19

4.2 妙法蓮華經卷第四（尾）。

8 9—11 世紀。五代至北宋中原寫本。

9.1 楷書。

9.2 卷面有刮改。

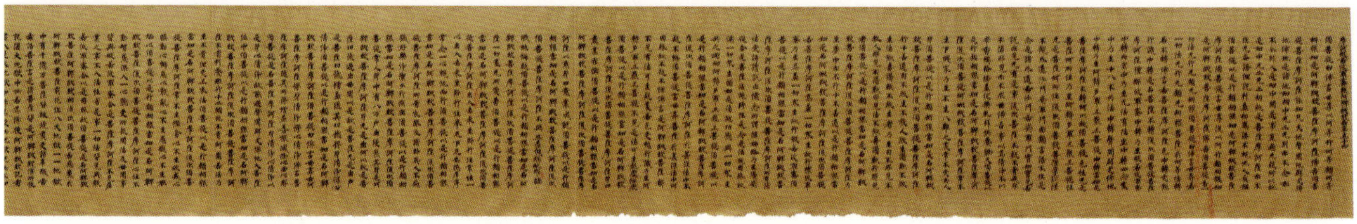

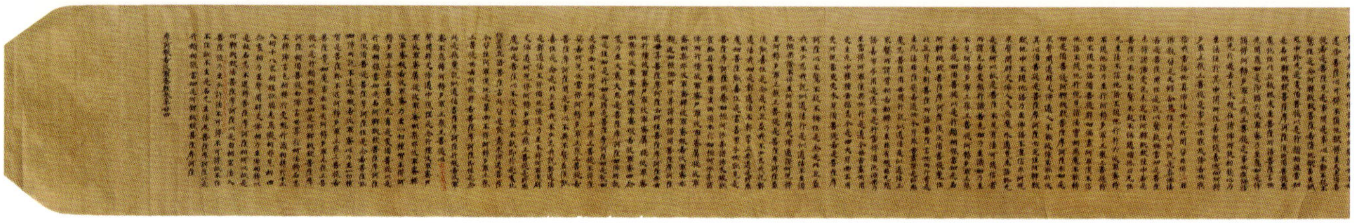

1.1 伍倫 49 號

1.3 摩訶般若波羅蜜經卷二四（异卷）

2.1 335.9×26.7 厘米；8 紙；共 186 行，每行 17 字。

2.2 01：5.9，03；　02：47.5，27；　03：47.5，27；　04：47.5，27；　05：47.5，27；

06：47.5，27；　07：47.5，27；　08：45.0，21。

2.3 卷軸裝。首尾俱全。經黄打紙。卷面保存完好。有燕尾及原軸，兩端塗漆。卷面下邊有輕微殘破。末紙有水痕。有墨欄。

3.1 首全→大正，0223，08/0339a09

尾全→大正，0223，08/0341a26

4.1 摩訶般若波羅蜜經阿鞞跋致品第五十四（首）。

4.2 摩訶般若波羅蜜經卷第二四（尾）。

5 與《大正藏》本對照，其分卷及品名、品次不同，屬於异卷。經文相當於《大正藏》本《摩訶般若波羅蜜經》卷第十六《不退品第五十五》。屬於四十卷本。

8 7—8 世紀。唐寫本。

9.1 楷書。

9.2 有刮改。有朱筆行間校、加字，行間加行。有朱筆校改。

10 收藏於現代桐木盒中。

---

8 8 世紀。歸義軍時期寫本。

9.1 行楷書。

10 收藏於現代木盒中。

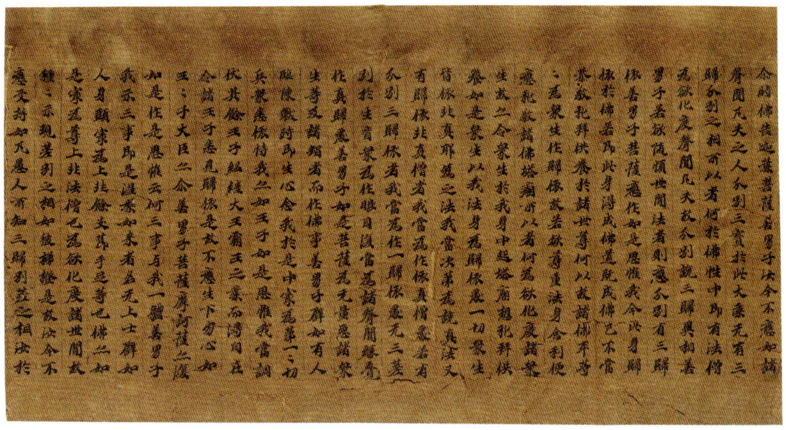

1.1 伍倫 47 號

1.3 **大般涅槃經卷八**

2.1 25×40.5 厘米；1 紙；共 29 行，行 17 字。

2.2 01：40.5，29。

2.3 單葉裝。首殘尾殘。麻紙。有墨欄。托裱在現代花綾上。卷面有破損及水痕。

3.1 首殘，大正，0374，12/0409c27

3.2 尾殘，大正，0374，12/0410a16

8 5—6 世紀。南北朝寫本。

9.1 隸書。

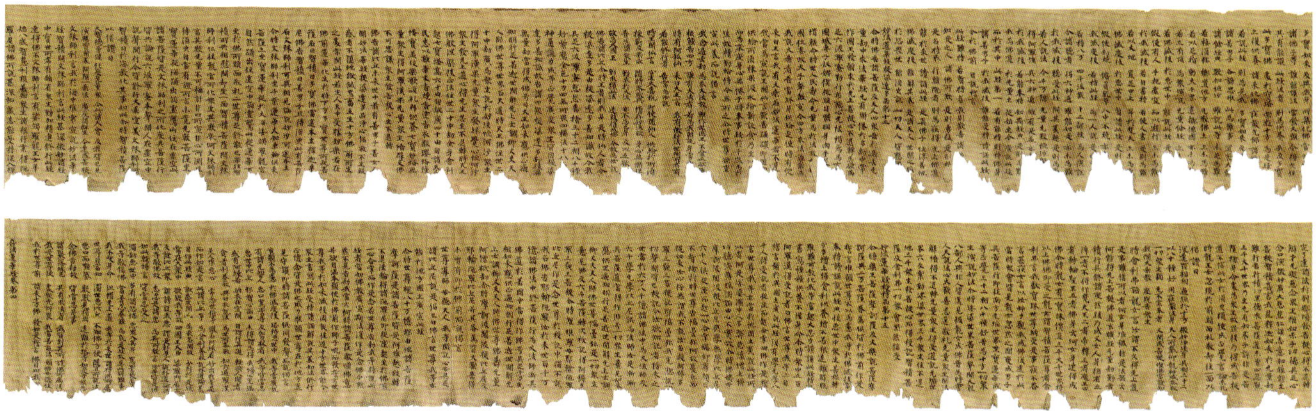

1.1 伍倫 48 號

1.3 **妙法蓮華經卷四**

2.1 27×370 厘米；9 紙；共 211 行，行 16–18 字不等。

2.2 01：44.0，25；02：44.0，25；03：44.0，25；04：44.0，25；05：44.0，25；
06：44.0，25；07：44.0，25；08：42.0，25；09：22.5，11。

2.3 卷軸裝。首殘尾全。經黃紙。有墨欄。卷尾有燕尾、木軸。卷面下方有不規則殘缺，上下邊有等距離水痕。

2.3 卷軸装。首全尾殘。經黄打紙。天頭爲黄、緑、杏紅、白四色拼接花綾，引首曾毓雋題字，隔水爲牙色花綾。有墨欄。卷面保存完好。

3.1 首全→大正，0663，16/0336b11

3.2 尾全→大正，0663，16/0336b16

4.1 金光明經懺悔品第三（首）。

8 8 世紀。唐寫本。

9.1 楷書。

9.2 卷面有刮改。

10 通卷近代裝裱。曾毓雋題引首："金光明經 / 毓雋"。鈐正方形陽文朱印，1.6×1.6 厘米，印文爲"雲沛"。

曾毓雋（1875—1967），原名以烺，字雲霈，福建長樂人。清末民初政治家，抗日海軍名將曾以鼎胞兄。曾爲段祺瑞政府的安福系成員。七七事變後，僞南京維新政府行政院長梁鴻志邀曾參加僞政權。曾斷然拒絶，亡命香港，保持民族氣節。1949 年中華人民共和國成立後，寓居北京。1956 年應當時中央文史研究館館長章士釗之約，加入中央文史研究館。1965 年，周恩來總理曾派員設宴祝賀他的九十大壽。

拖尾有梁鴻志題跋四行："光緒季年，敦煌經卷出土甚夥。此其一也。/ 聖情樓主人工書善繪，喜臨摹唐人寫 / 經，乃檢篋以此貽之，亦文字海中一段因 / 緣也。丁丑十月，爰居閣主人記。"題跋前鈐一枚長方形陰文朱印，1×1.2 厘米，印文爲"丁丑"。題跋後鈐一枚正方形陽文朱印，1.2×1.2 厘米，印文爲"爰居閣主"。

梁鴻志（1882—1946），字衆异，别號無畏，室名爰居閣、三十三宋齋，福建長樂人。清末政治家、學者、文學家梁章鉅曾孫。其父親梁佟年爲福州大收藏家林壽圖長婿。光緒二十九年舉人。民國後，任職於國務院，兼《亞細亞日報》編輯，段祺瑞政府秘書長。1938 年南京成立僞維新政府，任行政院長，1940 年任汪僞政權監察院長。抗戰勝利後，梁鴻志被國民政府以漢奸罪逮捕，1946 年被處决。

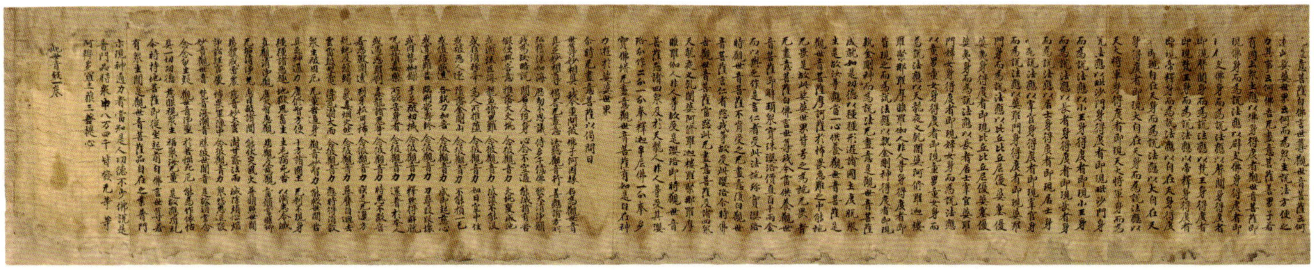

1.1 伍倫 46 號

1.3 **觀世音經**

2.1 26×134.7 厘米；4 紙；共 48 行，行 17 字。

2.2 01：20.5，12；　02：50.9，30；　03：51.3，30；　04：12.0，03。

2.3 卷軸裝。首殘尾全。經黄紙。存燕尾。通卷經現代托裱。上下邊有殘損。前二紙上部的殘損略傷字。有墨欄。卷面上下有等距離水痕。

3.1 首斷→大正，0262，09/0057a20

尾全→大正，0262，09/0058b05

4.2 觀世音經一卷（尾）。

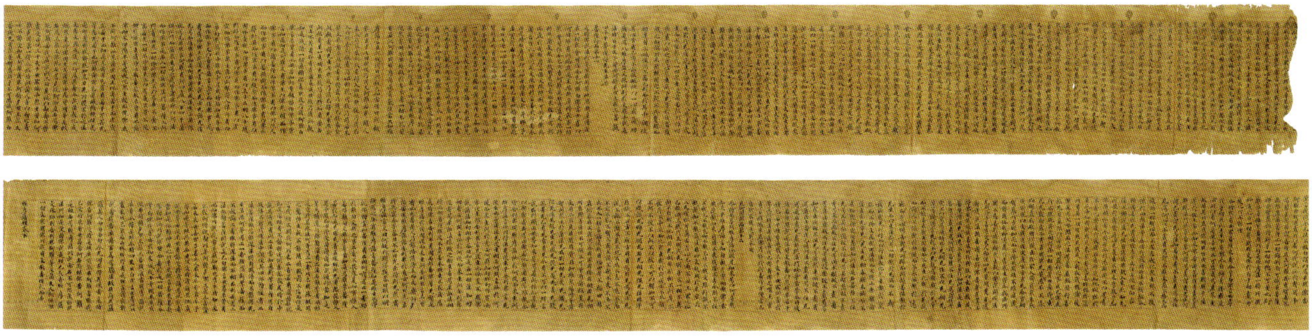

1.1 伍倫 44 號

1.3 維摩詰經卷下

2.1 27×488.6 厘米；11 紙；共 273 行，每行 17 字。

01：22.3，14；　02：49.0，28；　03：49.0，28；　04：49.0，28；　05：49.0，28；
06：49.5，28；　07：49.0，28；　08：49.3，28；　09：48.5，28；　10：49.0，28；
11：25.0，08。

2.3 卷軸裝。首殘尾全。經黄紙。有墨欄。卷尾有木軸。第 1 紙起首處有殘損，卷面邊緣略有破損。前 6 紙卷面上方有等距離水痕。第 4 紙卷面中間下部有水痕。第 1 紙背後有現代修補。此卷中間有缺頁。

3.1 前一段（1–9 紙）：

首殘→大正，0475，14/0552b18

尾殘→大正，0475，14/0555b12（訖“維摩詰言：菩薩如是！雖生不净……”後缺）

後一段（10–11 紙）：

首殘→大正，0475，14/0557a16（起“説彌勒當知”）

尾全→大正，0475，14/0557b22

4.2 維摩詰經卷下（尾）。

8 8—9 世紀。吐蕃統治時期寫本。

9.1 楷書。

9.2 卷面有刮改。

10 收藏於現代木盒中。

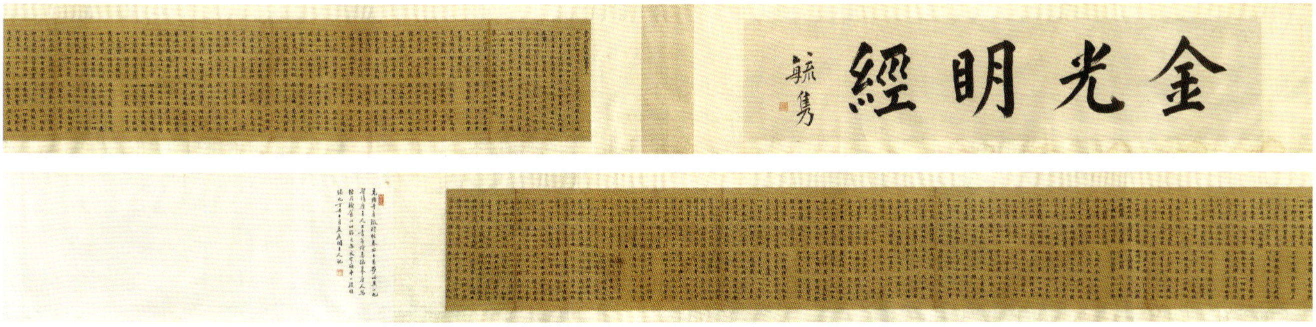

1.1 伍倫 45 號

1.3 金光明經卷一

2.1 24×294 厘米；8 紙；共 178 行，行 17 字。

2.2 01：20.0，12；　02：43.7，26；　03：43.5，26；　04：43.6，26；　05：43.6，26；
06：43.5，26；　07：42.0，27；　08：13.7，09。

尾殘→大正，1545，27/0322a15

8　7—8 世紀。唐寫本。

9.1　楷書。

9.2　卷面有刮改。

10　收藏於現代紙盒中。

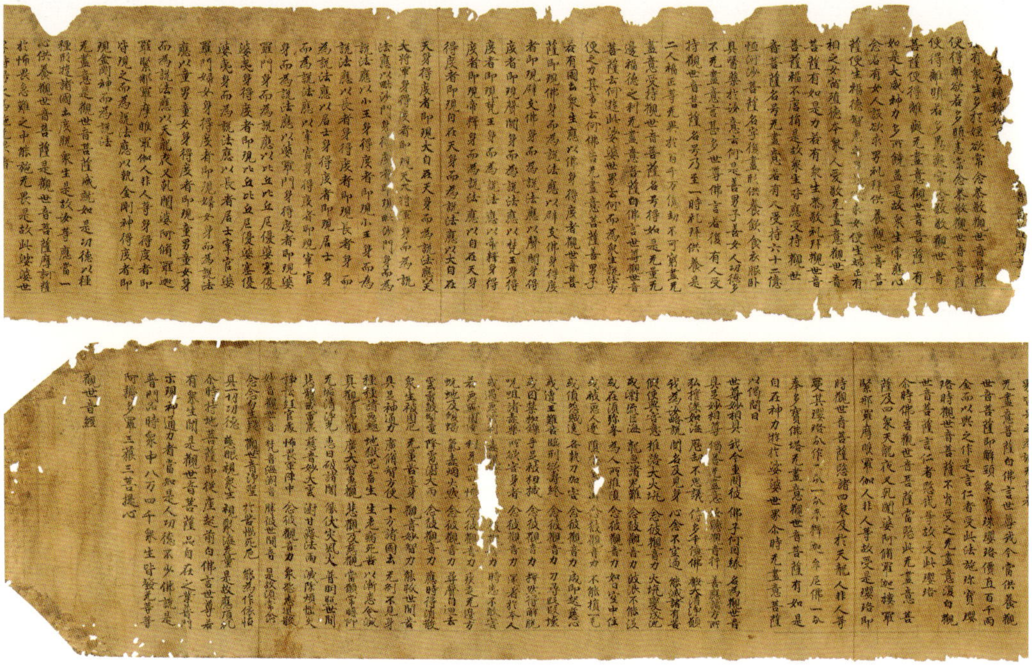

1.1　伍倫 43 號

1.3　**觀世音經**

2.1　25.5×168.8 厘米；4 紙；共 96 行，每行 16-20 字不等。

2.2　01：48.0，29；　02：50.5，30；　03：49.0，29；　04：21.3，08。

2.3　卷軸裝。首殘尾全。經黄紙。有墨欄。存燕尾。卷首殘破，卷面上下邊有缺損，卷面有水痕。第 1 紙卷面中間有兩處殘破，第 2 紙卷面中間有一處殘破，第 3 紙卷面中間有一處較大的殘破和幾處小破損，第 4 紙上有等距離蟲蛀痕迹。通卷經現代托裱。

3.1　首殘→大正，0262，09/0056c29

尾全→大正，0262，09/0058b05

4.2　觀世音經（尾）。

8　8 世紀。唐寫本。

9.1　行楷書。

10　收藏於現代木盒中。

8　7—8 世紀。唐寫本。

9.1　楷書。

9.2　有行間校、加字，行間加行，卷面有刮改。

10　收藏於現代木盒中。

包首爲緑地小團花宋錦。木質天竿。溥侗題簽："唐人寫妙法蓮華經卷第七，冏齋藏，西園署"，下鈐正方形陽文印章一枚，0.9×0.9 厘米，印文"後齋"。

天頭爲月白色、杏色團雲紋花綾，引首爲染色仿古箋紙，隔水爲月白色綾，兼以杏色花綾。隔水上有三方印章：

（一）正方形陽文印章一枚，3×3 厘米，印文爲"存天 / 閣"。

（二）正方形陽文印章一枚，2.8×2.8 厘米，印文爲"伊喬 / 珍藏"。

（三）正方形陽文印章一枚，3.4×3.4 厘米，印文爲"藝海堂 / 藏書 / 畫印"。

隔水與第 1 紙鈐騎縫印一枚，正方形，陰文，1.8×1.8 厘米，印文爲"藝海 / 堂"。

第 1 紙上鈐印兩枚：

（一）長方形陽文印章一枚，2.6×4.8 厘米，印文爲"劉海粟 / 家珍藏"。

（二）正方形陰文印章一枚，2.6×2.6 厘米，印文爲"海粟 / 鑒定"。

第 1 紙、第 2 紙連接處鈐騎縫印一枚，正方形，陽文，1.7×1.7 厘米，印文爲"九鐘 / 精舍"。

末紙鈐印三枚：

（一）長方形陽文印一枚，2.4×2.9 厘米，印文爲"吴士鑑珍藏 / 敦煌莫高窟 / 石室北朝唐 / 人寫經卷子"。

（二）正方形陽文印一枚，2.6×2.6 厘米，印文爲"海粟 / 鑒賞"。

（三）正方形陰文印一枚，2.7×2.7 厘米，印文爲"存天 / 閣主 / 珍藏"。

卷尾與末紙連接處鈐騎縫印一枚，正方形，陰文，1.8×1.8 厘米，"藝海 / 堂"。

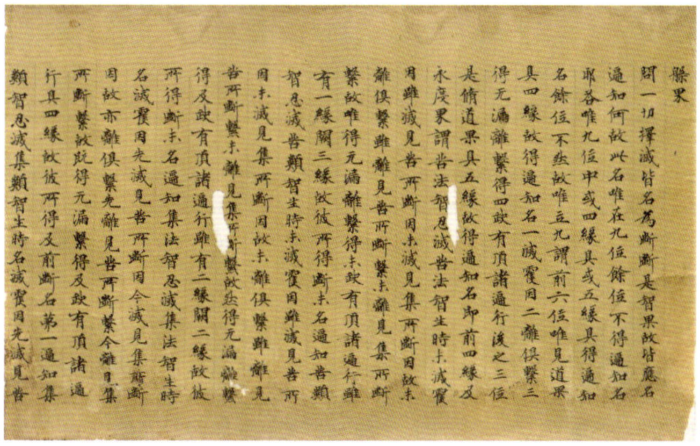

1.1　伍倫 42 號

1.3　阿毘達磨大毘婆沙論卷六十二

2.1　26×42 厘米；1 紙；共 23 行，每行 17 字。

2.2　01：42.0，23。

2.3　單葉裝。首殘尾殘。經黄紙。通卷經現代托裱。有墨欄。卷面中間有兩處破損，卷面下方有水痕。

3.1　首殘→大正，1545，27/0322a15

3.1 首殘→大正，0475，14/0552c21

尾全→大正，0475，14/0557b22

4.2 維摩詰經卷下（尾）。

8 7—8 世紀。唐寫本。

9.1 楷書。

9.2 卷面有刮改。

10 收藏在現代紙盒中。

末紙有陽文正方形印章一枚，1.6×1.6 厘米，印文爲“南海藏經”。

13 著録：昭和二十四年五月二十八日認定重要美術品，《“重要美術品”認定作品總覽》，日外アソシエーツ株式會社編集，2016 年出版，P229。

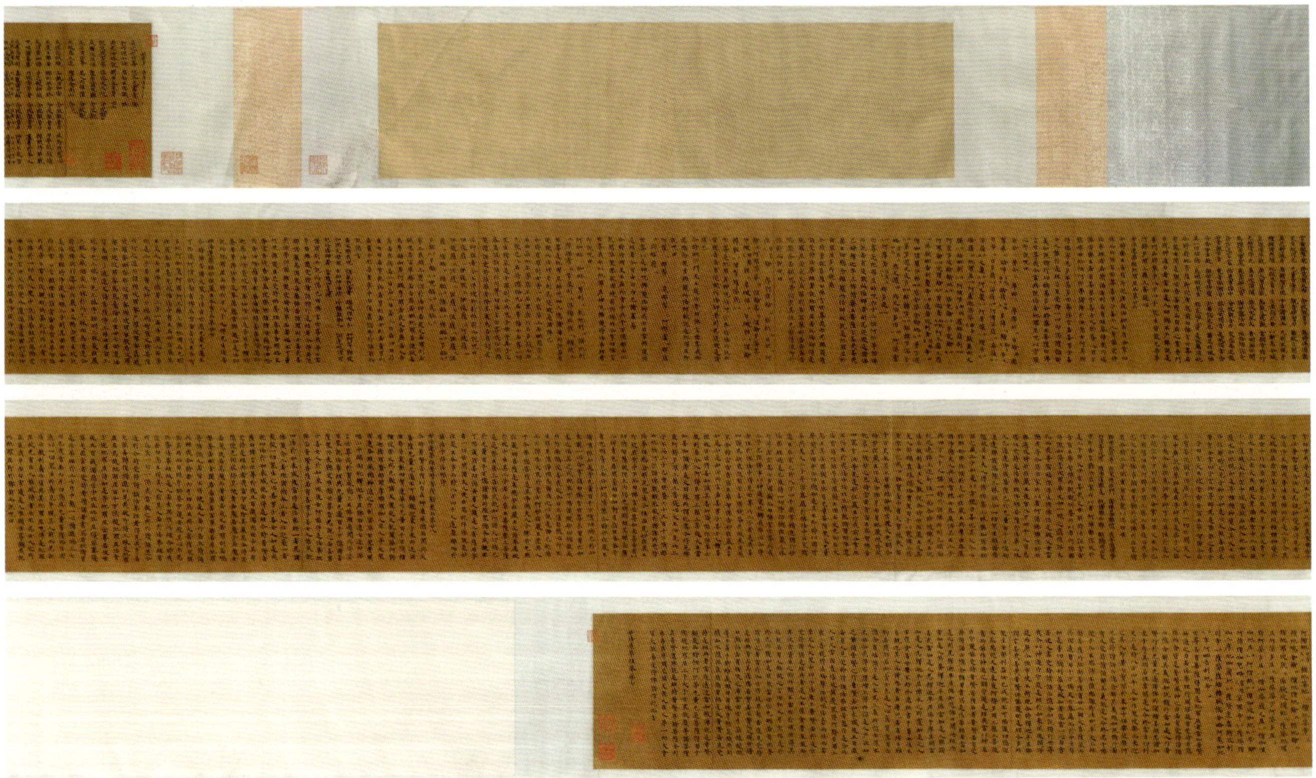

1.1 伍倫 41 號

1.3 妙法蓮華經卷七

2.1 24.3×560.7 厘米；13 紙；共 322 行，行 17 字。

2.2 01：13.2，07；　02：48.0，28；　03：48.0，28；　04：48.0，28；　05：48.0，28；
06：48.2，08；　07：48.0，28；　08：48.0，28；　09：48.0，28；　10：48.0，28；
11：48.0，28；　12：48.0，28；　13：19.5，07。

2.3 卷軸裝。首殘尾全。經黄紙。有墨欄。通卷現代托裱，接出引首。木質天杆。卷面保存完好，第 2 紙稍有裂痕。尾有磁軸。

3.1 首殘→大正，0262，09/0057c07

3.2 尾全→大正，0262，09/ 0062a27

4.2 妙法蓮華經卷第七（尾）。

2.3 卷軸裝。首殘尾全。麻紙。卷首有近現代接出的赭石色皮紙護首，竹質天竿。絳紫色縹帶。卷尾有紅木軸。護首靠近天竿處墨書："佛説佛名經，隋至初唐，十三枚。"有墨欄。卷面保存較好。前三紙下端有等距離水痕。前五紙上端有等距離水痕。

3.1 首殘→大正，0440，14/0122b03

3.2 尾全→大正，0400，14/0126b22

4.2 佛説佛名經卷第二（尾）。

8 6世紀。南北朝寫本。

美國亞利桑那大學加速器質譜實驗室，碳十四分析報告（AA109958）。

The University of Arizona AMS Laboratory, Radiocarbon Analytical Raport（AA109958）

9.1 楷書。

9.2 有行間校、加字。

10 收藏於現代日本製桐木盒中。盒蓋上有墨書："佛説佛名經，卷第二，隋ヌハ初唐頃寫"。

1.1 伍倫40號

1.3 維摩詰所説經卷下

2.1 24.5×700厘米；15紙；共358行，每行17字。

2.2 01：16.5，09；　02：48.5，28；　03：48.8，29；　04：48.8，28；
05：48.8，29；　06：48.9，29；　07：48.9，29；　08：48.9，29；
10：49.2，09；　11：48.9，29；　12：49.0，29；　13：48.9，29；
14：48.9，29；　15：48.2，03。

2.3 卷軸裝。首殘尾全。經黄紙。通卷現代托裱，護首爲紫色天華錦，天頭爲月白色、杏色花綾，引首爲染色仿古箋紙，隔水爲月白色花綾兼以杏色花綾，木質天竿，絳紫色縹帶，牙簽，玉軸。護首所貼簽條墨書："六朝古鈔維摩詰經卷下"。卷面保存較好，上下端有等距離水痕，卷面頂端略有裝裱之後産生的等距離蟲蛀。

2.2 01：50.0，27； 02：50.5，27； 03：50.0，27； 04：50.0，27； 05：50.0，27；
06：50.0，27； 07：49.5，27； 08：50.0，27； 09：49.5，27； 10：50.0，27；
11：49.5，27； 12：49.7，27； 13：56.0，27。

2.3 卷軸裝。首脱尾全。經黄紙。卷面稍有油污、水漬、蟲蛀及斷裂，卷面上下邊緣略有殘破。版面上下有手繪墨欄，尾題後有印刷的粗烏欄一道。第 1 紙版片號爲“十”，第 2、7、8、9 紙和第 13 紙未見版片號，其餘各紙版片號相連（十二、十三、十四、十五；十九、廿、廿一），版片號之上的數字“二”爲卷次，均以纖細小字標注在版端中部。通卷現代裝裱，接出宋錦護首，卷尾有原裝的紅色木軸。

3.1 首殘→大正，0262，09/0013c18
尾全→大正，0262，09/0017b18

4.2 妙法蓮華經卷第二（尾）。

8 9—10 世紀。晚唐五代至北宋初期。

9.1 楷書。

10 卷首右下角鈐有一枚正方形陽文朱印，2.3×2.3 厘米，印文爲“方廣錩藏書”。
卷尾左下角鈐一枚正方形陽文朱印，1.5×1.5 厘米，印文爲“廣錩之印”。

13 著録：第三批《國家珍貴古籍名録》（編號 07173），中華人民共和國文化部，2010 年 6 月 12 日。
《第三批國家珍貴古籍名録圖録》第二册，P26-27，周和平主編，國家圖書館出版社，2014 年。

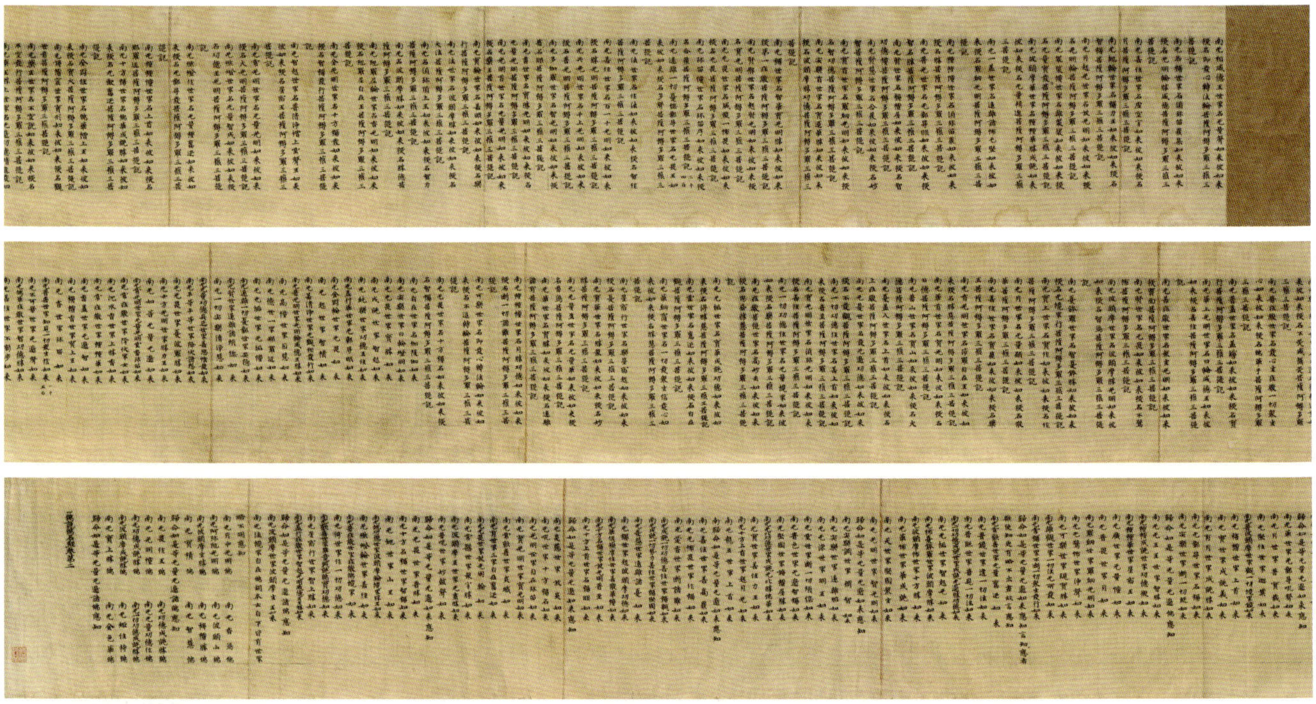

1.1 伍倫 39 號

1.3 佛名經卷二（十二卷本）

2.1 504×28 厘米；13 紙；共 285 行，行 17 字。

2.2 01：14.0，08； 02：41.5，24； 03：41.5，24； 04：41.5，24； 05：41.5，24；
06：41.5，24； 07：41.5，24； 08：41.5，24； 09：41.5，24； 10：41.5，24；
11：41.5，24； 12：41.5，24； 13：33.5，13。

1.1 伍倫 37 號

1.3 大慈大悲救苦觀世音菩薩像

2.1 32×46 厘米；1 紙。

2.3 白麻紙。紙張邊緣略有破損。左上方及左邊沿略有霉點。紙面略有水痕和黄斑，右下方略有油污。

3.3 弟子歸義軍節度使瓜 / 沙等州觀察處置管 / 内營田押蕃落等使 / 特進檢校太傅譙 / 郡開國侯曹元忠 / 雕此印板奉爲城隍安 / 泰闔郡康寧東西之道 / 路開通南北之凶渠順 / 化勵疾消散刁斗藏 / 音隨喜見聞俱霑福 / 祐于時大晋開運四 / 年丁未歲七月十五 / 日紀 / 匠人雷延美

8 公元 947 年。歸義軍時期。

13 曹元忠（？—974）是五代後晋時期的第四任敦煌歸義軍節度使，也是掌權時間最長的歸義軍節度使。其在任三十餘年間，保障絲綢之路通暢，促進各民族文化交流，支持佛教，開窟造像，大規模雕印佛像、佛經。藏經洞中塵封了三種他舍資雕造的印刷品：大晋開運四年（947）《大聖毗沙門天王像》、《大慈大悲救苦觀世音菩薩像》、天福十五年（950）《金剛經》。據國際敦煌項目（IDP）提供的數據，目前已知《大慈大悲救苦觀世音菩薩像》英國國家圖書館收藏 3 件，大英圖書館收藏 1 件，法國國家圖書館收藏 8 件，巴黎吉美博物館收藏 1 件，共 13 件（加拿大安大略皇家博物館收藏有一件殘片），其中圖文俱全者僅 6 件。

1.1 伍倫 38 號

1.3 妙法蓮華經卷二

2.1 657×27 厘米；13 紙；共 351 行，行 16–18 字不等。

6.1 首綴殘

本項著録該遺書首部與哪一件遺書可以綴接。

6.2 尾綴殘

本項著録該遺書尾部與哪一件遺書可以綴接。

6.3 特殊綴接

本項著録該遺書與哪一件或哪幾件遺書雖非首尾相綴接，但可以何種方式綴接。

6.4 集合

本項著録該遺書與哪一件或哪幾件遺書雖然不能直接綴接，但原本屬於同一遺書。

7.1 題記

本項著録該主題文獻的題記、題名、勘記。

7.2 印章

本項著録該主題文獻中的印章的印文内容，并著録印章大小、形狀、顔色、位置。

7.3 雜寫

本項著録該主題文獻的雜寫，包括位置、行數、字數。有意義者録文。

7.4 護首、扉葉

本項著録該遺書所附護首及扉葉的情況，包括護首經名及經名號，扉頁内容。

8 年代

本項著録該主題文獻抄寫年代，包括公元紀年（或世紀）與敦煌地區時代。一號中包括殘片較多、年代不同者，標注爲“年代不同”，各殘片年代詳情參見該號著録。

屬於中原寫經者，直接標明。

中國農曆與公元紀年一般不做年頭歲末之换算。

9.1 文字

本項著録該主題文獻的字體、有無武周新字及其使用情況、避諱字、古字、合體字、异體字等情況。

9.2 二次加工

本項著録該遺書卷面二次加工情況，諸如句讀、點標、科分、間隔號、行間加行、行間加字、朱筆、墨塗、倒乙、删除等等，以及重文號等其他各種書寫符號。

10 收藏鑒賞

本項著録該遺書或該主題文獻在流傳過程中由近現代人所加的内容，包括裝裱、題記、扉畫、勘記、印章等。

11 備注

本項著録該遺書或該主題文獻其他需要説明的問題。

2.2 每紙數據

本項著録該遺書每紙的具體數據，包括長度與抄寫行數。

如一件遺書上抄寫多個主題文獻，僅在其中的第一個主體文獻上作此著録，餘皆省略。

2.3 外觀描述

本項用描述性語言著録該遺書的外觀。包括：

（1）裝幀形式。

（2）首尾存况分：全、殘、脱、斷等。

（3）護首、軸、軸頭、天竿、縹帶，經名是書寫還是貼簽。扉頁情况，扉畫情况。

（4）卷面殘破情况及其位置，特殊情况（等距離等）加以説明。

（5）有無界欄及其情况（墨欄、朱欄、折叠欄、方格欄、有豎欄無上下邊欄、豎欄頂天立地等等）。

（6）尾部情况（尾空、燕尾）。

（7）有無附加物（蟲繭、油污、綫繩及其他）。

（8）有無裱補及其年代。

（9）是否修整。

（10）其他（曾經折疊、綫縫等）。

如一件遺書上抄寫多個主題文獻，僅在其中的第一個主體文獻上作此著録，餘皆省略。

2.4 多主題著録

如該遺書抄寫多個主體文獻，則在本項予以著録。著録方法爲：

在該遺書第一個主題文獻的本項中著録每個主題文獻的次序、名稱、行數、正反面、編號。

在該遺書其他主題文獻的本項中僅對本主題遺書做簡單著録，其餘省略。

如某遺書僅抄寫一個主題内容者，本項空缺。

2.5 多主題關係

如該遺書抄寫多個主體文獻，則在本項對諸主文獻的相互關係了以説明。

3.1 首對照

本項著録該主題文獻首部文字殘全情况及與對照本文字的對照。

3.2 尾對照

本項著録該主題文獻尾部文字殘全情况及與對照本文字的對照。

3.3 録文

本項著録對該主題文獻的録文。

3.4 説明

本項用簡潔文字對該主題文獻内容及其他問題進行説明。

4.1 首題

本項著録該主題文獻之首題。如首題下附有品名、著譯者名，則一併著録。

4.2 尾題

本項著録該主題文獻之尾題。

5 异同

本項著録該主題文獻與對照本在卷品開闔、内容等方面的不同。如有音釋，著録在此項。

著録凡例

說明：

一、本目録用條記目録的方式著録每號敦煌遺書上保留的與文物、文獻、文字有關的研究信息。

二、當某遺書爲單主題遺書[1]時，該遺書的文物號[2]與其上所抄文獻的文獻號[3]統一，表現形態即爲該遺書的主編號[4]。此時該遺書的文物、文獻、文字等各種信息同時著録在主編號所繫的條記目録中。

三、當某遺書爲多主題遺書[5]時，該遺書的文物號與其上所抄文獻號不完全統一。此時的文物號依然爲該遺書的主編號，文獻號則爲該遺書的次生編號[6]與文物文獻號[7]。此時，該遺書的文物信息著録在文物文獻號所繫的條記目録或正面的第一個文獻的條記目録中。諸文獻的文獻、文字信息，著録在各自的條記目録中。特殊情況，隨文說明。

四、條記目録中諸項的意義如下。對某敦煌遺書進行著録時，對條記目録中諸項，有則著録，無則空缺。

1.1 編號

本項著録該遺書的“伍倫”編號。

1.2 著録分類號

本條記目録暫不分類，該項空缺。

1.3 名稱、卷本、卷次

本項著録主題文獻的名稱、卷本、卷次。

名稱均用流通標準名。如爲佛經，脱“佛說”帽。不用書名號。

卷本不同者，通行本不注，其他卷本用全角圓括號注出，括號放在經名後。

同名异本者，通行本不注，其他本用全角圓括號注出，括號放在經名後。

大本別出者，能够考訂爲別出本者，按別出本著録；不能考訂確爲別出本者，按大本著録。

卷本不同者，能够考訂出卷本者，按考訂結果著録；不能考訂者，按通行本著録。

卷次著録爲“卷×”，不用“第×卷”及“卷第×”。卷次如係上中下，則照録。如係數字，一律用中文，但不用“十”“百”等字樣，需要時用“〇”補足數字。如遇“廿”“卅”“卌”，一律改爲“二〇”“三〇”“四〇”。

2.1 總體數據

本項著録該遺書的總體數據。包括長度、寬度、紙數、正面抄寫總行數與行字數、背面抄寫總行數與行字數。

如一件遺書上抄寫多個主題文獻，僅在其中的第一個主體文獻上作此著録，餘皆省略。

---

1 某遺書僅抄寫一個主題文獻時，稱爲“單主題遺書”。

2 按照文物形態對敦煌遺書所給予的編號。給號原則爲一個獨立件一號。特殊情況另行處理，并予說明。

3 按照文獻形態對敦煌遺書上所抄主題文獻所給予的編號。給號原則爲一個主題文獻一號。

4 標注某敦煌遺書的主要編號。是就北京伍倫國際拍賣有限公司 2017 年 11 月秋季文物藝術品拍賣會至 2019 年 7 月春季文物藝術品拍賣會目録中的寫經、刻經而言，其標準形態爲：冠字爲“伍倫”，後附“號”，中間阿拉伯數字 2 位。即：伍倫 ×× 號。

5 某遺書抄寫多個主題文獻時，稱爲“多主題遺書”。

6 在主編號或二級主編號後附加“背”“1、2、3……”等數字或“背 1、背 2、背 3……”等後綴形成的編號，稱爲“次生編號”。某遺書凡有次生編號，其主編號同時具備次生編號身份。

7 某多主題遺書正面僅抄寫一個文獻時，該文獻的文獻號與該遺書的文物號形態相同，此時該編號稱爲“文物文獻號”。

伍倫經眼古經圖録

條記目録

Collection of Ancient Manuscripts and Block Printing Buddhist Scriptures Handled by Wulun Auction Co., Ltd.

北京伍倫國際拍賣有限公司

Beijing Wulun International Auction Co., Ltd.

伍倫經眼古經圖録

方廣錩　李際寧　主　編
丁德朝　焦　傲　副主編

國家圖書館出版社